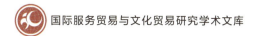

国际服务贸易与文化贸易研究学术文库

# 逆向技术溢出与出口升级

## 对外直接投资效应研究

王 丽 / 著

REVERSE TECHNOLOGY
SPILLOVERS
AND EXPORT UPGRADING

Research on the Effects of Outward Foreign
Direct Investment

社会科学文献出版社
SOCIAL SCIENCES ACADEMIC PRESS (CHINA)

# 序　言

当今世界正经历百年未有之大变局，热点地区冲突不断，地缘政治格局面临严峻挑战，全球化进程与保护主义、单边主义等逆流相互博弈，数字贸易蓬勃发展，进一步将全球人才、知识、资本、技术等要素紧密相连，形成更高效、更细化、更精准的全球化分工，世界贸易格局正加速深刻演变。作为全球第二大经济体、第一货物贸易大国，中国对外开放的领域不断拓宽，范围不断扩大，层次不断提升，同时，中国制造业出口产品质量稳步提升，出口产品技术含量和附加值不断增加。

外资与外贸是连接国内国际两个市场、两种资源的两种重要方式，也是参与国际分工获得技术溢出的重要渠道。根据《2023年度中国对外直接投资统计公报》的统计数据，2023年，中国对外直接投资流量1772.9亿美元，较上年增长8.7%，占全球份额为11.4%，较上年提升0.5个百分点，连续12年列全球前三，连续八年占全球份额超过一成。2023年末，中国对外直接投资存量2.96万亿美元，连续七年排名全球前三。截至2023年底，中国境内投资者共在全球189个国家和地区进行直接投资，覆盖全球超过80%的国家和地区。

根据世界贸易组织（WTO）的统计数据，2023年，我国进出口规模达5.94万亿美元，连续7年保持全球货物贸易第一大国地位，但中国制造业在资本及技术密集型领域的贸易竞争劣势依然明显，对外产品贸易长期存在"大而不强"、"专精特新"能力弱、价值链攀升缓慢等问题。所以我国加快培育以产品技术质量为核心的出口竞争新优势，加速推进制造业出口升级，推进新发展格局下制造业质量强国和贸易强国的建设具有重要的现实意义。

本书分为九章，包括绪论、文献综述、中国对外直接投资现状、OFDI 逆向技术溢出对出口技术复杂度影响的作用机理与理论模型、中国 OFDI 逆向技术溢出效应的实证检验、中国 OFDI 逆向技术溢出效应的影响因素、制造业出口技术复杂度的影响因素、中国 OFDI 逆向技术溢出对出口技术复杂度的影响、结论与政策建议。本书的核心内容是采用制造业出口技术复杂度表征制造业出口升级，以 OFDI 逆向技术溢出为切入点，依托理论模型揭示其对出口升级的作用机理，运用中国 20 个制造业行业和 31 个省（市）的样本数据，借助分位数回归、系统 GMM、工具变量法等多种计量方法对 OFDI 逆向技术溢出与制造业出口升级之间的关系进行经验研究，提出制造业企业利用 OFDI 逆向技术溢出提升出口技术复杂度的可行性路径以及政策建议。

本书从理论上构建对外直接投资提升出口技术复杂度的一般理论分析框架，并揭示对外直接投资影响出口技术复杂度的微观和宏观机制，将企业对外直接投资、行业技术溢出、母国技术进步、出口技术复杂度提升串联成一个整体，从而全面探讨 OFDI 逆向技术溢出对母国企业出口技术复杂度的影响机制，对国内学术界关于"对外直接投资与出口"的理论细化研究具有参考价值。

中国企业对海外高技术、高附加值行业的投资需求强烈，但受发达国家跨境投资监管审查日趋严格影响，中国企业对外投资面临的国际环境愈加严峻复杂。从长期看，中国海外投资高速增长的大趋势不可逆转。本书紧贴新形势下中国制造业出口升级的现实需要，立足于中国技术寻求型 OFDI 的事实，从 OFDI 逆向技术溢出视角探讨制造业出口升级的有效路径，为培育以技术、质量、品牌为核心的竞争新优势和加快中国制造业出口技术质量升级，为在开放创新环境下加快"中国制造"向"中国质造""中国智造"转型升级，有序推进"质量强国"和"贸易强国"建设贡献学者智慧。

中国人民大学经济学院教授

# 摘　要

改革开放以来，中国对外贸易发展迅速，货物贸易增长一直保持较高速度，根据联合国贸发会议数据库的统计数据计算，1978～1994 年中国货物贸易年均增长速度为 30.9%。2013 年中国成为世界第一货物贸易大国，2021 年中国货物贸易额为 6.05 万亿美元，首次突破 6 万亿美元，占全球货物贸易总额的 13.51%，连续第 5 年成为世界第一货物贸易大国。根据中国海关总署的统计数据，2019 年中国机电产品出口值占中国总出口值的 58.4%，七大类劳动密集型产品出口值占总出口值的 19.2%；2020 年机电产品的出口占比上升至 59.4%，2020 年高新技术产品出口增长 6.5%，占出口总值的 29.8%。劳动密集型产品的出口比重逐渐下降，高质量、高技术、高附加值产品出口快速增长，出口商品结构显著优化，中国出口产品的技术含量大幅提升，中国正在从货物贸易大国转向货物贸易强国。2020 年中国是世界唯一保持货物贸易正增长的主要经济体，学术界对中国出口贸易的研究从贸易规模向出口结构与出口产品质量转变，出口技术复杂度是衡量一国出口产品技术含量的重要指标，为研究国际贸易中出口产品技术含量提供了一个全新视角。

传统的国际技术溢出渠道包括贸易与外商直接投资，外商直接投资被认为是国际技术溢出的重要渠道，外商直接投资与国际贸易在促进技术进步和知识跨国传播、流动等方面的作用逐渐受到重视。早期国际投资方向是由发达国家向发展中国家投资，发展中国家吸收的国际投资额较多。"引进来"政策极大地促进了中国吸收外商直接投资量的增加，中国一直被认为是最具投资吸引力的发展中国家之一，外商直接投资在促进国内技术水平提升上发挥了重要作用。但是吸引外商在中国进行直接投资的重要原因是廉价资源、优惠的引资政策和广阔的消费市场，许多外资流入了劳动密集型行业，低附加值行业外商直接投资对中国技术进步的促进作用较小。

随着发展中国家经济实力的增强，发展中国家对发达国家直接投资不断增加，发展中国家对外投资的动机包括开拓市场、整合资源、提高效率和获取技术等，通过对外投资可以拓展海外市场，运用全球资源加工、生产与销售，提高要素生产效率。

技术获取型对外直接投资（Outward Foreign Direct Investment，OFDI）在对外直接投资中占有重要地位，在技术获取型 OFDI 过程中产生逆向技术溢出效应，这种技术溢出效应大多发生在技术落后国家的企业向技术发达国家直接投资的过程中。随着中国对外直接投资地位的上升，OFDI 逆向技术溢出效应的研究不断增多。

作为贸易和外商直接投资以外的第三种国际技术溢出渠道，OFDI 逆向技术溢出在促进母国技术进步和出口技术复杂度提高等方面的作用还没有受到重视。学术界尚未形成解释 OFDI 逆向技术溢出对出口技术复杂度影响机理的理论分析框架，同时 OFDI 逆向技术溢出对出口技术复杂度影响的实证研究较少，可见研究 OFDI 逆向技术溢出对出口技术复杂度的影响具有重要的理论与现实意义。

本书内容共分为 9 章。第 1 章是绪论，主要阐述本书的选题背景和选题意义，概括本书的研究方法、创新之处。第 2 章是文献综述，首先对本书涉及的重要概念进行了定义，其次对发达国家和发展中国家的对外直接投资理论进行了综述，最后从逆向技术溢出与出口技术复杂度两个角度出发，对国内外的相关文献进行了回顾与阐述。第 3 章是中国对外直接投资现状，对中国对外直接投资的总体概况、地区分布、行业现状和投资主体进行全面梳理，归纳并总结中国对外直接投资的显著特征，厘清中国对外直接投资面临的困境，分析中国技术获取型海外投资实际情况。第 4 章是 OFDI 逆向技术溢出对出口技术复杂度影响的作用机理与理论模型，深入和详细分析 OFDI 逆向技术溢出对出口技术复杂度的影响机理，构建了包含技术资本部门的四部门模型，进行数理模型分析，模型分析结果认为技术水平的上升有利于出口技术复杂度水平的提高，OFDI 逆向技术溢出促进了出口技术复杂度水平上升。第 5 章是中国 OFDI 逆向技术溢出效应的实证检验，研究发现，中国对发达国家直接投资存在"技术获取"动机，中国对外直接投资存在显著的逆向技术溢出效应。第 6 章是中国 OFDI 逆向技术溢出效应的影响因素，运用中国对外直接投资的 33 个主要发达国家和发展中国家数据，通过"静态+动态"计量方法进行实证检验。第 7 章是制造业出口技术复杂度的影响因素，实证结果表明，技术研发、人力资本、基础设施、对外开放度、外商直接投资和技术市场发展水平是影响出口技术复杂度的积极因素。第 8 章是中国 OFDI 逆向技术溢出对出口技术复杂度的影响，通过 HS-6 位数据与 ISIC Rev. 4 行业代码的匹配，得到 ISIC Rev. 4 行业代码下的出口产品数据，从行业与省份两个层面出发，运用分位数回归、差分 GMM、系统 GMM 等实证方法对 OFDI 逆向技术溢出与出口技术复杂度之间的关系进行了考察。第 9 章是结论与政策建议，对本书理论与实证研究结果进行了总结，根据本书的理论分析与实证研究结果，基于政府层面和企业层面提出相应的政策建议。

本书的主要研究结论为 OFDI 逆向技术溢出是促进制造业出口技术复杂度提升的有效渠道，OFDI 逆向技术溢出促进制造业出口技术复杂度提升遵循"对外直接投资→获取海外先进技术→知识要素跨国传递→母国技术能力提升→出口产品技术升级"的路径。

研究结论具体如下。

第一，发展中国家企业通过在国外设立子公司、研发中心或并购当地企业等方式在国外进行直接投资，海外子公司通过产业集群效应、人员流动效应与市场竞争效应等获得当地先进技术溢出，知识、人才与技术资源的跨国流动将技术溢出传递回母国企业，母国技术水平上升，再通过技术进步效应、资源配置效应、产品质量效应促进母国出口技术复杂度提高。

第二，中国对外直接投资存在逆向技术溢出效应，OFDI逆向技术溢出效应的获得受东道国投资保护程度影响，东道国投资便利化水平的提升对OFDI逆向技术溢出效应的作用显著为正。

第三，行业样本数据的实证检验结果显示，OFDI逆向技术溢出效应对出口技术复杂度具有积极影响，OFDI逆向技术溢出对重工业出口技术复杂度的影响大于对轻工业出口技术复杂度的影响。

第四，中国OFDI逆向技术溢出对出口技术复杂度水平的上升具有积极影响。OFDI逆向技术溢出对低分位数点和高分位数点出口技术复杂度水平的影响大于对中分位数点的影响。国内技术研发水平提高可以在逆向技术溢出对出口技术复杂度的影响中发挥积极作用，通过促进国内技术研发，OFDI逆向技术溢出对出口技术复杂度具有正向作用。同时，出口技术复杂度的滞后一期对出口技术复杂度具有积极影响。技术研发水平、外商直接投资水平、地区专业化水平和金融发展水平的提高，以及基础设施状况的改善均可以影响国内出口技术复杂度水平上升。

# 目　录

# 图表索引

# 第1章 绪 论

## 1.1 研究背景与意义

### 1.1.1 研究背景

中国是公认的世界第一制造大国，但中国制造业"大而不强"，"中国制造"经常与"低质量"联系在一起。中国是进口零部件和材料组装再出口的主要贸易国家，但中国制造业出口产品的核心技术要素短缺，制造业出口的技术竞争优势不强。根据《2021 中国制造强国发展指数报告》，2020 年，美国制造强国发展指数为 173.19，属于"第一阵列"，紧随其后的是德国（125.94）和日本（118.19），为"第二阵列"，中国制造强国发展指数为 116.02，属于"第三阵列"。综合历年世界各国制造强国发展指数来看，美国制造业稳居全球制造技术创新的头部位置，中国制造业规模较大，但核心竞争力、质量效益与美国、日本、法国、德国等国家存在较大差距。

随着新兴发展中国家制造业出口加工贸易的发展，这些国家承接了许多组装、加工程序，中国劳动力丰富、原材料成本低廉等传统贸易优势不断被削弱，中国制造业出口产品结构和出口技术含量亟待优化、升级。虽然中国制造业产品出口正在由单纯追求数量规模增加转向追求量质齐升，但仍旧无法破解中国制造业出口产品在全球价值链中的"低端锁定"困境。

作为国际直接投资的主体，跨国公司在全球范围内配置生产资源、建立销售网络，有力地推动了经济全球化进程，加快了资本与技术的全球流动速度。根据联合国贸发会议（UNCTAD）的统计数据，2018 年，贸发会议百强企业中的跨国企业在研发方面的投资超过 3500 亿美元，占所有企业出资研发的 1/3。技术、制药、汽车行业的跨国企业研发支出最多。跨国企业对研发活动的绿地投资相对活跃，而且还在增长。2013~2018 年，跨国企业宣布了 5300 个本国市场之外的研发项目，占所宣布绿地投资项目总数的 6% 以上，而在 2007~2012 年则是 4000 个。

发达国家的跨国公司是国际直接投资行为的主体，全球大部分的跨国并购、新建投资是由发达国家的跨国公司主导的。2008 年以前发达国家对外直接投资占世界对外直接投资比重在 80% 以上，2008 年金融危机之后，全球经济发展低迷，发达国家对外直接投资量有所下降，发展中国家对外直接投资的国际地位上升，对外直接投资的比重不断提高。2016 年开始全球外商直接投资量一直呈下降态势。根据联合国贸发会议每年发布的世界投资报告，自 2016 年开始，全球外商直接投资流量逐年减少。2016 年全球外商直接投资量为 1.52 万亿美元，2019 年为 1.39 万亿美元，下降的平均速度为 2.94%。受新冠疫情的影响，2020 年全球外商直接投资量骤降至 8590 亿美元。

相较于世界绝大多数国家，中国经济增长速度一直较快。中国的对外直接投资也取得了很大的成就，中国在 2012 年成为世界三大对外直接投资国之一，对外投资的范围不断扩大，对外投资行业不断增加。2020 年，新冠疫情对世界各国的投资贸易活动造成了较大的冲击，中国对外直接投资显示出强大的韧性，对外直接投资规模和质量双双提升。2020 年中国对外直接投资流量达 1537.1 亿美元，流量规模首次位居世界第一。2012~2020 年，中国对外直接投资占同期全球对外直接投资流量的份额从 6.3% 持续提升至 20.2%，根据中国商务部的统计数据，2021 年我国对外全行业直接投资 1451.9 亿美元，同比增长 9.2%，对外投资覆盖全球 166 个国家和地区。高技术含量、高附加值的新兴产业和高端服务业等是中国企业近些年尤其是疫情后对外直接投资热度较高的行业领域。中国数字技术在 2020 年迅猛发展，企业拥有技术即拥有较强的市场竞争力。鉴于中国企业对构建全球高端要素网络、培育技术竞争优势的现实需要，未来中国对信息技术、数字技术等领域直接投资继续增加的可能性较大。

2015 年中国人均国内生产总值（GDP）为 7924 美元。根据邓宁（Dunning，1981）的投资发展周期理论，当一国的人均 GNP 超过 5000 美元时，该国的经济发展水平属于第四阶段，对外直接投资规模与经济发展水平之间具有紧密联系。当前中国经济发展水平处于第四阶段，[①]对外直接投资已经具有一定规模，2015 年中国对外直接投资规模首次超过吸收外资规模。2012~2020 年，中国对外直接投资流量一直位于世界排名前三位。中国企业"走出去"目的国范围不断拓展，对外投资行业结构不断优化。

自 2001 年中国加入世界贸易组织（WTO）之后，中国出口贸易发展迅速，2001~2021 年，中国出口贸易额的年平均增长率在 12.5% 之上。在新冠疫情冲击、贸易保护主义和国际市场需求低迷等多重压力叠加下，根据商务部的统计数据，2020 年中国成为全球唯一实现货物贸易正增长的主要经济体，货物贸易总额为 32.16 万亿元，同比增长 1.9%，中国世界第一货物贸易大国的地位稳固。虽然在规模上中国货物贸易处于优势，但货物贸易的比较优势集中在低附加值的最终消费品，出口贸易结构并不合理。如何保持中国货物贸易的出口优势，优化中国出口贸易结构，由"贸易大国"转为"贸易强国"，提升产品出口技术含量，成为当前

---

① 一般来说，各国的 GNP 与 GDP 相差不大。

亟需思考与解决的问题，学者们对中国进出口贸易的研究开始从"量"向"质"转变。

作为经济增长的持续驱动力，技术与创新在经济增长中的作用越来越受到重视。技术获取型直接投资迅速发展，引起了学术界的重视与关注。发展中国家到发达国家直接投资，以期获得东道国的先进技术，促进本国技术进步与生产率提高。通过技术获取型对外直接投资，吸收、消化、转化国外的先进技术，学习国外的组织与管理模式，缩小母国与投资东道国在技术研发、智力资源等方面的差距，加快新产品的研发，提高自身技术创新能力。

Grossman 和 Helpman（1991）、Keller（2004）的研究发现外商直接投资（Foreign Direct Investment，FDI）与贸易是国际技术溢出的重要渠道，国际技术溢出促进了国内技术进步。Helpman、Melitz 和 Yeaple（2003）将国际贸易与投资的研究从国家、行业层面细化到企业层面，对企业的国际贸易与投资行为进行了理论与实证研究，从企业异质性角度对企业的国际化行为进行了解释。研究结果表明，企业通过直接投资与出口两种方式都能够供应国外市场，与只供应国内市场的企业相比，供应国外市场的企业生产率更高，同时在国外市场进行直接投资的企业的生产率要高于对国外市场出口产品的企业的生产率。20 世纪 80 年代以后，发展中国家跨国公司迅速发展壮大，国际直接投资行为不断增加，海外子公司可以靠近产品需求市场、资源丰富地区或知识和技术密集地区。通过新建或跨国并购的方式在发达国家建立海外子公司，融入当地的产业群，受益于东道国的知识和技术研发溢出，提高海外子公司的技术创新能力，进而对母公司的技术进步发挥积极作用。根据商务部的统计数据，2020 年中国信息传输、软件和信息技术服务业的对外直接投资流量为 91.9 亿美元，占当年对外直接投资流量总额的 6%，对外直接投资存量为 2979.1 亿美元，占比为 11.5%，该行业是中国自然人对外投资较为聚集的领域。中国对外直接投资结构不断优化，技术获取型海外直接投资不断上升。在中国进行对外直接投资的过程中，是否产生了逆向技术溢出效应？逆向技术溢出对国内技术创新与进步具有怎样的影响？中国对外直接投资在出口技术结构优化中是否发挥作用？OFDI 逆向技术溢出对出口技术复杂度具有怎样的影响效应？鉴于对以上问题的思考，本书就中国 OFDI 逆向技术溢出效应、OFDI 逆向技术溢出与出口技术复杂度之间的关系进行了相应的研究。OFDI 逆向技术溢出与出口技术复杂度的研究对分析出口技术复杂度的影响因素、转变中国外贸发展方式和促进制造业出口技术复杂度升级具有理论与实践意义。

### 1.1.2 研究意义

1. 学术价值

一是已有的研究忽略了 OFDI 逆向技术溢出效应在制造业出口产品技术升级中的作用，本书从中国企业对外直接投资角度出发，探讨其技术溢出效应在母国制造业出口技术复杂度提升中发挥的作用，提供了新形势下中国企业出口产品技术升级研究的全新视角，是对以往研究的有效补充和突破。

二是本书构建了企业跨国投资对母国出口技术复杂度影响的理论模型，厘清了 OFDI 逆向技术溢出对母国出口技术复杂度的微观影响机理，探究了 OFDI 逆向技术溢出对母国企业出口技术复杂度影响的途径，丰富了发展中国家企业对外直接投资与出口行为的理论研究。

三是本书突破了单一学科研究方法的思维局限，实现了世界经济学、国际贸易学、计量经济学的充分结合，借助多元前沿研究方法，从行业和省份层面细致分析了中国 OFDI 逆向技术溢出与制造业出口升级之间的线性、非线性关系，为厘清两者之间的复杂关系提供有意义的经验证据。

2. 应用价值

一是根据本书的理论研究、案例分析与实证检验结果，就如何提高中国跨国企业的对外直接投资质量和水平，在新发展格局下如何实现对外直接投资的跨国技术溢出转移，发挥 OFDI 对出口产品技术竞争力升级的作用，提供重要的经验证据和可行性方案。

二是对于企业选择对外直接投资方式，有效规避国际技术转移风险，提高企业对外直接投资效率，提升中国企业的国际化经营水平，有效提升中国企业的跨国技术转移水平，具有重要的现实指导意义。

三是本书的研究主题：为破解中国制造业出口产品技术含量的"阿喀琉斯之踵"难题，培育以技术、质量、品牌为核心的竞争新优势，以及加快中国制造业出口技术质量升级提供重要的实证素材和科学依据。

## 1.2　研究方法与创新之处

### 1.2.1　研究方法

**1. 理论分析法**

首先，本书对发达国家与发展中国家的国际直接投资的主要理论进行了梳理和简单评述，认为传统的国际直接投资理论不能很好地解释发展中国家对发达国家直接投资的行为。其次，本书详细分析了 OFDI 逆向技术溢出对出口技术复杂度的影响机理，深入阐述了 OFDI 逆向技术溢出的发生与传递机制，对 OFDI 与逆向技术溢出、逆向技术溢出与出口技术复杂度之间的关系进行了理论分析。同时，以相关经济理论为基础，建立包含技术资本部门的四部门微观理论模型，运用数理模型分析企业 OFDI 逆向技术溢出与出口技术复杂度之间的内在机理。

**2. 实证分析法**

在理论分析的基础上，本书运用行业层面和省份层面的数据进行实证分析，考察 OFDI 逆向技术溢出与出口技术复杂度之间的关系，在进行实证检验时本书运用了多种定量分析方法。

具体运用的实证方法如下：

（1）运用数据包络分析（DEA）方法基于产出角度计算 Malmquist 指数，运用 Malmquist 指数计算出中国 31 个省份的全要素生产率，数据包络分析方法能够克服索洛剩余法的缺陷，不需要设定函数的具体形式，适用于省份全要素生产率的计算。

（2）运用工具变量法进行实证估计，充分考虑到解释变量与被解释变量可能存在双向因果关系而使实证结果存在偏差，工具变量法可以有效解决内生性问题。

（3）运用分位数回归方法和系统 GMM 方法对 OFDI 逆向技术溢出与出口技术复杂度之间的关系进行实证研究，分位数回归方法将条件分位数模型转化为预测变量的函数。与传统的 OLS 回归和大多数的计量回归不同的是分位数回归更加灵活，而且可以考察自变量对因变量整个条件分布的影响，传统的实证检验方法只关注解释变量 $x$ 对被解释变量 $y$ 的条件分布的影响。

（4）运用可行广义最小二乘法（FGLS）进行实证检验，该方法对面板数据的估计效率较高，同时对异方差、组间序列相关问题进行解决，确保实证结果的有效性与准确性。

### 1.2.2　创新之处

与以往的研究相比，本书试图从四个方面进行拓展。

第一，在研究角度上，OFDI 逆向技术溢出与国内技术进步、技术进步与出口技术复杂度的研究成果比较丰富，而将 OFDI 逆向技术溢出与出口技术复杂度联系起来的研究成果较少。本书在构建新发展格局的全新背景下，从 OFDI 逆向技术溢出的角度出发，考察 OFDI 逆向技术溢出与国内出口技术复杂度之间的关系。

第二，在研究方法上，本书构建了一个包含技术资本部门的四部门模型，用于分析技术进步和 OFDI 逆向技术溢出对出口技术复杂度的影响机制，明晰 OFDI 逆向技术溢出对出口技术复杂度的影响机理。

第三，在研究内容上，本书不仅对技术进步、OFDI 逆向技术溢出与出口技术复杂度之间的关系进行了研究，而且通过加入 OFDI 逆向技术溢出与技术研发的交互项，对 OFDI 逆向技术溢出对出口技术复杂度的影响机制进行了研究，这一做法试图明晰 OFDI 逆向技术溢出对出口技术复杂度的作用机理。

第四，在样本数据上，本书运用 CEPII-BACI 数据库中的海关 6 位编码的出口数据与 ISIC Rev.4 行业代码进行匹配，得到各个行业编码下的 2 位出口数据，运用各个行业的出口产品数据计算了出口技术复杂度。

# 第 2 章　文献综述

## 2.1　基本概念

### 2.1.1　对外直接投资

国际直接投资是促进资本、知识等生产要素在全球范围内流动的重要方式。二战后跨国公司的快速发展，推动了国际分工与国际投资的发展，通过国际直接投资，跨国公司建立了全球分工与生产网络，提高了生产效率。

联合国贸发会议将国际直接投资定义为：一国（地区）投资者在其本国（地区）以外的另一国的企业（直接投资企业、分支机构和国外分支机构）中建立长期关系，享有持久利益，并对之进行控制的投资。

结合联合国贸发会议与中国《对外直接投资统计制度》中对外直接投资的定义，本书认为中国对外直接投资指的是拥有境外企业 10% 及以上的股权，享有企业的经营管理权，通过现金、实物、无形资产等方式在国外及港澳台地区购买或设立国（境）外企业的经济活动。

### 2.1.2　逆向技术溢出

Dunning（1993）将对外直接投资分为效率获取型 OFDI、市场获取型 OFDI、战略资产获取型 OFDI 和资源获取型 OFDI。为了绕过贸易壁垒，直接进入东道国市场，开拓东道国市场，企业进行市场获取型直接投资；产品生产时资源投入的需求量较大，国内的矿产与能源储量无法满足生产需要，企业会进行资源获取型直接投资；出于降低生产成本、整合生产要素与增强竞争力的目的，企业会进行效率获取型直接投资；战略资产获取型直接投资以获取海外技术、市场渠道、知识等资产为主要目的。

技术获取型 OFDI 是战略资产获取型 OFDI 的一种，技术获取型 OFDI 指的是在海外新建 R&D 中心或并购海外研发机构的跨境资本输出行为。与其他类型的投资不同，技术获取型直接投资的动机是获取东道国的智力资源、生产经验等技术要素，增强企业核心技术竞争力。

逆向技术溢出是国际技术溢出中的一种，当投资国企业到东道国进行直接投资时（一般是技术落后国家向技术发达国家进行直接投资），在当地设立研发机构、分公司或与当地企业进行合作，获得当地企业的先进知识和技术溢出，子公司吸收这种技术溢出，并通过人才、知识和产品流动等多种渠道将这种技术溢出传递回投资国中的母公司，这种由东道国子公司向投资国母公司的技术转移就是逆向技术溢出。逆向技术溢出与传统的 FDI 国际技术溢出方向相反，所以被称为逆向技术溢出。

### 2.1.3 出口技术复杂度

出口技术复杂度是衡量一国出口产品技术含量的重要指标。出口技术复杂度包括了对产品技术含量、出口产品质量与生产率的考虑，反映了出口产品中的技术含量，当出口产品中高技术产品的比重越高时，出口技术复杂度越高。经济增长与技术进步是出口技术复杂度的正向影响因素。出口技术复杂度可以分为国家出口技术复杂度、行业出口技术复杂度与产品出口技术复杂度三个层面：产品层面的出口技术复杂度指的是某种或某类产品的技术要素含量；行业出口技术复杂度反映行业内出口产品的技术禀赋；国家出口技术复杂度是一个国家出口产品的技术含量，反映的是国家出口产品技术水平的高低。

出口技术复杂度能够度量一国产品、行业的生产率和生产能力，生产能力与出口技术复杂度之间存在正向关系，行业或国家的生产能力越强，在国际分工中的地位越高，出口产品的技术含量就越高。通常一国出口产品中的初级产品或附加值较低产品的比重较高时，出口技术复杂度较低。出口技术复杂度间接体现了一国的贸易结构与贸易国际地位。

## 2.2 对外直接投资理论

### 2.2.1 发达国家对外直接投资理论

发达国家的国际直接投资行为最为活跃，关于发达国家 FDI 的研究较早，一些学者从发达国家角度出发提出了解释国际直接投资行为的相应理论。20 世纪 80 年代以后，学者们提出了一些发展中国家 FDI 决定理论，这些理论都从不同的视角对发展中国家国际直接投资活动进行了解释。

1. 垄断优势理论

海默（Hymer）和金德尔伯格（Kindleberger）分别于 1960 年和 1969 年提出跨国公司不仅是国际交换的主体，还是国际生产的主体。垄断优势理论认为市场不完全行为使得部分企业拥有垄断优势，这种垄断优势包括技术优势、规模经济优势和资金优势等，利润最大化的经营目标促使垄断优势企业对外投资，拥有垄断优势的跨国公司在市场竞争中具有较大优势。

早期的理论认为要素差异是产生国际投资的原因，但对国际直接投资行为的解释较为笼统。垄断优势理论打破了传统理论中对国际投资和国际分工的解释，提出发达国家的跨国公司通过对外直接投资利用垄断优势实现价值增值。该理论为发达国家 FDI 活动的解释提供了新的视角，从微观角度对国际直接投资进行研究，对 FDI 理论的形成与发展具有重要意义。但是垄断优势理论只是对一部分国际直接投资行为作出了解释，对对外投资动机的划分较为单一。企业在拓展海外市场时可以选择对外直接投资或商品出口，还可以采取技术转让特许的方式，而拥有垄断优势的企业为什么倾向于进行直接投资？对此，垄断优势理论也没有做出解释。

### 2. 产品生命周期理论

产品生命周期理论是美国哈佛大学弗农（Vernon）在 1966 年提出来的。产品生命周期理论基于比较优势的动态转移考察企业的跨国经营行为，将国际贸易和国际投资作为一个整体，认为产品生产需要经历创新、成长、成熟、衰退四个时期，在不同时期比较优势不同，贸易与投资格局随着比较优势的动态变化发生改变。最开始的时候，产品的生产在创新国，创新国的比较优势最大，生产并出口该新产品，获得的利润最大；随着产品的出口和产品逐渐成熟，国外开始模仿该产品的生产，创新国生产并出口该产品的利润下降；当产品的生产技术得到广泛应用，创新国完全丧失比较优势，继续生产并出口该产品无法带来利益，该创新国将产品的生产转移到发展中国家，产品在创新国进入衰退期，但在发展中国家处于成熟期（见图 2-1）。

除了东道国的区位优势，产品生命周期理论中还包括跨国公司的所有权优势，该理论将两种优势结合在一起，用来分析国际生产格局的形成，强调技术因素在贸易与投资过程中的影响，为国际贸易与国际直接投资行为研究提供了一个新的视角。该理论将 FDI 看作贸易活动的替代，但从跨国公司的全球战略来说，国际贸易与国际投资不是简单的替代关系。随着跨国公司在海外设立 R&D 中心或者建立技术联盟数量的增多，创新产品在国内外同时推出，而产品生命周期理论对这些行为无法做出令人满意的解释。

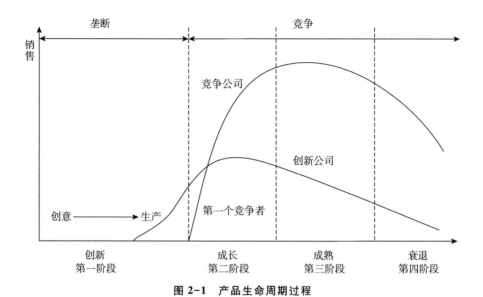

图 2-1　产品生命周期过程

### 3. 内部化理论

巴克利（Buckley）和卡森（Casson）在《跨国公司的未来》（*The Future of Multinational Enterprise*）中系统地提出了内部化理论，内部化理论以科斯（Coase）的交易费用理论为基础。巴克利和卡森认为跨国公司的生产活动是一系列相互依赖的生产环节的集合，公司的生产活动需要采购中间产品，中间产品交易过程中存在信息不对称和不确定性，外部市场的不完全竞争性导致中间产品的交易成本较高。

科斯（Coase，1937）认为只要企业内部交易成本低于外部交易成本，企业就应该将交易内部化。中间产品在外部市场的交易成本较高，为了寻求利润的最大化，企业将使这些中间产品在企业内部实行转移，企业通过内部化以企业的科层结构代替市场结构来降低中间产品的交易成本（祁春凌，2015）。内部化交易不但可以使资源和产品在各子公司之间得到合理配置，而且能够避免出现技术向外扩散的问题。当企业的内部化活动跨越国界时，就会出现国际直接投资活动。

内部化理论对跨国公司的形成和发展进行了很好的解释，从企业管理与组织结构方面对战后发达国家和发展中国家的企业直接投资行为进行了说明。但内部化理论忽视了国际经济环境对企业直接投资行为的影响，只从跨国企业的主观方面对直接投资行为进行解释，对于交易内部化行为发生在跨国界而不是国内，无法做出有力说明。

4. 边际产业扩张理论

日本学者小岛清（Kojima，1978）基于国际劳动分工的视角分析日本的国际直接投资现象，发现在国际直接投资活动中，日本与美国之间的区别较大。美国的国际直接投资与贸易是相互替代的关系，日本的国际直接投资与贸易是相互促进的关系。边际产业扩张理论认为国际直接投资应该从本国不具备比较优势而东道国拥有比较优势或者具有发展潜力的产业开始，也就是说，要从已经处于比较劣势或者将来会处于比较劣势的产业即边际产业开始依次进行，通过将投资国的比较劣势产业转移出去，投资国可以集中技术、资本发展具有比较优势的新兴产业，顺应世界经济发展趋势，加快产业结构调整，促进有限资源的配置效率最优化。边际产业扩张理论对日本 20 世纪 60～70 年代对外直接投资实践进行了很好的解释，对要素禀赋存在差异的国家之间的直接投资现象做出了合理的解释，但是无法解释要素禀赋相似两国的国际直接投资现象。

5. 国际生产折衷理论

邓宁（Dunning，1977）综合了以往对外直接投资的相关理论，在《贸易、国际经济活动区位与跨国公司：折衷理论的探索》中提出了国际生产折衷理论，该理论认为所有权优势、内部化优势和区位优势是跨国公司对外投资需要具备的三种优势。只有这三种优势同时具备，公司才有可能实现跨国经营。所有权优势（Ownership Specific Advantage）指的是一国企业拥有资产、所有权及其他企业没有的有利经营条件，所有权优势被称为企业优势、竞争优势或垄断优势。内部化优势（Internalization Specific Advantage）指的是企业通过内部化使用其所拥有的资产而获得别的企业无法获得的优势。企业内部化能够有效降低中间产品的交易成本，减少外部市场的不完全性带来的损失，实现企业利润最大化，同时企业的生产技术资源能够在内部流通，避免技术外溢。区位优势（Location Specific Advantage）指的是由资本输出国和东道国特殊的地理或其他环境因素造成的特殊区位优势，区位优势对企业国际直接投资的方向、国际分工方式具有重要影响，区位优势可以体现在东道国的资源禀赋、制度环境、文化差异、市场经济活动等方面。国际生产折衷理论也被称为"OLI"范式，国际生产折衷理论综合了以往理论对国际直接投资行为的解释，提出了一个国际直接投资与跨国经营的综合性分析框架，在解释国际直接投资行为中适用范围广，但该理论缺乏动态性，运用该理论进行实证检验也存在一定困难。

### 2.2.2　发展中国家对外直接投资理论

#### 1. 小规模技术理论

威尔斯（Wells，1983）认为发展中国家通过吸收发达国家的成熟技术并有针对性地进行优化，使其在竞争并不激烈的小规模市场中抢得先机。发达国家在海外投资生产时拥有技术领先优势，在产品生命周期中位于产品创新期或成熟期，处于产品生产的高端位置；与发达国家海外投资生产的优势相比，发展中国家能够为小规模市场服务提供更有优势的生产技术，发展中国家在海外生产时利用民族产品作为纽带，采用低成本竞争策略，这些条件促进了发展中国家对外直接投资。小规模技术理论符合如下现实：世界上一些低收入国家由于经济发展水平较低，因而有关的工业市场需求量不大，相对于发达国家企业而言，发展中国家的企业反而能获得更多的竞争优势。可以说，小规模技术理论是对产品生命周期理论的进一步深化，通过将产品生命周期理论的相关逻辑与国际直接投资现象结合到发展中国家这一对象上，从而拓展了发展中国家对外直接投资行为的解释视野。但小规模技术理论也存在一些不足，比如将发展中国家定位在产品生命周期的末端，忽略了其自身技术创新与研发的作用。

## 2. 技术当地化理论

拉奥认为发展中国家在引进发达国家的先进技术后，根据本国的市场环境和发展需要，对发达国家的成熟技术进行改造，改造后的技术能够适应发展中国家的市场发展状况，提升了该技术的发展活力，促进发展中国家企业竞争力的提高，有助于技术改造和创新企业获得更大的利润（Lall and chen，1983）。该理论强调的是发展中国家企业对发达国家先进技术的模仿与改造，但不能对发展中国家技术获取型投资做出合理解释。

## 3. 技术创新与产业升级理论

20世纪80年代以后发展中国家国际直接投资量不断上升，发展中国家对发达国家的直接投资现象逐渐增多。在国际直接投资行为的主体中，发展中国家的企业已经成为重要组成部分，已有的FDI理论不能很好地对这种国际直接投资现象进行解释。坎特威尔与托兰惕诺（Cantwell and Tolentino，1990）认为，发展中国家对外直接投资影响因素中，技术创新、技术水平影响很大，技术因素是促进发展中国家对外直接投资的动力。与发达国家相比，发展中国家企业的技术创新有其自身的独特性，发达国家的技术创新主要是进行基础研究和开发领先技术，而发展中国家技术进步是逐渐积累、不断升级的过程。随着发展中国家技术水平的提升，其对外直接投资的方式与区位发生了变化，对外直接投资产业也逐渐由劳动密集型产业转向高新技术产业，其区位遵循"周边国家—发展中国家—发达国家"的发展轨迹。可以说，技术创新与产业升级理论对20世纪80年代新兴国家的对外直接投资活动提供了合理的理论解释。

## 2.3　逆向技术溢出研究

### 2.3.1　OFDI 逆向技术溢出效应的存在性

自国际直接投资活动出现以来，其产生的资本、技术、知识、人员跨境流动效应引起了学术界的关注，分流向、分国家、分地区、分行业和分企业的研究成果持续涌现。Kogut 和 Chang（1991）最早聚焦于对外直接投资的技术获取效应，通过研究发现日本对美国大量的直接投资都分布在 R&D 密集型行业，日本在美国进行直接投资，在当地设立合资企业，具有技术获取动机，通过在美国当地技术研发密集行业进行直接投资，能够提高获得当地先进技术溢出的概率，共享美国的技术资源，并由此提出 OFDI 逆向技术溢出效应的猜想。Haddad 和 Harrison（1993）认为国际直接投资是将知识和技术从国外公司转移到国内公司的重要渠道。Coe 和 Helpman（1995）最早对贸易和 FDI 的国际 R&D 溢出效应进行了测度和研究，实证结果表明，贸易产生了积极的国际 R&D 溢出效应，这种溢出效应促进了国内技术进步。Fosfuri 和 Motta（1999）构建了一个两公司模型，这两家公司的技术水平存在差异，两公司可用选择包括出口产品、去其他国家直接投资和不进入别国市场，模型推导结果显示去其他国家直接投资的公司属于技术落后公司，尽管技术落后公司存在效率劣势，但只要通过向技术先进国家直接投资获得的生产率溢出足够高，那么技术落后国家到技术先进国家直接投资就是可行的。Siotis（1999）建立了一个与 Fosfuri 和 Motta（1999）的类似的两公司模型，允许国外和国内公司双向技术溢出流动，研究认为技术获取是国际直接投资的一个重要动机。Potterie 和 Lichtenberg（2001）借鉴了 C-H 模型运用 1971~1990 年 13 个国家 22 个行业的样本数据考察三种技术溢出渠道的国际技术溢出效应，这三种国际技术溢出渠道包括贸易、外商直接投资（FDI）和对外直接投资（OFDI），实证结果发现对外直接投资和进口都是产生国际技术溢出的重要渠道。

Braconier 等（2001）的研究考察了 FDI 和 OFDI 的国际技术溢出效应，以瑞典的公司数据和行业数据进行实证检验，检验结果显示对外直接投资不存在国际技术溢出效应。Castellani（2002）的研究表明海外子公司的设立对母国公司的生产率具有积极影响，子公司设立在发达国家，会更多地受益于当地的知识溢出。Driffield 和 Love（2003）运用英国1984~1992 年制造业 3 分位数据研究 OFDI 逆向技术溢出，实证结果表明存在逆向技术溢出效应，溢出效应发生在研发密度较高的部门。Chuang 和 Hsu（2004）的研究认为 FDI 和贸易都能产生技术溢出效应，低技术差距部门产生的技术溢出效应大于高技术差距部门产生的技术溢出效应，溢出效应的大小还与国内公司的吸收能力有关。Pradhan 和 Singh（2008）的研究认为印度汽车行业对外直接投资存在逆向技术溢出效应。Bitzer 和 Kerekes（2008）的研究结论与 Braconier 等（2001）的类似，外商直接投资在国际技术溢出中发挥的作用更明显，OFDI 逆向技术溢出的实证结果并不显著。Herzer（2010）的研究认为发展中国家对外直接投资与全要素生产率之间存在长期正相关关系，OFDI 与全要素生产率之间是相互促进的关系，OFDI 促进了全要素生产率的提高，全要素生产率的提高也对对外直接投资产生了积极影响，发展中国家对外直接投资存在逆向技术溢出效应，制度因素、政治稳定度、资源禀赋等因素对 OFDI 逆向技术溢出效应具有影响。Chen 等（2012）运用 Tobit 面板回归对 2000~2008 年 493 个新兴市场国家的跨国公司数据进行实证检验，研究新兴市场国家 OFDI 逆向技术溢出效应，实证结论发现，技术获取型 OFDI 是发展中国家获取先进技术的重要途径，技术获取型 OFDI 存在逆向技术溢出效应，当新兴市场国家公司在技术资源丰富的发达国家进行直接投资时产生逆向技术溢出效应的可能性最大，为了获取这种技术溢出，这些新兴市场国家公司增加国内研发投资以增强公司的技术吸收能力。

随着中国企业对外直接投资的发展，国内学者对于对外直接投资逆向技术溢出效应的研究不断增多（见图 2-2），早期的研究集中于中国 OFDI 逆向技术溢出效应存在性的探讨上。杜群阳（2006）认为对外直接投资是发展中国家获取发达国家跨国公司 R&D 资源的有效途径，许多发展中国家对外直接投资是技术获取型 FDI，通过在发达国家设立研发中心，获取了重要技术和资源，实现了技术进步。林青、陈湛匀（2008）运用专利数据来表示无形知识资产，运用 1990~1999 年 10 个发达国家的数据考察 FDI 的反向技术溢出效应，实证结果显示，发达国家对外直接投资能够产生积极的反向知识和技术流动，这种反向技术流动效应对于中国对外直接投资具有重要的指导作用。白洁（2009）的研究认为中国 OFDI 存在逆向技术溢出效应，但统计上并不显著。刘明霞、王学军（2009）认为中国 OFDI 逆向技术溢出效应存在很大的地区差异性，吸收能力是影响逆向技术溢出效应的重要因素，良好的吸收能力促进逆向技术溢出效应的产生。阚大学（2010）对东部、中部和西部地区的 OFDI 逆向技术溢出效应进行了实证检验，研究结果认为东部、中部和西部地区对外直接投资促进了国内技术水平提高，逆向技术溢出效应显著，但三个地区的逆向技术溢出效应都比较小。沈能、赵增耀（2013）基于空间异质性对中国 OFDI 逆向技术溢出效应进行了实证研究，与大部分学者的研究结论一样，认为中国对外直接投资过程中产生了逆向技术溢出效应。付海燕（2014）对逆向技术溢出的传导机理进行了分析，选取了 2002~2011 年 10 个发展中国家对 20 个发达国家直接投资的数据为样本，考察对外直接投资的逆向技术溢出效应，实证结论发现，发展中国家通过对技术领先国家直接投资获得的逆向技术溢出对其技术进步有显著促进作用，而国内研发水平对技术溢出效应有显著影响。尹建华、周鑫悦（2014）认为技术差距与逆向技术溢出之间的关系是非线性的，逆向技术溢出在中技术差距地区的影响系数为负，在高技术差距地区的系数显著为正。王恕立、向姣姣（2014）基于不同投资动机考察对外直接投资逆向技术溢出效应，实证结果表明技术获取型 OFDI 存在逆向技术溢出效应，资源和市场获取型 OFDI 不存在逆向技术溢出效应。

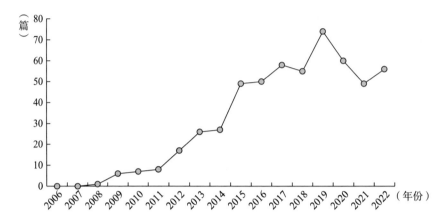

**图 2-2　2006~2022 年 CNKI 数据库 "OFDI 逆向技术溢出" 主题文献发表数量**

注：2022 年主题文献发表数量为预测值。

资料来源：中国知网（CNKI）数据库。

中国对外直接投资取得了较好的成绩，国际地位显著上升，学者对逆向技术溢出的研究也逐渐深入。叶娇、赵云鹏（2016）运用 2005~2007 年中国企业对外直接投资的微观数据研究 OFDI 的逆向技术溢出效应，通过倾向得分匹配法对样本数据进行估计，研究结果发现逆向技术溢出在中国企业 OFDI 过程中非常显著，OFDI 企业的生产率高于非 OFDI 企业，企业自身研发能力的增强有利于 OFDI 逆向技术溢出的增加，机械电子业对外直接投资产生的逆向技术溢出效应最强，轻纺制造业 OFDI 逆向技术溢出效应较小，西部地区对外直接投资对技术进步的促进效应最明显，中部地区的这种促进效应较小。尹东东、张建清（2016）从吸收能力的视角对 OFDI 逆向技术溢出进行了研究，得到的研究结论与之前的学者有所不同，实证结论表明中国对外直接投资不存在逆向技术溢出效应，逆向技术溢出效应的产生与国内吸收能力之间存在紧密联系，国内吸收能力越高，逆向技术溢出产生的可能性越大，影响吸收能力的因素包括人力资本、基础设施、经济发展水平、经济开放度、金融发展等，这些因素的改善对逆向技术溢出效应的产生具有正向影响。齐亚伟

（2016）运用半参数估计方法对 2005~2007 年中国 OFDI 企业的全要素生产率进行了测算，以企业的微观数据为样本对 OFDI 的学习效应进行实证检验，实证结果显示中国对外直接投资存在学习效应，当中国企业在发达国家直接投资时，会产生逆向技术溢出效应，企业研发水平和创新能力的提高有利于企业生产率的提高。申俊喜、鞠颖（2016）以 2007~2013 年中国电子信息行业百强企业中的 53 个上市企业数据为样本，通过分位数回归方法对电子信息产业的逆向技术溢出效应进行实证检验，实证结论认为逆向技术溢出效应在中国电子信息产业 OFDI 过程中显著，企业的技术水平与逆向技术溢出效应成正比，技术水平越高，逆向技术溢出效应越大。姚战琪（2017）认为应该积极推动中国企业 OFDI 逆向技术溢出作用的发挥。李思慧、于津平（2016）的研究发现对外直接投资活跃了企业的创新行为。蒋冠宏（2017）的研究结论表明对高收入国家的跨国并购行为能够有效促进行业生产率的提高。沙文兵、李莹（2018）认为当达到吸收门槛之后，逆向技术溢出对区域创新能力将产生推动作用。孔群喜等（2019）的研究结论表明 OFDI 逆向技术溢出能够提升经济增长的质量和效益。陈浦秋杭等（2020）以江苏省地级市的面板数据为样本，考察了 OFDI 逆向技术溢出效应的存在性，结论发现对外直接投资对全要素生产率的促进作用非常显著。陈培如、冼国明（2020）从二元边际的视角验证了 OFDI 存在正向的逆向技术溢出效应。

本书使用 Citespace 文献计量软件，时间切片为 1 年，以 keyword 为节点类型，利用多种方法，生成我国 OFDI 逆向技术溢出研究领域以关键词为节点的共现网络。本书所选文献全部源于中国知网，且均出自 CSSCI 期刊，所选文章集中于 2008~2023 年，具有较强的科学性和有效性。关键词的字体大小与其出现频次直接相关，字体越大，其出现的频次越高。节点圈之间的连线越密集，表示关键词之间越关联紧密。根据图 2-3 关键词共现图以及关键词的具体出现频次，得出表 2-1。

图 2-3　2008~2023 年中国 OFDI 逆向技术溢出研究的关键词共现图谱

表 2-1　2008~2023 年中国 OFDI 逆向技术溢出研究领域高频关键词（前 10 名）

| 序号 | 关键词 | 出现次数 | 中心度 | 首次出现年份 |
| --- | --- | --- | --- | --- |
| 1 | 吸收能力 | 121 | 0. 28 | 2009 |
| 2 | 技术进步 | 109 | 0. 17 | 2008 |
| 3 | 技术创新 | 90 | 0. 15 | 2010 |
| 4 | 门槛效应 | 68 | 0. 08 | 2012 |
| 5 | 技术溢出 | 48 | 0. 11 | 2011 |
| 6 | 制造业 | 44 | 0. 05 | 2015 |
| 7 | 创新能力 | 43 | 0. 05 | 2013 |
| 8 | 人力资本 | 32 | 0. 08 | 2010 |
| 9 | 自主创新 | 29 | 0. 05 | 2010 |
| 10 | 一带一路 | 29 | 0. 01 | 2017 |

　　本书还统计了前 10 位关键词的中心度（见表 2-1）。关键词的中心度可以反映该关键词在学术研究领域受关注的程度，中心度大于 0.1 的关键词被认为是该研究领域的关键节点。中心度大于 0.1 的关键词有"吸收能力""技术进步""技术创新""技术溢出"。在 2008~2023 年的

高频关键词统计中，"吸收能力"出现的频次最高，共 121 次。

突现关键词定义为在一定时间范围内词频显著上升的术语。关键词突现是指某一关键词在某一时间段突然密集出现，即某个关键词变量在短时间内发生了较大变化，这在一定程度上反映了研究热度的集聚，从时间维度上则反映了研究趋势（信烨等，2022）。如表 2-2 所示，在 2008~2023 年，OFDI 逆向技术溢出效应领域的关键词突现度最高的是"技术进步"，其次是"一带一路"，再次是"中介效应"。说明学界对于 OFDI 逆向技术溢出效应的研究关注其对技术进步的影响，"一带一路"倡议与 OFDI 逆向技术溢出效应之间的关系，以及中介模型在研究 OFDI 逆向技术溢出效应中的使用。

由表 2-2 可知，制造业（2021~2023 年）、一带一路（2019~2020 年）、制度距离（2016~2017 年）、跨国并购（2017~2018 年）、环境规制（2022~2023 年）、门槛效应（2021 年）、中介效应（2022~2023 年）仅在较短时间内关注度较高，突现时期不超过三年。技术进步（2008~2016 年）、影响因素（2010~2016 年）、经济增长（2013~2016 年）的突现持续时间相对较长，但是这些研究近年来热度下降，逐渐被迭代。

表 2-2　2008~2023 年 OFDI 逆向技术溢出研究的关键词突现情况

| 关键词 | 突现度 | 起始年 | 终止年 | 突现持续时间 |
|---|---|---|---|---|
| 技术进步 | 10.97 | 2008 | 2016 | |
| 一带一路 | 5.71 | 2019 | 2020 | |
| 中介效应 | 4.90 | 2022 | 2023 | |
| 影响因素 | 4.37 | 2010 | 2016 | |
| 制造业 | 4.13 | 2021 | 2023 | |
| 经济增长 | 4.12 | 2013 | 2016 | |
| 制度距离 | 4.07 | 2016 | 2017 | |
| 跨国并购 | 3.95 | 2017 | 2018 | |
| 环境规制 | 3.66 | 2022 | 2023 | |
| 门槛效应 | 3.56 | 2021 | 2021 | |

### 2.3.2　OFDI 逆向技术溢出效应的影响因素

随着 OFDI 逆向技术溢出效应研究热度升温，关于 OFDI 逆向技术溢出效应的多方位研究成果也日益丰富。已有的国内外文献分别从不同视角出发，对 OFDI 逆向技术溢出效应的影响因素进行了探讨。早期的多数文献将母国吸收能力、人力资本以及母国知识产权保护作为研究中的重要影响因素。Keller（2004）的研究表明在国际技术溢出的产生与传递过程中，国际贸易和 FDI 都具有重要作用，国际技术溢出对促进国内技术进步具有正向影响，国际技术溢出的增加有利于推动国内经济增长，人力资本和国内 R&D 是影响国际技术溢出的积极因素。Sinani 和 Meyer（2004）的研究认为是否受益于国际技术溢出效应与国内技术吸收能力有关，公司规模、贸易流向与股权结构等因素影响企业受益于技术溢出效应。欧阳艳艳（2010）认为东道国的研发资本存量、人均国民收入和国内生产总值对 OFDI 逆向技术溢出效应都具有促进效应，实际有效汇率和逆向技术溢出之间存在负相关关系。刘明霞（2010）的研究认为中国对外直接投资存在逆向技术溢出效应，逆向技术溢出效应与国内技术进步之间存在显著的正相关关系，实证检验结果发现技术差距的存在促进了逆向技术溢出效应的产生。蔡冬青、刘厚俊（2012）认为中国对外直接投资存在逆向技术溢出效应，东道国政府的公共治理效率、知识产权保护和技术水平是影响 OFDI 逆向技术溢出的重要因素。Borini 等（2012）以巴西 30 家在海外具有子公司的跨国公司为样本，对 93 家海外子公司（这些跨国公司的子公司在海外进行制造活动或专业服务活动）进行调查问卷研究，研究结果表明，海外子公司研发功能的战略定位、海外子公司与母公司之间联系的紧密程度、子公司的成立时间和投资方式都是逆向技术溢出效应的影响因素。

东道国经济特征、制度环境、知识产权保护、母国研发投入、研发水平和人力资本等因素对 OFDI 逆向技术溢出效应的影响在学者们的研究中被证实。Crespo 和 Fontoura（2013）的研究表明 FDI 技术溢出与 FDI 的进入模式、跨国公司特征、东道国经济特征有关，发达国家（地区）外商直接投资的技术溢出效应更加明显，国内公司的吸收能力是影响 FDI 国际技术溢出的重要因素。李梅等（2014）运用 2003~2011 年中国 29 个省份的数据考察制度因素对 OFDI 逆向技术溢出的影响，实证结果发现，制度环境是影响 OFDI 逆向技术溢出的显著正相关因素，制度因素的影响系数因地区不同而存在较大差异，东部和西部地区制度环境的正向影响比较显著，中部地区的影响不显著。沙文兵（2014）从东道国的角度，以 2004~2010 年中国对外直接投资的 12 个国家为样本，研究影响中国 OFDI 逆向技术溢出的东道国因素，检验结果说明，东道国创新水平、知识产权保护、经济发展水平都是影响逆向技术溢出的积极因素，中国与东道国之间的文化差异越大，对 OFDI 逆向技术溢出效应的产生越不利。叶建平等（2014）运用 2003~2011 年各省的数据考察 OFDI 逆向技术溢出效应及其影响因素，动态面板实证结果表明，中国对外直接投资的逆向技术溢出效应比较明显，研发资本、研发投入、经济规模等因素对逆向技术溢出的影响存在门槛效应。韩玉军、王丽（2015）运用 2003~2013 年中国对 13 个发达国家（地区）直接投资的数据研究 OFDI 逆向技术溢出效应的影响因素，实证结果表明，中国与东道国之间的技术差距、人力资本、制度环境等因素对逆向技术溢出效应具有显著正向影响；同时文章以中国与东道国的技术差距为门槛进行了门槛非线性回归检验，检验结果发现，技术差距越大，逆向技术溢出效应越明显。衣长军等（2015）认为东部和中部地区的逆向技术溢出效应比较明显，东部地区逆向技术溢出效应对技术进步的影响大于中部地区，法治水平、知识产权保护、政府治理等制度环境因素对 OFDI 逆向技术溢出效应具有正向影响，而且制度环境对逆向技术溢出的影响存在门槛效应，在不同的门槛值区间内，制度环境的影响程度不一样。王雷等（2015）从金融环境的角度出发，运用金融规模、金融效率和金融结构对金融环境进行衡量，通过固定效应模型与随机效应模型进行实证检验，样本数据为中国 30 个省份 2004~2012 年的 OFDI 逆向技术溢出与金融环境数据，研究发现金融环境的改善有利于 OFDI 逆向技术溢出的产生，对西部地区金融规模的影响更显著，金融效率与金融结构因素对东部地区 OFDI 逆向技术溢出具有正向影响。李平、史亚茹（2019）的研究发现知识产权保护与 OFDI 逆向技术溢出之间的关系呈现"倒 U 形"。

近年来国内学术界关于 OFDI 逆向技术溢出影响因素的研究视角不断拓宽，一部分学者从海外华人网络（衣长军等，2017）、技术势差（陶爱萍、盛蔚，2018）、政府扶持政策（荣枢等，2020）、市场分割（周经、黄凯，2020）等角度进行了相应的探讨。

### 2.3.3　OFDI 逆向技术溢出与技术进步之间的关系

在开放创新环境下，OFDI 作为知识、人才、技术要素跨国流动的重要渠道之一，其技术溢出对母国行业、企业的技术进步与创新具有不同程度的影响。Lecraw（1993）对印度尼西亚跨国公司对外投资的动机与效应进行了研究，发现对外投资不是为了拓展所有权优势，而是为了获得和发展本公司之前不具有的所有权优势，通过对外直接投资可以获得管理经验，促进出口，提高产品质量，获得成本优势，获得国际专业知识、管理经验和受过正规教育的人力资本，在与其他企业竞争时获得比较优势。Kinoshita（2000）运用捷克 1995~1998 年 1217 家制造业企业的数据考察 R&D 和 FDI 技术溢出在促进生产率增长中的作用，实证结果表明，公司 R&D 的增长促进了技术创新，增强了公司的吸收能力，FDI 技术溢出通过提高吸收能力间接促进了生产率水平提高和技术进步。Pack 和 Saggi（2001）构建了一个理论模型分析技术从发达国家向发展中国家转移的机制，该理论模型中包括一个发达国家的公司、两个发展中国家的公司和一个潜在进入发达国家市场的公司，三阶段博弈分析结果认为发展中国家可以通过参与国际分工与进口获得发达国家的技术溢出，技术扩散与竞争效应加快了该技术在发展中国家的传递，发展中国家获得的技术溢出加快了国内的技术进步。

赵伟等（2006）对中国对外直接投资与国内技术进步进行了理论分析，认为对外直接投资可以通过分摊 R&D 费用和向国内转移研发成果与技术资源等方式促进国内技术进步。陈菲琼、虞旭丹（2009）以万向集团对外直接投资为例，对 OFDI 对自主创新的影响机制进行了深入研究，认为对外直接投资主要通过海外研发反馈、子公司本土化、海外收益返回母公司和正外部性四种渠道促进了母国企业技术进步。Motohashi 和 Yuan（2010）以中国汽车行业与电子行业为研究对象，对跨国公司的技术溢出效应进行了实证检验，结论发现跨国公司对当地公司产生了技术溢出效应，在汽车行业和电子行业中都存在垂直溢出效应，电子行业的溢出效应范围仅限于当地产业链中的组装行业与供应商，汽车行业与电子行业都不存在水平溢出效应。陈昭、欧阳秋珍（2010）运用 1990～2007 年中国进口和对中国 FDI 的 10 个主要国家的数据进行面板协整分析，实证结果表明 OFDI 逆向技术溢出促进了投资国技术进步。Amighini 和 Rabellotti（2010）认为发展中国家通过对外直接投资获得新技术，进而促进国内母公司技术进步，OFDI 逆向技术溢出是发展中国家跨国公司实现技术追赶的一个重要渠道。Shuyan 和 Fabus（2019）以专利授权量为技术指标，利用中国各省市的面板数据，实证检验了 OFDI 逆向技术溢出效应的技术进步和地区差异。研究结果发现，中国对外直接投资与国内技术进步之间存在长期稳定的均衡关系，但相关系数不高。

朱彤、崔昊（2011）构建了一个对外直接投资与母国技术进步的理论模型，将对外直接投资影响母国技术进步的机理分为两步，第一是投资子公司在东道国获取了研发溢出，第二是海外子公司将获取的研发溢出传递回母国，理论模型证明对外直接投资产生了逆向技术溢出，这种技术溢出促进了母国技术进步。两人同时以 2000～2008 年 20 个 OECD 国家的数据为样本进行了实证检验，检验结果表明，对外直接投资获得的逆向技术溢出促进了母国技术进步。刘伟全（2011）从全球价值链的角度出发，对 OFDI 逆向技术溢出与国内技术进步之间的关系进行了研究，发现中国对外直接投资促进了国内技术进步，位于价值链低端的国家可以通过向价值链高端国家直接投资获得技术溢出。董有德、孟醒（2014）的研究结果表明，FDI 和 OFDI 都是产生国际技术溢出的重要渠道，OFDI 逆向技术溢出促进了国内技术进步，东部地区逆向技术溢出来源是研发机构，中西部地区逆向技术溢出来源是制造和营运机构。李宏兵、文磊（2016）对 2008 年全国经济普查服务业数据和对外投资数据进行匹配，运用分位数回归方法考察服务业 FDI 和 OFDI 对企业创新竞争力的影响，研究结果说明服务业外商直接投资和对外直接投资都促进了企业创新竞争力的提高，双向投资对中间分位数企业创新竞争力的提升作用大于对两端企业创新竞争力的提升作用。刘东丽、刘宏（2017）对三种国际技术溢出途径的技术创新效应进行了比较，结论表明 OFDI 具有显著的技术创新促进作用，且这种作用大于进口的技术创新促进作用。胡琰欣等（2018）认为对外直接投资跨越门槛值后，会对母国产生显著的技术创新促进作用。汪丽娟等（2022）的研究结果表明，OFDI 对本土企业技术进步产生逆向技术溢出效应。

## 2.4　出口技术复杂度研究

### 2.4.1　出口技术复杂度的度量

归纳整理国内外研究成果中出口技术复杂度的度量方法，发现主要采用了出口相似度指数、出口重叠指数、市场份额法、PRODY 指数和 EXPY 指数等度量方法。Wood 和 Mayer（2001）从比较优势的角度对非洲国家的出口技术结构进行了分析，研究结果发现非洲大部分国家自然资源占有比较优势，在初级产品出口方面具有比较优势，非洲国家国内人力资本和技术水平的上升有利于出口结构的改善。Lall 等（2006）运用 SITC 3 分位和 4 分位产品数据计算了 1990~2000 年 97 个国家的出口技术复杂度，将出口技术复杂度作为研究出口贸易模式的新方法，认为出口技术复杂度与出口模式具有紧密联系。Xu（2007）运用 PRODY 指数和出口相似度指数两种方法对出口技术复杂度进行了计算，计算结果说明基于人均 GDP 的出口技术复杂度指数低估了中国的出口技术复杂度，基于出口相似度指数的出口技术复杂度指数高估了中国的出口技术复杂度。杜修立、王维国（2007）对传统的出口技术复杂度构建指标进行了修正，运用技术结构、整体技术水平与技术结构高度三个指标对中国出口贸易技术结构进行了系统测算，文章对比并分析了中国与世界其他主要国家的出口贸易技术结构，分析结论发现中国出口贸易产品的技术水平没有得到明显提升，中国出口产品技术结构水平仍然不高。Hausmann 和 Rodrik（2007）构建了 PRODY 指数计算出口技术复杂度，PRODY 指数是出口既定产品国家人均 GDP 的加权平均，因此代表与该产品相关的收入水平。Schott（2008）运用出口重叠指数对中国的出口技术复杂度进行了测算，同时比较了中国与美国及其他 OECD 成员国的出口产品技术复杂度，测算结果表明中国出口技术复杂度水平在提高，中国与发达国家的出口产品重叠程度上升，中国与 OECD 成员国在出口市场上的竞争不断加剧。

郭晶、杨艳（2010）从高技术制造业的角度出发，对经济增长、技术进步与出口技术复杂度之间的关系进行了协整检验，实证结果表明经济增长在促进中国高技术制造业出口技术复杂度提高方面发挥了重要作用，中国高技术制造业的生产与出口规模较大，但出口技术复杂度低于美国等发达国家，印度高技术制造业的出口技术复杂度高于中国。戴翔、张二震（2011）运用出口重叠指数、相对平均单位价值等三种方法对中国出口技术复杂度与发达国家出口技术复杂度进行比较和分析，结果说明中国出口技术复杂度与发达国家出口技术复杂度之间仍然存在一定差距，中等和高等技术密集型产品的出口技术复杂度水平很低。汤碧

（2012）认为中国高技术产品出口以中低出口技术复杂度产品为主，中国高技术产品出口技术复杂度与日韩高技术产品出口技术复杂度存在一定差距。杜传忠、张丽（2013）从国际垂直化分工角度出发构建了一套测算工业制成品出口技术复杂度的新方法，对 2002~2011 年工业制成品的出口技术复杂度进行了测算，结果发现，中国工业制成品的出口技术复杂度正在逐渐提高，中低技术行业的出口技术复杂度提高速度较快，高技术行业的出口技术复杂度有所下降。汪建新（2013）为解开"中国出口商品结构之谜"，运用 1995~2011 年联合国 Comtrade 数据库中中国和 OECD 成员国（美国除外）出口到美国的 HS-6 位编码数据计算得出中国和 OECD 成员国出口到美国的产品相似指数，经过分析得出，中国出口商品不断向高增加值链条的攀升实际上是低技能劳动力组装的出口商品技术含量的提升，中国并没有从中获取"核心技术"或大量有效发明专利。丁小义、胡双丹（2013）运用修正的出口技术复杂度指数和修正的出口相似度指数计算了 34 个国家的出口技术复杂度，计算结果表明中国的出口技术复杂度被高估，中国的出口技术复杂度与发达国家的出口技术复杂度之间仍然存在较大差距。Albeaik 等（2017）提出了一种改进的经济复杂度度量方法，这种方法将每个国家修正后的出口优势指数纳入经济复杂度指标的构建中，比之前提出的度量方法更能准确预测未来的经济增长。魏如青等（2021）运用了 Albeaik 等（2017）的测算框架，测算了全球 65 个国家 2005~2015 年的出口技术复杂度。李福柱等（2022）基于 Hausmann 和 Rodrik（2007）的研究成果度量了 30 个省份 2002~2019 年制造业出口技术复杂度，结果表明在样本期内各省份制造业出口技术复杂度均呈现明显上升趋势。

## 2.4.2　出口技术复杂度的影响因素

国内外学者对出口技术复杂度的影响因素进行了多角度探讨，总体来看，经济增长、技术进步、FDI、基础设施、金融发展水平、专业化分工、知识产权保护、进口贸易、人力资本、数字经济等是已有文献分析中主要涉及的影响因素。

黄先海等（2010）的研究发现经济增长是中国出口技术复杂度提高的主要推动力。祝树金等（2010）认为资本—劳动比、国家规模、人口因素、研发支出、FDI 都是促进出口技术水平提高的积极因素，资源禀赋对出口技术水平具有负向影响。王永进等（2010）对异质性企业模型进行了拓展，从理论上对基础设施影响出口技术复杂度的微观机制进行了探讨，认为基础设施水平对产品出口技术复杂度的影响为正，作者以 1995~2004 年 101 个国家海关 6 位编码产品数据为样本，对基础设施与出口技术复杂度之间的关系进行实证检验，实证检验结果与理论模型推导结果一致，结果认为基础设施是促进出口技术复杂度提高的积极因素。Amiti 和 Freund（2010）、Xu 和 Lu（2009）等学者的研究发现加工贸易是推动中国出口技术复杂度水平提高的重要因素，外商直接投资与出口技术复杂度水平之间存在正相关关系。Weldemicael（2011）的研究表明外商直接投资的增加能够有效促进出口技术复杂度的提高，人力资本水平的提高有利于提升出口技术复杂度，同时人均 GDP 和国家规模与出口技术复杂度之间呈现正相关关系，国与国之间地理距离越远，越不利于出口技术复杂度的提高。

齐俊妍等（2011）的研究认为金融发展水平较高国家的产品的出口技术复杂度水平较高，金融发展是促进一个国家出口技术复杂度上升的积极因素。李磊等（2012）对地区专业化与出口技术复杂度之间的关系进行了实证检验，结果表明当出口技术复杂度水平较低时，地区专业化水平的提高有利于推动出口技术复杂度水平的上升，当出口技术复杂度水平较高时，地区专业化水平与出口技术复杂度之间存在负相关关系。顾国达、方园（2012）运用内生技术进步模型分析金融效率和金融规模对出口技术含量的影响，模型推导结果认为金融效率和金融规模都是推动出口技术含量提高的积极因素，以 1991~2009 年 38 个国家制造业产品的出口技术含量数据为样本进行实证研究，实证结果表明，金融发展对出口技术含量具有正向影响。

刘洪铎等（2013）在 Melitz（2003）的异质性企业模型中加入了市场分割因素，试图构建一个理论模型考察市场分割对出口技术复杂度的影响机制，理论分析结果显示，市场分割程度越深，越不利于出口技术复杂度的上升，实证检验结果符合理论模型推导结果。梁超（2013）认为出口技术复杂度与技术创新能力之间呈现显著的正相关关系，在东部地区出口技术复杂度的上升有利于技术创新水平的提升，但这种积极影响在中西部地区并不显著。周禄松、郑亚莉（2014）从工资差距的角度出发，以 2002~2012 年中国 31 个省份的数据为样本，运用动态 GMM 方法对出口技术复杂度与工资差距之间的关系进行实证检验，研究结果发现出口技术复杂度的上升增加了熟练劳动力和非熟练劳动力的工资差距。张先锋等（2014）的研究认为劳工成本的上升间接促进了制造业出口技术复杂度水平的提高。刘维林等（2014）运用 2001~2010 年中国制造业 27 个部门的数据考察全球价值链嵌入对出口技术复杂度的影响，实证结果表明，中国制造业嵌入全球价值链的程度越高，出口技术复杂度水平越高，嵌入全球价值链后获取的国外中间投入与出口技术复杂度之间存在正相关关系，获取的服务投入对出口技术复杂度水平的贡献更大。

戴翔、金碚（2014）对 1996~2010 年 62 个国家（地区）的出口技术复杂度进行了计算，同时考察产品内分工背景下制度质量对出口技术复杂度的影响，实证结果表明，制度质量的提升有利于促进出口技术复杂度的提高，人力资本、创新能力、基础设施、FDI 也是促进出口技术复杂度提高的积极因素。代中强（2014）认为当知识产权保护水平较低时，知识产权保护对出口技术复杂度具有正向影响，当知识产权保护处于较高水平时，知识产权保护的影响系数为负，东部地区知识产权保护对出口技术复杂度具有负向影响，中部地区知识产权保护与出口技术复杂度成正比，西部地区知识产权保护与出口技术复杂度之间呈现倒"U"

形关系，FDI、研发、人力资本都是促进出口技术复杂度水平上升的积极因素。赵红、彭馨（2014）对中国出口技术复杂度的影响因素进行了实证研究，运用海关 6 位编码产品数据测算了产品、国家与省份的出口技术复杂度，计算结果显示中国三个层面的出口技术复杂度在 2000～2012 年显著提高，在出口技术复杂度的影响因素中，外商直接投资、加工贸易与国内研发投入都具有显著正向影响。

张海波、李东（2015）运用 SITC Rev. 3 编码下的 5 位码出口贸易数据计算了中国制造业不同产品的出口技术复杂度，测算结果表明，1995～2012 年纺织服装、机械与电子设备产品的出口技术复杂度具有较大的提高，同时以 1995～2012 年制造业出口技术复杂度的数据为样本对影响因素进行实证研究，研究发现人力资本因素对出口技术复杂度提升具有重要影响，对外直接投资与外商直接投资也发挥了积极作用。莫莎、周晓明（2015）以 2000～2012 年 28 个国家的数据为样本，对生产性服务贸易进口技术复杂度与制造业国际竞争力之间的关系进行实证检验，结论表明进口技术复杂度提高对制造业国际竞争力的提升具有积极影响，同时，生产性服务贸易技术复杂度较高对技术密集型制造业国际竞争力的促进作用更大。刘胜、陈秀英（2016）认为市场化进程推动了制造业出口技术复杂度的上升，在沿海和东部地区这种促进作用更显著。戴翔（2016）的研究表明服务贸易自由化与中国制成品出口技术复杂度之间具有正相关关系，服务贸易自由化水平越高，制成品出口技术复杂度就越高。

韩玉军等（2016）以 2000～2013 年 31 个 OECD 国家的数据为样本，对服务业 FDI 与出口技术复杂度之间的关系进行了研究，研究发现，服务业 FDI 与出口技术复杂度之间具有正相关关系，服务业 FDI 对出口技术复杂度的影响系数是 0.08%。齐俊妍、王晓燕（2016）在内生技术进步模型的基础上进行了拓展，将一国经济的生产部门分为 5 个部门，在之前的三部门模型中增加了金融部门和消费部门，理论模型证明金融发展水平的提高能够提高融资效率，促进技术溢出水平的上升，提高国内技术吸收能力，进而提高出口净技术复杂度，金融发展效率是促进出口技术复杂度提升的积极因素，外商直接投资、人力资本与出口净技术复杂度之间都存在正相关关系。陈晓华、刘慧（2016）构建了上游度指数衡量生产性服务业融入制造业的环节偏好，以相似度指数测算出口技术复杂度，运用 1997~2011 年 34 个国家的样本数据考察生产性服务业融入制造业的环节偏好与出口技术复杂度之间的关系，实证结果表明，中国生产性服务业融入制造业时偏好上游环节，生产性服务业融入制造业有利于促进制造业出口技术复杂度的上升。

盛斌、毛其淋（2017）的研究表明进口贸易自由化是制造业出口技术复杂度的积极影响因素。Fan 等学者（2018）扩展 Hausmann 等人（2007）的理论模型，发现文化多样性通过提高经济中的异质性程度来影响出口技术复杂度。具体而言，文化多样性将经济的技术前沿向外推，从而提高了出口技术复杂度。文章运用 1995~2014 年涵盖 85 个国家的面板数据进行实证评估，回归结果表明，文化多样性和出口技术复杂度之间呈正相关关系。随着时间的推移，文化多样性对出口技术复杂度的影响会越来越大。戴魁早（2019）发现要素市场扭曲对高科技产品的出口技术复杂度产生负向影响。周茂等（2019）认为高校扩张增加了人力资本量，人力资本又通过影响劳动者技能对出口技术复杂度产生正向作用。Rehman 和 Ding（2020）利用自回归分布滞后方法考察了中国对外直接投资与出口技术复杂度之间的双向因果关系。研究发现出口技术复杂度与对外直接投资之间存在协整关系和双向因果关系，对外直接投资对出口技术复杂度的促进作用较强，而出口技术复杂度对中国对外直接投资"走出去"的促进作用较弱。

Su 等（2019）利用 2005~2014 年 36 个国家的面板数据，考察服务贸易的限制性与制造业出口技术复杂度之间的关系，结果表明，服务贸易的限制会对制造业出口技术复杂度产生显著的负面影响，且这种负面影响在 2007 年后有所增加。此外，现代服务贸易的限制对制造业出口技术复杂度的影响相对更大。任同莲（2021）的研究发现数字化服务贸易与制造业出口技术复杂度之间存在显著的正相关关系。余姗等（2021）认为数字经济是制造业出口技术复杂度提升的驱动因素之一，且这种影响呈现动态非线性特征。Ma 等（2020）使用 1998～2013 年两位数的面板数据实证研究了国内技术创新、国外知识溢出和技术转移对中国大中型工业企业（LME）出口绩效的影响，结果表明，国内创新努力极大地促进了工业出口绩效，而中国缺乏高技能的人力资本，这限制了创新对出口的有利影响。与国内创新努力相比，外国知识溢出是出口绩效的更有效驱动因素。Demir 等（2022）的文章研究了制度相似性和企业异质性对出口技术复杂度的影响，结果表明：与上市公司相比，私营、合资和外国公司出口的产品更复杂，对制度相似性的敏感度更低；出口导向型企业出口更复杂的产品，对制度相似性更敏感。

### 2.4.3　技术进步与出口技术复杂度之间的关系

在各类出口技术复杂度的影响因素中，技术进步无疑是最受学术界认可的因素之一。无论是理论分析结论，还是发达国家、发展中国家样本数据的实证检验结果，均支持"技术进步有利于制造业出口技术复杂度提升"的观点。Montobbio 和 Rampa（2002）以 1985～1998 年 9 个发展中国家的数据为样本，对技术、结构优化与出口技术复杂度之间的关系进行实证检验。结果表明，在高技术行业技术创新水平与出口收益存在直接联系，产品技术含量的提升能够增强产品的出口竞争优势，提高产品的国际市场份额，技术能力、FDI、生产率是促进产品出口技术复杂度提高的积极因素。Kasahara 和 Rodrigue（2005）的研究表明从国外进口中间产品有利于工厂生产率的提高，运用智利制造业的微观企业数据进行实证检验，结果表明进口中间产品能够使工厂生产率提高 3.4～22.5 个百分点，进口中间产品的工厂受益于国外研发溢出。Cabrer-Borrás 和

Serrano-Domingo（2007）认为创新具有聚集效应，在技术研发集中的区域技术创新的空间溢出明显，区域创新能力与研发活动、创新资源与人力资本有关，贸易与投资产生的国际技术溢出增强了区域内创新能力，区域之间技术资源与创新资源的流动促进技术水平的提高。文章运用了西班牙17个地区1989~2001年的数据进行空间计量实证检验，实证结果表明技术创新活动具有空间溢出性，技术创新的空间溢出效应对国内技术活动存在显著影响。Oladi等（2008）构建了一个两阶段双寡头模型考察跨国公司与出口产品质量之间的关系，模型结果表明跨国公司对产品质量的投资能够对母国公司产生溢出效应，无论在价格竞争还是数量竞争下，跨国公司这种溢出效应都对母国公司的出口技术复杂度产生积极影响。

Desai（2013）基于印度2002~2007年出口产品的月度数据对技术水平与出口产品技术结构之间的关系进行研究，研究结论显示，国内技术水平的上升与出口产品技术结构之间存在正相关关系，技术水平的上升推动了出口产品技术含量的提高，制度环境、FDI与OFDI都对印度国内技术水平的提高发挥了积极作用。鲁晓东（2014）认为企业的技术升级对出口产品技术含量具有积极影响，技术密集度越高，该企业生产的产品的出口竞争力就越大。毛其淋、方森辉（2018）运用微观企业出口数据进行了实证检验，结论表明企业研发对出口技术复杂度的提升具有非常显著的促进作用，知识产权保护能够进一步强化这种效应。张艾莉、尹梦兰（2019）的研究发现技术创新对制造业出口技术复杂度的正向影响较为显著，且技术创新能够与人力资本对制造业出口技术复杂度产生联合促进作用。

一部分学者将关注点转向了国际直接投资与出口技术复杂度之间的关系上，从FDI和OFDI两个角度切入，分别进行了分析。陈俊聪、黄繁华（2013）运用数理模型分析与实证检验两种方法对OFDI与出口技术复杂度之间的关系进行了研究，研究结论表明，对外直接投资是促进我国出口产品技术水平上升的积极因素，我国应该扩大对外直接投资规模，积极参与国际分工，促进我国出口产品技术复杂度的提高。张海波（2014）的研究表明对外直接投资对母国出口产品的技术含量具有积极影响，教育水平、对外开放度和制度因素都是影响出口产品技术含量的因素，OFDI 对发达国家出口产品技术含量的提高具有显著积极影响，OFDI 对发展中国家出口产品技术含量则具有负向影响。陈俊聪、黄繁华（2014）运用引力模型对 OFDI 与贸易结构之间的关系进行了检验，实证结果表明，OFDI 与贸易结构优化之间存在正相关关系，对外直接投资的增加促进了贸易结构的升级，逆梯度 OFDI 的增加促进了零部件和机械设备出口的增长。Eck 和 Huber（2014）基于印度 2001~2010 年 5539 个制造业公司的出口产品数据检验 FDI 技术溢出与出口技术复杂度之间的关系。通过实证检验发现，在印度直接投资的跨国公司产生了技术溢出，下游企业能够向上游供应商转移来自跨国公司的技术和知识，这种技术溢出促进了印度当地企业出口产品技术复杂度的提高。陈俊聪（2015）考察了对外直接投资与服务出口技术复杂度之间的关系，首先运用微观理论模型证明 OFDI 对母国服务出口技术复杂度的影响机理；其次进行实证检验，样本数据为全球 112 个经济体 2000~2012 年的投资与出口数据，实证结论发现 OFDI 与服务出口技术复杂度之间存在正相关关系。刘英基（2016）认为知识资本对出口技术复杂度具有显著的正向影响，知识资本积累可以促进技术创新能力提高进而对出口技术复杂度产生积极影响。张雨、戴翔（2017）的实证结论发现 FDI 是服务出口技术复杂度的正相关影响因素。Gan 等（2020）的研究结果表明，人民币升值通过增加研发人员和研发资金投入显著提高了出口产品的技术含量。信超辉等（2022）基于省级层面数据，对异质性吸收能力约束下 FDI 与出口技术复杂度之间的关系进行了探究，结论发现，FDI 对出口技术复杂度的正向作用受吸收能力影响较为显著。

## 2.5 简要评述

国际直接投资行为最早出现在发达国家的跨国企业中，随着发达国家国际直接投资的发展，国际直接投资理论不断丰富，经典的国际直接投资理论对发达国家的国际直接投资现象进行了很好的解释。20 世纪 80 年代后，发展中国家对外直接投资规模不断扩大，小规模技术理论、技术当地化理论是对传统发达国家国际直接投资理论的扩展，适用于发展中国家国际直接投资现象研究。这些理论在解释发展中国家国际直接投资上具有一定启示，但已有的直接投资理论在解释发展中国家技术获取型直接投资上比较乏力，现有的理论很难全面说明发展中国家对发达国家直接投资日益增长的原因。

综合现有的文献来看，绝大多数学者的研究认为中国对外直接投资存在逆向技术溢出效应，OFDI 逆向技术溢出的增加促进了投资国国内技术进步。已有的研究文献对 OFDI 逆向技术溢出的影响因素进行了研究，研究结果认为技术因素如投资国吸收能力、R&D 水平是影响 OFDI 逆向技术溢出的重要因素，近年来关于 OFDI 逆向技术溢出的非技术影响因素的研究不断增多，制度因素、金融因素、技术差距对 OFDI 逆向技术溢出影响的研究不断丰富。

学术界采取了多种度量方法对中国出口技术复杂度进行了计算与分析，出口技术复杂度的主要测算方法包括 Hausmann 等（2007）PRODY 指数、Schott（2008）出口相似度指数和有限追赶指数，测算结果认为中国出口技术复杂度正在不断提高，金融发展、制度环境、技术创新、人力资本等因素都对出口技术复杂度的提高具有一定影响。现有的文章集中于出口技术复杂度的测算与影响因素的分析上，在对出口技术复杂度影响因素的研究中考虑了技术因素的作用，但忽视了 OFDI 逆向技术溢出的作用，对于 OFDI 逆向技术溢出与出口技术复杂度之间关系的研究较少。

# 第3章　中国对外直接投资现状

近年来，中国对外直接投资发展态势良好，中国对外直接投资的国际地位不断上升。具体而言，根据联合国贸发会议数据库的统计数据，2012~2020年，中国对外直接投资流量一直位于各国对外直接投资流量排名前三。2014~2020年中国对外直接投资流量占世界外商直接投资流量的比重始终保持在10%左右。中国对外直接投资存量增长明显，在各国对外直接投资存量中的位次从2010年的第17位上升到2019年的第3位。2015年中国对外直接投资量达到1456.7亿美元，首次赶超外商直接投资国内企业的投资量，2015~2018年，中国对外直接投资流量超过同期中国吸收外资流量。随着我国经济对外开放程度的不断提高，我国对外直接投资的国家（地区）在全球分布的范围日益扩大。根据《2019年度中国对外直接投资统计公报》，截至2019年底，全球有188个国家（地区）的市场存在我国对外投资的身影。2019年中国对外直接投资流量为1369.1亿美元，中国对外直接投资存量为21988.8亿美元，占全球对外直接投资存量6.4%，居世界第三位。虽然突发的新冠疫情使各领域都遭受冲击，但2020年中国对外直接投资量稳中有进，小幅增加至1537.1亿美元，首次成为世界第一对外直接投资流量国。

# 3.1　总体概况

中国对外直接投资发展过程可以分为以下四个阶段。

## 1. 起步阶段（1979~1985 年）

"引进来"与"走出去"是中国对外开放的重要措施，早期中国注重"引进来"，而"走出去"规模较小。中国第一家对外直接投资企业是成立于 1979 年的中国国际信托投资公司，在 1979 年中国对外直接投资企业只有 4 家，签订对外经济合作合同的国家有 8 个，合同金额约 0.5 亿美元（见表 3-1），对外经济合作形式较为单一，以对外劳务合作和对外承包工程为主。早期中国对外直接投资的企业主要是外贸公司与综合性公司，大多属于国有企业，这些国有企业对外直接投资行为表现为在海外建立分支机构与海外子公司，目的在于政府拓展经济贸易活动。这些对外直接投资行为规模基本很小（见表 3-1），也从侧面反映出中国早期对外直接投资活动与世界经济的联系不紧密的事实。总的来说，1979~1985 年为中国对外直接投资的起步阶段，整体特点体现为对外直接投资的规模较小，投资形式相对单一。

表 3-1　1979~1985 年中国对外经济合作

| 年份 | 签订合同的国家（地区）（个） | 合同数量（份） | 合同金额（亿美元） | 完成额（亿美元） |
|---|---|---|---|---|
| 1979 | 8 | 36 | 0.51 | 1.7 |
| 1980 | 16 | 172 | 1.85 | — |
| 1981 | 36 | 363 | 5.04 | — |
| 1982 | 38 | 314 | 5.07 | 3.48 |
| 1983 | 40 | 460 | 9.24 | 4.52 |
| 1984 | 52 | 740 | 17.37 | 6.23 |
| 1985 | 71 | 923 | 12.65 | 8.35 |

资料来源：《中国对外经济统计年鉴（1994）》。

## 2. 逐步扩大阶段（1986~1992 年）

在这一阶段中国对外直接投资规模逐步扩大，海外投资领域不断拓宽。这一发展得益于对外经济贸易部于 1985 年制定了《关于在国外开设非贸易性合资经营企业的审批程序和管理办法》，标志着从政策上逐渐放宽了对投资项目的审批，展现出政府鼓励国内企业加大对海外投资力度的积极态度。随着政策的落实，我国企业参与国外投资的项目逐渐增加，投资的企业类型也愈加多样，由初期起步阶段的外经贸企业为主，逐步扩大到科技企业、工业企业、金融服务企业等；海外投资的行业领域也进一步拓宽，对外投资地区随之不断增加，截至 1992 年底，中国对外投资分布在全球 120 个国家（地区），投资行业包括服务业、资源开发、机械制造、交通运输等 20 多个行业。

## 3. 缓慢调整阶段（1993~2000 年）

邓小平南方谈话之后，中国改革逐步拉开序幕，中国外贸体制也紧随时代步伐，加入了改革的浪潮，中国企业对外直接投资行为因此逐渐增多。除了央企与国企外，各省份逐渐成立下属外贸公司，这些外贸公司积极参与对外直接投资，短期内各省份企业对外直接投资一拥而上，导致投资过热，风险难以控制。针对此种现象，1993 年中国开始进行经济结构调整，抑制经济发展过热。1994 年实行汇率制度改革，同时加强对海外投资项目的审批和境外国有资产的管理，在严格的监管下这一时期对外直接投资量明显下滑。具体表现为，1994 年我国对外直接投资量仅为 20 亿美元，与 1993 年相比，对外直接投资量大幅减少了 22 亿美元。虽然亚洲金融危机过后，我国对外直接投资量呈不断上升的趋势，但是 1993~2000 年中国企业对外直接投资绩效并不突出。

## 4. 快速发展阶段（2001 年至今）

改革开放之后，中国对外投资主体呈现多元化趋势，投资方式逐渐增多，资金来源渠道不断丰富，但同样不可忽视的是，对外投资体制仍然存在许多问题，市场在资源配置中的作用没有得到充分发挥，企业的投资决策权没有得到完全落实。为了进一步完善中国投资体制，促进中国对外直接投资的发展，2004年7月16日《国务院关于投资体制改革的决定》发布，将对外直接投资审批方式改为"核准制"，打破了传统计划经济体制下高度集中的投资管理模式，该决定成为现在投资体制改革的重要指导文件。随着中国投资体制的完善与政策法规的出台，中国投资平台逐步建立，中国投资结构不断完善，中国对外投资量持续增长，对外直接投资主体由以国有企业为主向国有企业和私营企业并重转变。2006年之后中国对外直接投资进入迅速增长期，2008年的金融危机对中国企业既是挑战又是新机遇，中国企业在金融危机期间对外投资活动非常活跃，许多中国企业在这一期间纷纷把握机会，加快海外投资步伐。中国企业对外投资的特点体现为技术获取型投资不断增多，如2008年9月中联重科收购意大利混凝土企业CIFA 100%股权，2010年3月吉利汽车收购沃尔沃轿车。

商务部于2009年3月颁布了《境外投资管理办法》，该办法的实施，使得对外投资的核准程序变得更简洁，提高了企业对外直接投资的核准效率，为企业对外投资提供便利。

1982年，我国对外直接投资规模较小，投资量仅为0.44亿美元，约占世界对外直接投资总规模的0.55%。经过20年的发展，从2002年起，中国对外直接投资迅速增长，2003～2016年，中国对外直接投资流量一直处于平稳增加的良好态势，2017年开始，中国对外直接投资流量稍有下降（见图3-1）。《2003年度中国对外直接投资统计公报》的数据显示，2003年中国对外直接投资金额为29亿美元。随着中国经济的快速发展，中国企业跨国并购的金额不断增加，对外直接投资规模不断扩大，对外直接投资流量和存量始终处于增长阶段。《2020年度中国对外直接投资统计公报》显示，2020年中国对外直接投资流量达到1537.1亿美元，位居世界第一，占世界对外直接投资总量的20.77%；对外直投资存量大约为 25806.6 亿美元，凭借着可观的对外直接投资规模，中国连续八年成为世界三大对外直接投资国之一。

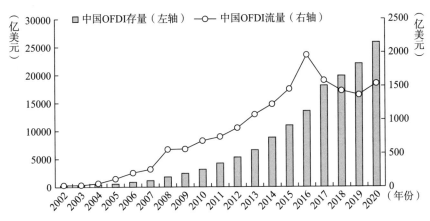

图 3-1    2002~2020 年中国对外直接投资流量和存量

资料来源：历年《中国对外直接投资统计公报》。

随着中国对外直接投资流量的增长，中国对外直接投资的国际地位不断上升。2002 年中国对外直接投资流量为 27 亿美元，在全球的排名仅为第 26 名；2015 年中国对外直接投资量大幅增长，达到 1456.7 亿美元，全球排名实现赶超，上升到第 2 名，随后一直保持前三。我国对外直接投资存量的国际地位也呈现显著上升趋势，2002 年位于全球第 25 名，到 2019 年上升至全球第 3 名，2020 年依然保持在全球第 3 名。

新冠疫情对世界投资贸易活动造成了不利冲击。疫情期间，英国、意大利、西班牙、澳大利亚等国家的投资监管政策趋紧，叠加单边主义加剧、地缘政治风险攀升，在一系列因素影响下全球的国际直接投资量出现了明显下降。但疫情催发了数字经济的迅速发展，投资模式、投资趋势发生了重大变化（詹晓宁和欧阳永福，2018；蒋殿春等，2020），数字时代下对外投资迎来新的发展机遇。与 2019 年相比，2020 年中国对外直接投资流量逆势增加，在全球的份额显著提升，且 2020 年中国对外直接投资流量总额首次跃居世界第一。

　　2008～2020年，相较于世界OFDI流量增速变化，中国OFDI流量增速变化幅度稍小（见图3-2）。受2008年金融危机的影响，世界对外直接投资流量和中国对外直接投资流量增速在2009年都产生较大幅度的下降。2010～2016年，中国对外直接投资流量增速总体保持正增长的态势，世界对外直接投资流量增速则呈现不断波动的趋势。未来，受国际冲突等多重因素影响，国际投资面临的外部环境日益复杂，世界对外直接投资流量的增长充满了不确定性，增长速度有可能在复苏中放缓。

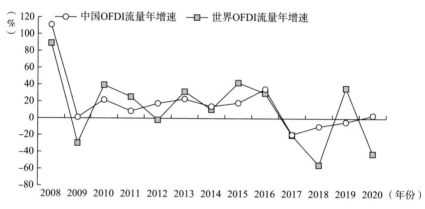

**图3-2　2008～2020年世界OFDI流量增速与中国OFDI流量增速**

资料来源：《世界投资报告》和历年《中国对外直接投资统计公报》。

　　随着"一带一路"倡议的提出，共建"一带一路"国家基础设施建设的需求不断增长，亚洲基础设施投资银行的成立为共建"一带一路"国家的投资提供了有力的金融支持，中国对共建"一带一路"国家直接投资量因此得到显著增长。《2019年度中国对外直接投资统计公报》显示，2019年中国企业对63个共建"一带一路"国家进行直接投资，直接投资流量达到186.9亿美元，比2018年增长了4.5%，占2019年中国对外直接投资流量的13.7%，其中国企业对共建"一带一路"国家并购项目91个，并购金额约29.4亿美元，占中国对外并购总额的8.6%。2020年，我国企业对58个共建"一带一路"国家非金融类直接投资

177.9 亿美元, 同比增长 18.3%。[1] 2021 年, 我国企业对 57 个共建 "一带一路" 国家非金融类直接投资 203 亿美元, 同比增长 14.1%。[2]

中国对企业对外直接投资的质量十分重视, 中国政府加强了对企业对外直接投资的真实性和合规性审查, 限制企业对房地产、酒店、影院、娱乐和体育俱乐部等领域的对外直接投资。同时, 国家对资金外流的监管审查力度持续加大, 以进一步优化对外投资的行业结构。

## 3.2 地区分布

中国对外直接投资范围不断扩大, 2003~2020 年, 中国对外直接投资国家 (地区) 数量一直保持稳定增长态势。2003 年, 中国对外直接投资分布在全球 139 个国家 (地区), 占全世界国家 (地区) 的 62.05%; 2020 年, 中国对外直接投资范围扩大到全球 189 个国家 (地区), 中国对外直接投资分布国家占全球国家 (地区) 的 81.1% (见表 3-2)。

表 3-2 2003~2020 年中国对外直接投资地区分布

| 年份 | 对外直接投资国家 (地区) (个) | 比上一年增加 (%) | 占全世界国家 (地区) 的比重 (%) |
|------|------|------|------|
| 2003 | 139 | — | 62.05 |
| 2004 | 149 | 7.19 | 66.52 |
| 2005 | 163 | 9.40 | 71.2 |
| 2006 | 172 | 5.52 | 71 |
| 2007 | 173 | 0.58 | 71.2 |
| 2008 | 174 | 0.58 | 71.9 |
| 2009 | 177 | 1.72 | 72.8 |

---

① 《2020 年我对 "一带一路" 沿线国家投资合作情况》, 2021 年 1 月 22 日, http://fec.mof-com.gov.cn/article/fwydyl/tjsj/202101/20210103033338.shtml。

② 《2021 年我对 "一带一路" 沿线国家投资合作情况》, 2022 年 1 月 24 日, http://m.mof-com.gov.cn/article/tongjiziliao/dgzz/202201/20220103239000.shtml。

续表

| 年份 | 对外直接投资国家（地区）（个） | 比上一年增加（%） | 占全世界国家（地区）的比重（%） |
|------|------|------|------|
| 2010 | 178 | 0.56 | 72.7 |
| 2011 | 178 | 0.00 | 72.4 |
| 2012 | 179 | 0.56 | 76.8 |
| 2013 | 184 | 2.79 | 79.0 |
| 2014 | 186 | 1.09 | 79.8 |
| 2015 | 188 | 1.08 | 80.3 |
| 2016 | 190 | 1.06 | 81.5 |
| 2017 | 189 | -0.53 | 81.1 |
| 2018 | 188 | -0.53 | 80.7 |
| 2019 | 188 | 0.00 | 80.7 |
| 2020 | 189 | 0.53 | 81.1 |

资料来源：历年《中国对外直接投资统计公报》。

　　中国对外直接投资呈现国家集中度较高的特点，大部分分布在亚洲地区。2003~2020 年，中国在亚洲地区直接投资存量占中国总对外直接投资存量的比例一直保持在 60% 以上，最高占比接近 80%，最低占比也接近 65%，截至 2020 年末中国在亚洲地区的直接投资存量占中国总对外直接投资存量的 63.7%。拉丁美洲地区也是吸收中国外资的重要地区，自 2015 年后，中国对拉丁美洲的直接投资存量占比呈现"先上升后下降再上升"的态势，拉丁美洲在中国对外直接投资的各大洲中存量占比排名第二，截至 2020 年末中国在拉丁美洲的直接投资存量占比为 24.4%。2010~2020 年中国对欧洲地区直接投资存量呈稳步上升态势，2010 年中国在欧洲直接投资存量的比重为 5.0%，2013 年上升至 8%，2020 年下降到 4.7%。在中国对外直接投资各大洲中，北美洲的存量占比相对较小，2011 年之前，中国在北美洲直接投资的存量占比均低于 3%，2016 年上升到 5.6%，2020 年在北美洲直接投资的存量占比为 3.9%（见表 3-3）。

表 3-3　2003~2020 年中国 OFDI 存量在各大洲的分布

单位：亿美元，%

| 年份 | 亚洲 | | 欧洲 | | 北美洲 | | 大洋洲 | | 非洲 | | 拉丁美洲 | |
|---|---|---|---|---|---|---|---|---|---|---|---|---|
| | 存量 | 比重 | 存量 | 比重 | 存量 | 比重 | 存量 | 比重 | 存量 | 比重 | 存量 | 比重 |
| 2003 | 265.6 | 79.9 | 4.9 | 1.5 | 5.5 | 1.7 | 4.7 | 1.4 | 4.9 | 1.5 | 46.2 | 13.9 |
| 2004 | 334.1 | 74.6 | 6.8 | 1.5 | 9.1 | 2.0 | 5.4 | 1.2 | 9.0 | 2.0 | 82.7 | 18.5 |
| 2005 | 409.5 | 71.6 | 12.7 | 2.2 | 12.6 | 2.2 | 6.5 | 1.1 | 16.0 | 2.8 | 114.7 | 20.0 |
| 2006 | 479.8 | 63.9 | 22.7 | 3.0 | 15.9 | 2.1 | 9.4 | 1.3 | 25.6 | 3.4 | 196.9 | 26.3 |
| 2007 | 792.2 | 67.2 | 44.6 | 3.8 | 32.4 | 2.7 | 18.3 | 1.6 | 44.6 | 3.8 | 247.2 | 20.9 |
| 2008 | 1313.2 | 71.4 | 51.3 | 2.8 | 36.6 | 2.0 | 38.2 | 2.1 | 78.0 | 4.2 | 322.4 | 17.5 |
| 2009 | 1855.5 | 75.5 | 86.8 | 3.5 | 51.8 | 2.1 | 64.2 | 2.6 | 93.3 | 3.8 | 306.0 | 12.4 |
| 2010 | 2281.5 | 71.9 | 157.1 | 5.0 | 78.3 | 2.5 | 86.1 | 2.7 | 130.4 | 4.1 | 438.8 | 13.8 |
| 2011 | 3034.3 | 71.4 | 244.5 | 5.8 | 134.7 | 3.2 | 120.1 | 2.8 | 162.4 | 3.8 | 551.7 | 13.0 |
| 2012 | 3644.1 | 68.5 | 369.8 | 7.0 | 255.0 | 4.8 | 151.1 | 2.8 | 217.3 | 4.1 | 682.1 | 12.8 |
| 2013 | 4474.1 | 67.7 | 531.6 | 8.0 | 286.1 | 4.3 | 190.2 | 2.9 | 261.9 | 4.0 | 861.0 | 13.0 |
| 2014 | 6009.7 | 68.1 | 694.0 | 7.9 | 479.5 | 5.4 | 258.6 | 2.9 | 323.5 | 3.7 | 1061.0 | 12.0 |
| 2015 | 7689.0 | 70.0 | 836.8 | 7.6 | 521.8 | 4.8 | 320.9 | 2.9 | 346.9 | 3.2 | 1263.2 | 11.5 |
| 2016 | 9094.5 | 67.0 | 872.0 | 6.4 | 754.5 | 5.6 | 382.6 | 2.8 | 398.8 | 2.9 | 2071.6 | 15.3 |
| 2017 | 11393.2 | 63.0 | 1108.5 | 6.1 | 869.1 | 4.8 | 417.6 | 2.3 | 433.0 | 2.4 | 3868.9 | 21.4 |
| 2018 | 12761.3 | 64.4 | 1128.0 | 5.7 | 963.2 | 4.9 | 441.1 | 2.2 | 461.0 | 2.3 | 4067.1 | 20.5 |
| 2019 | 14602.2 | 66.4 | 1143.8 | 5.2 | 1002 | 4.6 | 436.1 | 2.0 | 443.9 | 2.0 | 4360.5 | 19.8 |
| 2020 | 16448.9 | 63.7 | 1224.3 | 4.7 | 1000. | 3.9 | 401.1 | 1.6 | 434 | 1.7 | 6298.1 | 24.4 |

资料来源：历年《中国对外直接投资统计公报》。

　　在我国对外直接投资流量的地区分布中，同样是亚洲国家显示出较高的占比。2003 年，中国对外直接投资流量中约 15 亿美元流向亚洲国家，在中国对外直接投资总量中的比重为 52.5%。2019 年，中国对亚洲国家的直接投资量增加到 1108.4 亿美元，占比首次超过了 80%，为 80.9%，2020 年进一步上升至 1123.4 亿美元，但所占比重相对减小，为 73.1%。同年相比，大洋洲地区吸收中国 FDI 量最小，仅占中国对外直接投资总量的 0.9%。在 2003~2006 年，我国对拉丁美洲平均每年的直接投资量为 44.35 亿美元，比重相对较大（见表 3-4）。

表 3-4　2003~2020 年中国 OFDI 流量在各大洲的分布

单位：亿美元，%

| 年份 | 亚洲 | | 欧洲 | | 北美洲 | | 大洋洲 | | 非洲 | | 拉丁美洲 | |
|---|---|---|---|---|---|---|---|---|---|---|---|---|
| | 流量 | 比重 | 流量 | 比重 | 流量 | 比重 | 流量 | 比重 | 流量 | 比重 | 流量 | 比重 |
| 2003 | 15 | 52.5 | 1.5 | 5.3 | 0.58 | 2 | 0.34 | 1.1 | 0.75 | 2.6 | 10.4 | 36.5 |
| 2004 | 30 | 54.6 | 1.7 | 3.1 | 1.26 | 2.3 | 1.2 | 2.2 | 3.17 | 5.8 | 17.6 | 32 |
| 2005 | 43.7 | 35.6 | 5.1 | 4.2 | 3.2 | 2.6 | 2 | 1.7 | 4 | 3.3 | 64.7 | 52.6 |
| 2006 | 76.6 | 43.4 | 5.9 | 3.4 | 2.6 | 1.5 | 1.3 | 0.8 | 5.2 | 2.9 | 84.7 | 48 |
| 2007 | 153.8 | 62.6 | 10.9 | 5.8 | 11.3 | 4.3 | 7.7 | 2.9 | 15.7 | 5.9 | 49 | 18.5 |
| 2008 | 435.5 | 77.9 | 8.8 | 1.6 | 3.6 | 0.6 | 19.5 | 3.5 | 54.9 | 9.8 | 36.8 | 6.6 |
| 2009 | 404.1 | 71.4 | 33.5 | 5.9 | 15.2 | 2.7 | 24.8 | 4.4 | 14.4 | 2.6 | 73.3 | 13 |
| 2010 | 448.9 | 65.3 | 67.6 | 9.8 | 26.2 | 3.8 | 18.9 | 2.7 | 21.1 | 3.1 | 105.4 | 15.3 |
| 2011 | 454.9 | 60.9 | 82.5 | 11.1 | 24.8 | 3.3 | 33.2 | 4.4 | 31.7 | 4.3 | 119.4 | 16 |
| 2012 | 647.9 | 73.8 | 70.35 | 8 | 48.82 | 5.6 | 24.15 | 2.7 | 25.17 | 2.9 | 61.70 | 7 |
| 2013 | 756 | 70.1 | 59.5 | 5.5 | 49 | 4.5 | 36.6 | 3.4 | 33.7 | 3.2 | 143.6 | 13.3 |
| 2014 | 849.9 | 69 | 108.4 | 8.8 | 92.1 | 7.5 | 43.4 | 3.5 | 32 | 2.6 | 105.4 | 8.6 |
| 2015 | 1084 | 74.4 | 71.2 | 4.9 | 107.2 | 7.4 | 38.7 | 2.7 | 29.8 | 2 | 126.1 | 8.6 |
| 2016 | 1302.7 | 66.4 | 106.9 | 5.4 | 203.5 | 10.4 | 52.1 | 2.7 | 24.0 | 1.2 | 272.3 | 13.9 |
| 2017 | 1100.4 | 69.5 | 184.6 | 11.7 | 65.0 | 4.1 | 51.1 | 3.2 | 41.0 | 2.6 | 140.8 | 8.9 |
| 2018 | 1055.1 | 73.8 | 65.9 | 4.6 | 87.2 | 6.1 | 22.2 | 1.5 | 53.9 | 3.8 | 146.1 | 10.2 |
| 2019 | 1108.4 | 80.9 | 105.2 | 7.7 | 43.7 | 3.2 | 20.8 | 1.5 | 27.1 | 2.0 | 63.9 | 4.7 |
| 2020 | 1123.4 | 73.1 | 126.9 | 8.3 | 63.4 | 4.1 | 14.5 | 0.9 | 42.3 | 2.8 | 166.6 | 10.8 |

资料来源：历年《中国对外直接投资统计公报》。

中国东部、中部与西部地区的对外直接投资存在较大差异。根据《2020 年度中国对外直接投资统计公报》的数据，东部地区的对外直接投资存量最大，东部地区对外直接投资存量占全国对外直接投资存量的比重高达 82.8%，东部地区受益于对外直接投资宏观经济效应的可能性最大。

分地区统计非金融类 OFDI 流量情况，得到表 3-5，并做如下分析。

东部地区企业是中国对外直接投资企业的主体，该地区非金融类对外直接投资流量始终大于中国其他地区。2007～2016 年东部地区非金融类对外直接投资流量总体呈现上升趋势，但随后有所下降，2020 年东部地区非金融类 OFDI 流量为 718.5 亿美元，占当年中国非金融类对外直接投资流量的 84.7%。西部地区非金融类对外直接投资流量较小，2007～2020 年非金融类 OFDI 流量趋势不平稳，波动幅度较大，2008 年西部地区非金融类 OFDI 流量为 8.2 亿美元，比重为 14.1%，2020 年比重下降到 7.0%。2007～2014 年中部地区非金融类 OFDI 流量比重相对平稳，基本上保持在 20% 左右，但随后占比有所下降。2009 年中部地区非金融类 OFDI 流量的比重最高，达到 27.7%，非金融类对外直接投资流量为 26.4 亿美元。总体来说，东部、中部和西部地区 2007～2020 年非金融类 OFDI 流量的差异较大，三大地区之间的比重很不平衡，东部地区的比重最高，其次是中部地区，西部地区比重最低。

表 3-5 2007～2020 年分地区非金融类 OFDI 流量与比重

| 年份 | 东部 | | 中部 | | 西部 | |
|------|------|------|------|------|------|------|
| | 流量（亿美元） | 比重（%） | 流量（亿美元） | 比重（%） | 流量（亿美元） | 比重（%） |
| 2007 | 35.6 | 70.6 | 9.8 | 19.5 | 5 | 9.9 |
| 2008 | 38.1 | 65.8 | 11.6 | 20.1 | 8.2 | 14.1 |
| 2009 | 64.6 | 67.5 | 26.4 | 27.7 | 4.6 | 4.9 |
| 2010 | 134.6 | 76.4 | 37.8 | 21.4 | 3.9 | 2.2 |
| 2011 | 169.9 | 72.4 | 48.4 | 20.6 | 16.4 | 7.0 |
| 2012 | 244.3 | 71.5 | 59 | 17.3 | 38.2 | 11.2 |
| 2013 | 277 | 76.1 | 67 | 18.4 | 20 | 5.5 |
| 2014 | 437.9 | 72.3 | 138 | 22.8 | 29.5 | 4.9 |
| 2015 | 787.4 | 84.2 | 124.5 | 13.3 | 23.3 | 2.5 |
| 2016 | 1256 | 83.4 | 101.1 | 6.7 | 115.5 | 7.7 |
| 2017 | 642.4 | 74.5 | 76.1 | 8.8 | 124.7 | 14.5 |
| 2018 | 758.2 | 77.2 | 101.4 | 10.3 | 100.6 | 10.2 |

续表

| 年份 | 东部 | | 中部 | | 西部 | |
|---|---|---|---|---|---|---|
| | 流量<br>（亿美元） | 比重<br>（%） | 流量<br>（亿美元） | 比重<br>（%） | 流量<br>（亿美元） | 比重<br>（%） |
| 2019 | 721.6 | 80.4 | 97.7 | 10.9 | 77.3 | 8.6 |
| 2020 | 718.5 | 84.7 | 70.8 | 8.3 | 59.0 | 7.0 |

资料来源：中国商务部与《2020 年度中国对外直接投资统计公报》。

2018 年非金融类 OFDI 流量前 10 省（市）的比重之和将近 80%，2020 年广东、上海、浙江非金融类对外直接投资流量位居中国非金融类 OFDI 流量的前三名，比重分别为 27.7%、14.8% 和 12.7%（见表 3-6）。对比 2018 年与 2020 年中国非金融类对外直接投资流量前 10 个省（市），可以看到北京、上海、广东和浙江的比重较高，说明对外直接投资量的大小受经济发展水平的影响，经济发展水平较高的地区，对外直接投资流量往往较大。

表 3-6  2018 年和 2020 年中国非金融类 OFDI 流量前 10 省（市）

| 2018 年 | | | | 2020 年 | | | |
|---|---|---|---|---|---|---|---|
| 排名 | 省（市） | 流量<br>（亿美元） | 比重<br>（%） | 排名 | 省（市） | 流量<br>（亿美元） | 比重<br>（%） |
| 1 | 广东 | 160.6 | 16.4 | 1 | 广东 | 235.3 | 27.7 |
| 2 | 上海 | 153.3 | 15.6 | 2 | 上海 | 125.5 | 14.8 |
| 3 | 浙江 | 122.8 | 12.5 | 3 | 浙江 | 107.4 | 12.7 |
| 4 | 山东 | 66.9 | 6.8 | 4 | 江苏 | 61.4 | 7.2 |
| 5 | 北京 | 64.7 | 6.6 | 5 | 山东 | 61.0 | 7.2 |
| 6 | 江苏 | 61.0 | 6.6 | 6 | 北京 | 59.9 | 7.1 |
| 7 | 福建 | 45.4 | 4.6 | 7 | 福建 | 33.4 | 3.9 |
| 8 | 河南 | 38.6 | 3.9 | 8 | 湖南 | 21.9 | 2.6 |
| 9 | 海南 | 33.8 | 3.4 | 9 | 四川 | 18.8 | 2.2 |
| 10 | 天津 | 33.7 | 3.4 | 10 | 天津 | 15.4 | 1.8 |
| 总和 | | 780.8 | 79.4 | 总和 | | 740.0 | 87.2 |

资料来源：《2018 年度中国对外直接投资统计公报》《2020 年度中国对外直接投资统计公报》。

## 3.3　行业现状

我国对外直接投资的范围不断拓宽，如今已覆盖了所有行业，其中第三产业的比重最大，2019 年中国对第三产业对外直接投资存量占中国对外直接投资各行业存量的 80.6%，2020 年占比虽略微下降至 78.2% 但依然远超第一产业和第二产业。按细分行业来看，租赁和商务服务业所占份额最多，且 2017~2020 年占比一直较为稳定，2017 年中国对租赁和商务服务业直接投资的存量所占比重为 34.1%，2020 年的占比为 32.2%。2020 年租赁和商务服务业对外直接投资存量约 8316.4 亿美元，其次是批发和零售业，OFDI 存量为 3453.2 亿美元。相较于其他行业，流向技术密集型行业的对外直接投资存量较少，2020 年年底，信息传输、软件和信息技术服务业，以及科学研究和技术服务业的投资存量大约为 2979.1 亿美元和 605.8 亿美元，在中国对外直接投资总量中的比重不高，分别为 11.5% 和 2.3%（见表 3-7）。

表 3-7　2017~2020 年中国对外直接投资存量主要行业分布

单位：亿美元，%

| 产业 | 具体行业 | 2017 年 | | 2018 年 | | 2019 年 | | 2020 年 | |
|---|---|---|---|---|---|---|---|---|---|
| | | 存量 | 比重 | 存量 | 比重 | 存量 | 比重 | 存量 | 比重 |
| 第一产业 | 农林牧渔业 | 165.6 | 0.9 | 187.7 | 0.9 | 196.7 | 0.9 | 194.3 | 0.8 |
| | 采矿业 | 1576.7 | 8.7 | 1734.8 | 9.2 | 1754 | 8 | 1758.8 | 6.8 |
| 第二产业 | 制造业 | 1403 | 7.8 | 1823.1 | 9.2 | 2001.4 | 9.1 | 2778.7 | 10.8 |
| 第三产业 | 租赁和商务服务业 | 6157.7 | 34.1 | 6754.7 | 34.1 | 7340 | 33.4 | 8316.4 | 32.2 |
| | 批发和零售业 | 2264.3 | 12.5 | 2326.9 | 11.7 | 2955.4 | 13.5 | 3453.2 | 13.4 |
| | 房地产业 | 537.6 | 3 | 573.4 | 2.9 | 776.1 | 3.5 | 814.1 | 3.2 |

| 产业 | 具体行业 | 2017 年 | | 2018 年 | | 2019 年 | | 2020 年 | |
|---|---|---|---|---|---|---|---|---|---|
| | | 存量 | 比重 | 存量 | 比重 | 存量 | 比重 | 存量 | 比重 |
| 第三产业 | 交通运输、仓储和邮政业 | 547.7 | 3 | 665 | 3.4 | 765.3 | 3.5 | 807.8 | 3.1 |
| | 建筑业 | 337 | 1.9 | 416.3 | 2.1 | 422.3 | 1.9 | 508 | 2 |
| | 金融业 | 2027 | 11.2 | 2179 | 11 | 2545.3 | 13.5 | 2700.6 | 10.5 |
| | 信息传输、软件和信息技术服务业 | 2189 | 12.1 | 1935.7 | 9.8 | 2022.1 | 9.2 | 2979.1 | 11.5 |
| | 科学研究和技术服务业 | 216.8 | 1.2 | 442.5 | 2.2 | 460.1 | 2.1 | 605.8 | 2.3 |
| 总计 | | 17422.4 | 96.4 | 19039.1 | 96.5 | 21238.7 | 98.6 | 24916.8 | 96.6 |

资料来源：历年《中国对外直接投资统计公报》。

从表 3-8 中可以看出，与对外直接投资存量的情况相同，中国对外直接投资流量中第三产业的比重最大，在第三产业中占比居于首位的行业是租赁和商务服务业。2017 年租赁和商务服务业的对外直接投资流量为 542.7 亿美元，占中国对外直接投资流量的 34.3%，2017~2019 年租赁和商务服务业的比重保持在 33%左右，但在 2020 年租赁和商务服务业的对外直接投资流量较之前有明显下降，租赁和商务服务业的直接投资流量为 387.2 亿美元，租赁和商务服务业的比重减少至 25.2%，其次是金融业、制造业，从投资的行业可以分析出，生产性服务业在中国对外直接投资各行业中的比重较大。根据商务部的统计数据，2019 年在中国对外直接投资的各个行业中，信息传输、软件和信息技术服务业对外直接投资量有所减少，但是下降幅度不大，而到了 2020 年，该行业的对外直接投资量却大幅增长至 91.9 亿美元，这一现象或许与疫情期间软件与信息技术的服务需求增多有关。

根据《2021 年中国国际收支报告》，2021 年我国非金融部门对外直接投资的三大行业分别为制造业、租赁和商务服务业、科学研究和技术服务业。其中，制造业对外直接投资量占非金融部门对外直接投资总量的 38%，租赁和商务服务业为 28%，科学研究和技术服务业为 17%。2022
年第一季度，我国对外全行业直接投资 342.9 亿美元，同比增长 7.9%，其
中对外非金融类直接投资 269.2 亿美元，同比增长 8.5%。根据《中国企业
全球化报告（2021~2022）》，中国企业海外投资行业的多元化水平不断提
升，且越来越倾向于在科技领域开展对外投资。疫情加速了全球产业链和
供应链的重塑，同时助推中国企业数字化转型，驱动企业对外投资决策和
行为。未来各国将高度重视并大力推动产业链相关的数字化建设，而产业
链数字化建设的各个环节，例如信息软件开发、工业软件设计、数字基础
设施、数字商务等将是有意向进行海外投资的企业的切入点。

表 3-8　2017~2020 年中国对外直接投资流量主要行业分布

单位：亿美元，%

| 产业 | 具体行业 | 2017 年 | | 2018 年 | | 2019 年 | | 2020 年 | |
|------|---------|------|------|------|------|------|------|------|------|
| | | 存量 | 比重 | 存量 | 比重 | 存量 | 比重 | 存量 | 比重 |
| 第一产业 | 农林牧渔业 | 25.1 | 1.6 | 25.6 | 1.8 | 24.4 | 1.8 | 10.8 | 0.7 |
| | 采矿业 | -37.0 | -2.3 | 46.3 | 3.2 | 51.3 | 3.7 | 61.3 | 4 |
| 第二产业 | 制造业 | 295.1 | 18.6 | 191.1 | 13.4 | 202.4 | 14.8 | 258.4 | 16.8 |
| 第三产业 | 租赁和商务服务业 | 542.7 | 34.3 | 507.8 | 35.5 | 418.8 | 30.6 | 387.2 | 25.2 |
| | 批发和零售业 | 263.1 | 16.6 | 122.4 | 8.6 | 194.7 | 14.2 | 230 | 15 |
| | 房地产业 | 68.0 | 4.3 | 30.7 | 2.1 | 34.2 | 2.5 | 51.9 | 3.4 |
| | 交通运输、仓储和邮政业 | 54.7 | 3.4 | 51.6 | 3.6 | 38.8 | 2.8 | 62.3 | 4 |
| | 建筑业 | 65.3 | 4.1 | 36.2 | 2.5 | 37.8 | 2.8 | 80.9 | 5.3 |
| | 金融业 | 187.9 | 11.9 | 217.2 | 15.2 | 199.5 | 14.6 | 196.6 | 12.8 |
| | 信息传输、软件和信息技术服务业 | 44.3 | 2.8 | 56.3 | 3.9 | 54.8 | 4.0 | 91.9 | 6 |
| | 科学研究和技术服务业 | 23.9 | 1.5 | 38.0 | 2.7 | 34.3 | 2.5 | 37.3 | 2.4 |

续表

| 产业 | 具体行业 | 2017 年 | | 2018 年 | | 2019 年 | | 2020 年 | |
|------|----------|---------|------|---------|------|---------|------|---------|------|
| | | 存量 | 比重 | 存量 | 比重 | 存量 | 比重 | 存量 | 比重 |
| | 总计 | 1533.1 | 96.8 | 1323.2 | 92.5 | 1291 | 94.3 | 1468.6 | 95.6 |

资料来源：历年《中国对外直接投资统计公报》。

　　我国投资亚洲地区的行业主要集中于租赁和商务服务行业、金融行业等，投资非洲地区行业集中于采矿业、建筑业等，由于非洲地区矿产等资源丰富，中国对其投资带有一定的资源获取动机。中国投资北美洲地区行业集中在制造行业和金融行业，金融业在 2020 年中国对北美洲直接投资存量中的比重约为 14.0%。中国对欧洲地区直接投资集中于采矿业、制造业和金融业，采矿业直接投资存量占 2020 年度中国对欧洲地区直接投资存量的 17.5%，制造业的比重为 33.1%，金融业的比重为 14.8%（见表 3-9）。

表 3-9　2017 年末和 2020 年末中国对各洲直接投资存量的主要行业分布

单位：亿美元，%

| 地区 | 行业 | 2017 年 | | 2020 年 | |
|------|------|---------|------|---------|------|
| | | 存量 | 占比 | 存量 | 占比 |
| 亚洲 | 租赁和商务服务业 | 5103.4 | 44.8 | 6694.8 | 40.7 |
| | 批发和零售业 | 1534.1 | 13.5 | 2500.1 | 15.2 |
| | 金融业 | 1403.9 | 12.3 | 1929.4 | 11.7 |
| | 采矿业 | 795.2 | 7.0 | 865.2 | 5.3 |
| | 制造业 | 732.6 | 6.4 | 1619.9 | 9.8 |
| 欧洲 | 制造业 | 341.3 | 30.8 | 405.6 | 33.1 |
| | 采矿业 | 224.9 | 20.3 | 214.3 | 17.5 |
| | 金融业 | 177.2 | 16.0 | 181.2 | 14.8 |
| | 租赁和商务服务业 | 106.3 | 9.6 | 121.9 | 10.0 |
| | 批发和零售业 | 51.7 | 4.7 | 67.9 | 5.5 |

续表

| 地区 | 行业 | 2017 年 | | 2020 年 | |
|---|---|---|---|---|---|
| | | 存量 | 占比 | 存量 | 占比 |
| 北美洲 | 制造业 | 195.1 | 22.4 | 265.8 | 26.6 |
| | 采矿业 | 147.3 | 16.9 | 149.9 | 15.0 |
| | 金融业 | 106.2 | 12.2 | 139.7 | 14.0 |
| | 租赁和商务服务业 | 128.0 | 14.7 | 86.6 | 8.6 |
| | 信息传输、软件和信息技术服务业 | 66.1 | 7.6 | 95.7 | 9.6 |
| 拉丁美洲 | 信息传输、软件和信息技术服务业 | 1865.7 | 48.2 | 2371.2 | 37.6 |
| | 租赁和商务服务业 | 765.7 | 19.8 | 1339.0 | 21.3 |
| | 批发和零售业 | 594.5 | 15.4 | 786.3 | 12.5 |
| | 金融业/制造业 | 251.3 | 6.5 | 402.5 | 6.4 |
| | 采矿业/科学研究和技术服务业 | 87.7 | 2.3 | 371.7 | 5.9 |
| 非洲 | 建筑业 | 128.8 | 29.8 | 151.5 | 34.9 |
| | 采矿业 | 97.6 | 22.5 | 89.4 | 20.6 |
| | 制造业 | 57.1 | 13.2 | 61.3 | 14.1 |
| | 金融业 | 60.8 | 14.0 | 41.4 | 9.6 |
| | 租赁和商务服务业 | 23.1 | 5.3 | 23.5 | 5.4 |
| 大洋洲 | 采矿业 | 224.0 | 53.6 | 175.1 | 43.6 |
| | 租赁和商务服务业 | 31.3 | 7.5 | 50.7 | 12.6 |
| | 金融业 | 28.5 | 6.8 | 41.2 | 10.3 |
| | 房地产业 | 44.1 | 10.6 | 34.1 | 8.5 |
| | 制造业 | 19.7 | 4.7 | 23.6 | 5.9 |

注：2017 年末中国对拉丁美洲直接投资存量前五位的行业分别是信息传输、软件和信息技术服务业，租赁和商务服务业，批发和零售业，金融业，采矿业；2020 年末中国对拉丁美洲直接投资存量前五位的行业分别是信息传输、软件和信息技术服务业，租赁和商务服务业，批发和零售业，制造业，科学研究和技术服务业。

资料来源：《2017 年度中国对外直接投资统计公报》《2020 年度中国对外直接投资统计公报》。

根据《2015 年度中国企业国际化报告》中的统计资料，2011～2014 年能源矿产海外并购的比重逐渐下降，制造业海外并购的比重较为平稳，

TMT 行业①的并购量不断上升，2011 年 TMT 海外并购占中国海外并购的比重为 13.07%，2014 年上升到 18.24%，食品饮料类行业的跨国并购比较平稳，比重没有发生很大的变化。2015 年交通运输类行业海外并购的比重为 0.68%，在各行业中的比重最低，2011～2014 年公用事业海外并购的比重先下降后大幅上升，金融服务业的海外并购总体上呈下降趋势，技术获取型海外并购明显增加，中国海外并购体现出由能源矿产类行业向技术服务类行业转变的趋势。2017～2020 年中国企业在制造业的海外并购呈现持续下降的态势，中国企业在信息传输、软件和信息技术服务业的跨国并购总体呈现"先下降后上升"的趋势（见表 3-10）。

表 3-10　2017～2020 年中国企业海外并购前十行业分布

单位：%

| 排序 | 2017 年 | | 2018 年 | | 2019 年 | | 2020 年 | |
|---|---|---|---|---|---|---|---|---|
| | 行业 | 比重 | 行业 | 比重 | 行业 | 比重 | 行业 | 比重 |
| 1 | 制造业 | 50.8 | 制造业 | 44.3 | 制造业 | 41.6 | 电力、热力、燃气及水的生产和供应业 | 34.6 |
| 2 | 采矿业 | 9.5 | 采矿业 | 12.4 | 信息传输、软件和信息技术服务业 | 21.2 | 制造业 | 24.7 |
| 3 | 电力、热力、燃气及水的生产和供应业 | 8.5 | 电力、热力、燃气及水的生产和供应业 | 11.3 | 电力、热力、燃气及水的生产和供应业 | 13.3 | 交通运输、仓储和邮政业 | 11.7 |
| 4 | 住宿和餐饮业 | 5.4 | 交通运输、仓储和邮政业 | 11.2 | 金融业 | 5.3 | 采矿业 | 9.8 |
| 5 | 租赁和商务服务业 | 5.3 | 水利、环境和公共设施管理业 | 5.1 | 租赁和商务服务业 | 4.2 | 信息传输、软件和信息技术服务业 | 7.1 |

---

①　TMT 是 Telecommunication、Media 和 Technology 首字母的缩写，指的是电信、媒体与科技融合在一起的新兴产业。

续表

| 排序 | 2017 年 | | 2018 年 | | 2019 年 | | 2020 年 | |
|---|---|---|---|---|---|---|---|---|
| | 行业 | 比重 | 行业 | 比重 | 行业 | 比重 | 行业 | 比重 |
| 6 | 信息传输、软件和信息技术服务业 | 5.1 | 金融业 | 3.8 | 科学研究和技术服务业 | 3.6 | 科学研究和技术服务业 | 5.1 |
| 7 | 交通运输、仓储和邮政业 | 4.7 | 租赁和商务服务业 | 2.1 | 农林牧渔业 | 3.2 | 租赁和商务服务业 | 2.6 |
| 8 | 金融业 | 2.9 | 科学研究和技术服务业 | 2.1 | 采矿业 | 2.9 | 农林牧渔业 | 1.5 |
| 9 | 批发和零售业 | 2.6 | 农林牧渔业 | 2.0 | 批发和零售业 | 2.5 | 批发和零售业 | 1.4 |
| 10 | 房地产业 | 2.1 | 批发和零售业 | 1.9 | 交通运输、仓储和邮政业 | 0.8 | 建筑业 | 1.0 |

资料来源：历年《中国对外投资统计公报》。

根据安永《2018 年中国海外投资概览》，按照交易金额计算，2018年前五大并购行业为电力和公用事业、消费品、TMT、汽车与运输、生命科学；按交易数量计算，前五大并购行业为 TMT、消费品、金融服务、生命科学和工业品。在《2019 年中国海外投资概览》中，按照交易金额计算，前五大并购行业为 TMT、消费品、电力和公用事业、金融服务、房地产、酒店与建造；按交易数量计算，前五大并购行业为 TMT、先进制造和运输、消费品、房地产、酒店与建造和金融服务。根据《2020 年中国海外投资概览》，按照交易金额计算，前五大并购行业为 TMT、消费品以及先进制造与运输、电力与公用事业和金融服务；按交易数量计算，前五大并购行业为 TMT、金融服务、先进制造与运输、消费品、房地产、酒店与建造。根据《2021 年中国海外投资概览》，按照交易金额计算，前五大并购行业为 TMT、房地产、酒店与建造、先进制造与运输、医疗与生命科学、消费品；按交易数量计算，前五大并购行业为 TMT、医疗与生命科学、金融服务、先进制造与运输、消费品。

综观 2018~2021 年中国前五大海外投资并购行业，TMT 行业的排名都比较靠前。

中国企业对外直接投资与出口贸易之间存在相互促进的关系，根据 2019 年中国贸促会《中国企业对外投资现状及意向调查报告》，43.4% 的受访"走出去"企业在对外投资后，增加了其对东道国的出口贸易额，约有 14.9% 的受访企业在开展对外投资后扩大了对东道国的核心零部件的出口，26.9% 的受访企业扩大了其对东道国原材料的出口，23.9% 的企业扩大了关键设备的出口，还有一些企业扩大了其对东道国的半成品和服务出口，这一结论从现实中印证了 Melitz（2003）异质性企业贸易理论的结论。

## 3.4　主体与投资方式分析

### 3.4.1　主体分析

中国早期对外直接投资属于政府主导型，体现在早期对外直接投资的主体为国有企业，非国有企业所占比重较低。随着国内市场经济的快速发展，非国有企业的综合实力不断增强，对外开放的民营企业逐年增多，非国有企业直接对外投资量的占比也日益上升，而国有企业对外直接投资占中国对外直接投资量的比重相对呈下降趋势。2003 年，国有企业非金融类对外直接投资量占我国非金融类对外直接投资总额的 80%，而 2014 年，这一比重下降到 54% 左右，到 2020 年，国有企业非金融类对外直接投资量占比不足 50%，为 46.3%。非国有企业非金融类对外直接投资的占比在 2003 年不足 19%，2020 年这一比重上升到约 53.7%，小幅超过国有企业的比重（见表 3-11）。说明政府推动在中国早期对外直接投资中的作用比较明显，政府主导在这一领域发挥了较大作用，而 2011 年后非国有企业迅速发展，也逐步成为中国对外直接投资的重要主体。国有企业在我国非金融类直接投资中的地位有所变化，但依然发挥着重要作用。

表 3-11　2006~2020 年中国非金融类对外直接投资存量按境内
投资者登记注册类型分布

单位：%

| 年份 | 国有企业占比 | 非国有企业占比 |
|------|------------|--------------|
| 2006 | 81 | 19 |
| 2007 | 71 | 29 |
| 2008 | 69.6 | 30.4 |
| 2009 | 69.2 | 30.8 |
| 2010 | 66.2 | 33.8 |
| 2011 | 62.7 | 37.3 |
| 2012 | 59.8 | 40.2 |
| 2013 | 55.2 | 44.8 |
| 2014 | 53.6 | 46.4 |
| 2015 | 50.4 | 49.6 |
| 2016 | 54.3 | 45.7 |
| 2017 | 49.1 | 50.9 |
| 2018 | 48 | 52 |
| 2019 | 50.1 | 49.9 |
| 2020 | 46.3 | 53.7 |

资料来源：历年《中国对外直接投资统计公报》。

截至 2020 年末，东部地区企业非金融类直接投资存量占地方企业非金融类对外直接投资存量的 82.8%。东部地区企业是我国非金融类对外直接投资的主体。近年来，西部地区企业也是我国对外直接投资的重要组成部分，随着西部地区社会经济的发展，该地区非金融类直接投资存量得到快速增长，2014 年西部地区非金融类直接投资存量为 249.2 亿美元，2019 年上升到 669.1 亿美元。

有限责任公司是中国对外直接投资的主体，在表 3-12 中，2010~2020 年境内投资者中国有企业的比重出现下降，这一变化主要与国有企业改革有关：许多国有企业的投资主体增加，国家机构或部门并不是唯一股东，使得国有企业改革成为有限责任公司。

表 3-12　2010~2020 年末境内投资者按登记注册类型构成

单位：%

| 企业类型 | 2010年 | 2011年 | 2012年 | 2013年 | 2014年 | 2015年 | 2016年 | 2017年 | 2018年 | 2019年 | 2020年 |
|---|---|---|---|---|---|---|---|---|---|---|---|
| 国有企业 | 10.2 | 11.1 | 9.1 | 8.0 | 6.7 | 5.8 | 5.2 | 5.6 | 4.9 | 5.0 | 5.3 |
| 集体企业 | 1.1 | 1.0 | 0.8 | 0.6 | 0.5 | 0.4 | 0.5 | 0.4 | 0.4 | 0.4 | 0.4 |
| 股份合作企业 | 4.6 | 4.0 | 3.4 | 3.1 | 2.5 | 2.3 | 2 | 1.8 | 1.6 | 1.3 | 1.2 |
| 有限责任公司 | 57.1 | 60.4 | 62.5 | 66.1 | 67.2 | 67.4 | 43.2 | 41.4 | 43.5 | 38.4 | 34.3 |
| 股份有限公司 | 7.0 | 7.7 | 7.4 | 7.1 | 6.7 | 7.7 | 10.1 | 10.9 | 11.1 | 12.1 | 12.8 |
| 私营企业 | 8.2 | 8.3 | 8.3 | 8.4 | 8.2 | 9.3 | 26.2 | 25.7 | 24.3 | 27.4 | 29.9 |
| 港澳台投资企业 | 2.0 | 2.4 | 2.2 | 2.0 | 1.8 | 1.9 | 3.2 | 3.4 | 3.7 | 3.8 | 3.9 |
| 外商投资企业 | 3.2 | 3.6 | 3.4 | 3.0 | 2.6 | 2.8 | 4.8 | 5.0 | 5.0 | 5.3 | 5.5 |
| 其他企业 | 6.6 | 1.50 | 2.90 | 1.7 | 3.8 | 1.5 | 2.4 | 3.3 | 2.9 | 3.7 | 4.2 |
| 合计 | 100 | 100 | 100 | 100 | 100 | 100 | 100 | 100 | 100 | 100 | 100 |

资料来源：历年《中国对外直接投资统计公报》。

## 3.4.2　投资方式分析

对外直接投资企业设立子公司方式包括新建与并购两种方式：新建指的是在投资东道国建立新的工厂，成立新的公司；并购指的是企业购买投资东道国企业的资产或股份，对该企业的经营行为具有完全或实际控制权。近年来，我国对外直接投资的方式随着社会经济的发展发生了很大的变化。对外直接投资发展早期时，中国对外直接投资以新建方式为主，并购方式占比较低。中国对外直接投资在经历了数十年发展后，投资方式愈加多样，跨国并购方式在对外直接投资中的占比日益凸显，2002~2020年跨国并购直接投资量占中国对外直接投资量的比重最高超过了 70%。

由于跨国并购可以更快进入投资国市场，整合投资国企业的技术与人才资源,降低企业投资风险,随着中国企业对外直接投资的日渐成熟,跨国并购行为不断增加,逐渐成为中国企业对外直接投资的重要方式。在中国对发达国家直接投资时,跨国并购方式显示出富有成效的优势,吉利收购沃尔沃、联想收购 IBM、海尔逐步收购三洋等是中国企业跨国并购中比较成功的案例。

2002~2019 年,海外并购金额占中国对外直接投资总额的比重变化较大,2017 年中国海外并购金额占中国对外直接投资总额的比重高达 75.6%,2019 年的比重为 25%,下降幅度超过 70 个百分点。随着中国对外直接投资方式的不断变化,并购直接投资(非境外融资)在中国对外直接投资流量总额中所占的比重呈下降趋势,2004 年并购直接投资比重为 54.5%,2019 年降为 12.6%,2020 年进一步下降至 10.7%(见表 3-13)。根据商务部的统计数据,2020 年中国企业对外投资并购实际交易金额为 282 亿美元,对外投资并购项目 513 起,跨国并购仍然是中国企业对外直接投资的重要方式之一。

表 3-13  2002~2020 年中国对外直接投资方式

单位:亿美元,%

| 年份 | 并购金额 | 对外直接投资总额 | 占比 |
| --- | --- | --- | --- |
| 2002 | 13 | 27 | 48.1 |
| 2003 | 19 | 28.5 | 66.7 |
| 2004 | 30 | 55 | 54.5 |
| 2005 | 65 | 122.6 | 53 |
| 2006 | 82.5 | 211.6 | 39 |
| 2007 | 63 | 265.1 | 23.8 |
| 2008 | 302 | 559.1 | 54 |
| 2009 | 192 | 565.3 | 34 |
| 2010 | 297 | 688.1 | 43.2 |
| 2011 | 272 | 746.5 | 36.4 |
| 2012 | 434 | 878 | 31.4 |
| 2013 | 529 | 1078.4 | 31.3 |
| 2014 | 569 | 1231.2 | 26.4 |
| 2015 | 544.4 | 1456.7 | 25.6 |

| 年份 | 并购金额 | 对外直接投资总额 | 占比 |
|------|----------|------------------|------|
| 2016 | 1353.3 | 1961.5 | 44.1 |
| 2017 | 1196.2 | 1582.5 | 21.1 |
| 2018 | 742.3 | 1430.4 | 21.7 |
| 2019 | 342.8 | 1369.1 | 12.6 |
| 2020 | 282.0 | 1537.1 | 10.7 |

注：占比是指并购直接投资占当年中国对外直接投资流量总额的比重。

资料来源：历年《世界投资报告》与《中国对外直接投资统计公报》。

# 3.5 中国对外直接投资特征

## 3.5.1 带有明显的技术获取动机

为了在愈加激烈的市场竞争中保持竞争优势，企业的核心技术能力必不可少。除了自主研发与创新外，企业还可以借助国际技术溢出获取核心技术能力。中国企业到发达国家直接投资带有明显的技术获取动机，获得发达国家当地的技术溢出成为促使中国企业技术获取型海外投资的重要因素之一。2004 年联想收购 IBM 个人电脑业务，迈出了联想国际化发展路径上的重要一步。IBM 是全球计算机产业的领导者，其在大型/小型和便携机（Thinkpad）方面上的成就突出，品牌的国际认知度较高，拥有多项专利和软件技术。联想并购 IBM 个人电脑业务后，获得了 IBM PC 业务的研发体系以及相关技术与全球销售渠道，并可以使用 IBM 商标"Thinkpad"5 年，这使得联想在国际上的品牌知名度大大提升，核心技术水平也得到升级提高，进而取得了可观的商业成绩。

在对外投资的浩荡浪潮中，出现了很多技术获取型对外投资的代表性案例。2017 年 6 月，中国化工集团公司（ChemChina）完成对瑞士先正达公司（Syngenta）的收购，此次收购是中国企业海外并购史上金额较大的交易之一。通过这次收购，中国化工不仅获取了先正达在农业科技领域的先进技术，还提升了自身在全球农药和种子市场的竞争力。2012 年 4 月，三一重工收购德国普茨迈斯特（Putzmeister）。通过这次投资，三一重工获得了普茨迈斯特在混凝土机械领域的技术和品牌，加强了三一重工在全球工程机械市场的竞争力。2014 年 12 月，上海电气收购意大利安萨尔多能源公司（Ansaldo Energia）的部分股份。通过这次收购，上海电气获取了安萨尔多在燃气轮机和能源设备制造方面的技术，提升了自身在高端能源设备制造领域的技术水平。2018 年 2 月，深圳市汇顶科技股份有限公司并购了德国 Commsolid Gmb H 通信公司。德国 Commsolid Gmb H 实力强大，在无线通信业务领域具有较强的竞争力，长年为建立的全球蜂窝和新兴物联网市场设计高质量的通信解决方案。通过此次并购，深圳汇顶科技将整合德国 Commsolid Gmb H 全球顶尖的超低功耗移动无线基带技术优势，加快"自主研发+跨国并购"企业全球 NB-IoT（Narrow Band Internet of Things，窄带物联网）领域战略布局。2022 年 11 月，历时 7 年之久的美的集团收购德国库卡机器人公司（KUKA）结束。通过这次收购，美的获取了库卡在工业机器人领域的先进技术和市场资源，有助于美的在智能制造领域的战略布局。

医药健康产业的对外投资发展势头良好，中国生物健康医疗企业的跨境并购投资项目不断增多。通过并购投资，中国医疗健康领域能够加速引进海外医疗技术和先进管理经验，提升自身发展水平，加快产业国际化步伐。例如，2016 年 8 月，科瑞集团下属的莱士控股收购了全球性全产业链的血液制品公司 BPL；2018 年 1 月科瑞集团完成了对德国 Biotest 的收购，收购完成后，科瑞集团在其全球的各个公司形成了在制品生产、产品研发和销售网络等方面的优势互补。新冠疫情使得社会对生物制药企业的研发效率、研发进程提升的需求更加强烈，因此进一步助推了全球生物制药企业、药物研发机构和相关机构之间的合作创新研发活动。根据普华永道发布的《2020 年中国医药和生命科学行业并购市场回顾与 2021 年展望》，2020 年，中国医药和生命科学行业公布的投资交易项目为 928 个，交易金额较 2019 年大幅增加，2019 年中国医药和生命科学行业投资交易金额为 248.9 亿美元，2020 年增长至 430 亿美元，2020 年较 2019 年增长了 72.8%，且 2020 年医药和器械两大板块的交易数量和交易金额均创造了近 5 年来的历史新高。

### 3.5.2 技术获取型海外投资区域集中在发达国家

从下文的表 3-15 可以看出，中国技术获取型海外投资分布区域集中在美国、西欧国家和日本。这些国家和地区经济发展水平较高，创新实力较强，科技资源丰富，基础设施完善，国内知识产权保护体系健全，有助于发展中国家直接接触到发达国家的技术资源，融入当地的行业网络，吸收先进技术溢出，吸纳发达国家本土的高技术研发人才，并依托发达国家的高校、科研院所，充分利用当地的技术与研发资源要素。根据 2022 年科尔尼 FDI 信心指数报告，技术和创新能力已经连续四年被企业领导者列为国际直接投资总体优先考虑的第二大因素，且技术和创新能力通常在拥有先进技术基础设施的发达市场中最为强大。中国对美国和欧洲国家技术获取型直接投资量增长迅速，根据《2015 年度中国对外直接投资统计公报》，2015 年中国对美国直接投资比 2014 年增长了 5.7%；在中国对美国直接投资的各个行业中，科学研究和技术服务业占比为 15.3%，同比增长 447%。英国吸收中国的外商直接投资量占中国对欧盟直接投资量的 33.7%，在欧盟各国中处于第二位，德国占 7.5%，处于第三位。2015 年中国对欧盟国家科学研究和技术服务业的直接投资量为 5.87 亿美元，同比增长 141.6%，科学研究和技术服务业的直接投资主要分布在英国。

在《2020 年度中国对外直接投资统计公报》中，美国、新加坡、荷兰、瑞典、德国、澳大利亚、瑞士和英国位居中国 2020 年度对外直接投资流量的前二十位国家（地区）中。截至 2020 年，中国在欧盟、美国、英国、澳大利亚、加拿大等发达国家（地区）的直接投资存量占中国对发达国家（地区）的直接投资存量的比重接近 90%。中国对美国的直接投资存量超过 800 亿美元，对澳大利亚的直接投资存量超过 300 亿美元，对荷兰、英国、卢森堡的直接投资存量超过 150 亿美元，制造业是中国对欧盟国家直接投资存量规模最大的行业，截至 2020 年，中国对欧盟制造业的直接投资存量占中国对欧盟直接投资总存量的 34.7%，中国对欧盟信息传输、软件和信息技术服务业的直接投资存量的占比为 5.9%，对科学研究和技术服务业的直接投资存量占比为 2.9%。

### 3.5.3 投资方式多为跨国并购或建立研发中心

中国企业在海外进行技术获取型直接投资时一般采用并购和建立研发中心两种方式，并购方式可以直接获得被并购公司的各种技术资源，而建立研发中心可以雇用本土技术人才，开发高新技术。2010 年 3 月中国吉利汽车集团成功收购瑞典汽车沃尔沃，吉利作为中国民营企业品牌，在国际市场上的知名度不高，沃尔沃汽车品牌历史悠久，具有较高的国际知名度；吉利汽车的市场定位处于中低端，而沃尔沃汽车定位于高端市场，并购后两者优势互补，实现双赢。此次跨国并购行为除了提高吉利品牌的知名度外，关键是令吉利获得了企业战略转型急需的人才、先进技术和研发体系等。吉利收购沃尔沃后，保留了沃尔沃原有的人才团队，同时吸收国际优秀人才，在研发方面吉利与沃尔沃共同合作，沃尔沃为吉利提供技术支持，吉利汽车整合国际资源，以此提高创新能力。除了跨国并购外，在海外建立 R&D 中心也是中国企业技术获取型直接投资的重要方式，国内许多企业如海尔、华为、长安汽车等都在海外独资建立了 R&D 中心，旨在海外培养本土研发人员，获得海外研发知识溢出，进而建立全球研发体系，提高母公司的科研能力。全球化智库（CCG）《中国企业全球化报告 2018》对 213 家中国"走出去"企业进行了问卷调查，调查内容涵盖对外投资企业所有制、对外投资动机、投资方式、投资动机以及面临的问题。通过对问卷结果进行分析，发现在中国企业对外投资方式中，建立代表处和跨国并购是多数企业的选择：47%的企业采用了建立代表处的方式进行投资；39%的企业以并购的形式进行对外投资；而只有15%的受访企业选择进行绿地投资。

### 3.5.4 同共建"一带一路"国家的投资关系日益密切

"一带一路"倡议自提出以来，受到国际社会的广泛关注，得到共建国家、重要国际组织的高度认同。"一带一路"倡议旨在实现共赢共享发展，中国与共建"一带一路"国家经贸往来愈加密切，投资合作关系发展良好，中国对共建"一带一路"国家的直接投资规模迅速扩大。2013~2020年中国对共建"一带一路"国家直接投资流量总体呈现"小幅波动式增加"态势（见图3-3）。2013年中国对共建"一带一路"国家的直接投资金额为126.3亿美元，占当年中国对外直接投资总量的11.71%，2019年直接投资流量增加到186.9亿美元，占比上升到13.65%。受新冠疫情冲击和全球经济增长低迷的影响，中国对外直接投资流量呈现下降。根据商务部的统计数据显示，2020年中国对外非金融类直接投资流量1101.5亿美元，同比下降0.4%，但中国对共建"一带一路"国家的直接投资逆势增长，2020年中国对共建"一带一路"国家非金融类直接投资177.9亿美元，同比增长18.3%，占全国非金融类对外直接投资总额的16.2%。[①] 根据商务部对外投资和经济合作司的统计数据，2021年，我国企业对57个共建"一带一路"国家非金融类直接投资203亿美元，同比增长14.1%，占同期总额的17.9%，较上年同期上升1.7个百分点，主要投向新加坡、印度尼西亚、马来西亚、越南、孟加拉国、阿拉伯联合酋长国、老挝、泰国、哈萨克斯坦和柬埔寨等国家。[②]

---

[①] 《2020年我对"一带一路"沿线国家投资合作情况》，2021年1月22日，http://fec.mofcom.gov.cn/article/fwydyl/tjsj/202101/20210103033338.shtml。

[②] 《2021年我对"一带一路"沿线国家投资合作情况》，2022年1月24日，http://hzs.mofcom.gov.cn/article/date/202201/20220103239000.shtml。

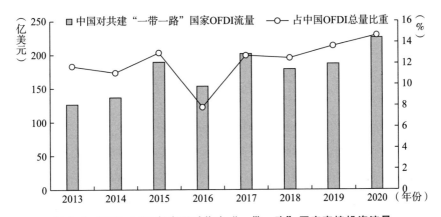

**图 3-3　2013～2020 年中国对共建"一带一路"国家直接投资流量**

资料来源：历年《中国对外直接投资统计公报》。

　　"一带一路"倡议提出以来，我国对外投资合作范围逐渐扩大，根据官网统计数据，截至 2022 年 5 月底，中国已经同 150 个国家、32 个国际组织签署 200 余份共建"一带一路"合作文件。[①][②] 在中国贸促会开展的《2021 年中国企业对外投资现状及意向调查》中，较大比例的受访企业将共建"一带一路"国家视为企业优先选择的投资区域，比重高达 79.5%。根据商务部的统计数据，2022 年 1～3 月，中国企业在共建"一带一路"国家非金融类直接投资 52.6 亿美元，同比增长 19%，占同期总额的 19.5%，较 2021 年同期上升 1.7 个百分点。综合国家政策支持、已开展投资现状和企业投资意向进行分析，可以看出中国同共建"一带一路"国家开展直接投资合作的潜力巨大。

①　国家发展改革委：《共建"一带一路"朋友圈继续扩大》，2022 年 4 月 19 日，https://www.yidaiyilu.gov.cn/xwzx/gnxw/236472.htm。

②　《中国与基里巴斯签署共建"一带一路"实施方案》，2022 年 5 月 27 日，https://www.im-silkroad.com/news/p/484694.html。

# 3.6 中国对外直接投资面临的困境

## 3.6.1 国际投资环境愈加严峻复杂，投资风险上升

当前世界政治经济格局和国际投资形势发生重要变化，世界正经历百年未有之大变局，新冠疫情叠加国际冲突，逆全球化与贸易保护主义有所抬头，国际环境更加错综复杂。全球复苏进程不均衡，世界经济恢复性增长动力不足，根据《2022 年世界经济形势与展望》（World Economic Situation and Prospects，WESP），鉴于新一波 COVID-19 感染、劳动力市场复苏滞后、供应链限制、各国宏观经济政策变动、通胀压力上升等，不同国家和地区经济复苏步伐存在显著差异。根据联合国贸发会议的《2022 年世界投资报告》，由于世界面临疲软的宏观经济环境以及乌克兰持续战争加剧的危机，预计全球外国直接投资（FDI）将在 2022 年呈下降趋势。① 但数字化时代下国际直接投资面临新的机遇。OECD 报告认为数字经济发展正在影响国际投资政策。短期内因大流行事件的不确定性、全球产业链、供应链重构和调整以及各国政策变动，全球跨境并购可能出现萎缩，从长期看，国际投资的增长趋势不可逆转。

## 3.6.2 各国投资安全审查力度、投资难度加大

除美国外，欧盟也收紧了外国投资的政策，自 2020 年 10 月 11 日起《欧盟外商直接投资审查条例》正式实施，欧盟各国进一步强化外商投资监管和审查。美国、欧洲国家对来自中国的外资安全审查力度加大，各国相继出台投资保护政策，国际投资保护力度有增大的态势。外资限制程度提升将对中国企业的跨境并购行为具有较大的不利影响，企业投

---

① 《2022 年 FDI 前景"黯淡"》，2022 年 6 月 9 日，https://www.fdiintelligence.com/content/news/unctad-fdi-outlook-gloomy-for-2022-81076。

资进程变缓，并购成本大幅上升，甚至有可能导致投资项目失败。例如，2015 年，中国半导体行业的龙头企业紫光集团曾计划对美国最大的存储芯片企业美光科技实施收购计划，后来美国外资投资委员会（CFIUS）对此计划进行审查，收购计划最终停止。紫光集团在 2015 年宣布，将以38 亿美元收购西部数据 15％股份，如果收购成功，那紫光集团将会是西部数据的第一大股东。但这笔交易最终被 CFIUS 否决，紫光集团被迫终止交易。[①] 2016 年 9 月，TCL 集团计划通过全资子公司收购美国 Novatel Wireless 公司旗下 MIFI（智能移动热点设备及移动宽带）业务，收购价格为 5000 万美元。但经过两次申请后，美国外资投资委员会（CFIUS）仍没有批准该项目。[②] 2018 年 8 月，德国政府以"政治安全"为理由，否决中国烟台台海集团收购德国莱菲尔德金属旋压机制造公司。[③] 各种投资保护限制使得中国企业的直接投资步伐受阻，也将直接影响中国企业通过对外直接投资获得逆向技术溢出效应。

### 3.6.3　对外直接投资"增而不强"

根据《2020 年度中国对外直接投资统计公报》，2020 年中国对外直接投资流量全球排名第一，占世界投资流量的比重为 20.2％；存量全球排名第三，占世界投资存量的比重为 6.6％。从流量和存量两个维度来看，中国对外直接投资的规模发展势头向好。但盲目跟风、评估错位，导致企业对外直接投资出现大幅度亏损，甚至失败。根据波士顿咨询公司（BCG）在发布的报告《迎接中国企业海外并购新时代》，中国企业

---

① 《这些年，中国企业收购了多少海外半导体技术》，2023 年 12 月 21 日，https://new.qq.com/rain/a/20231221A01F7W00#：～：text＝2015％E5％B9％B47％E6％9C％88％EF％BC％8C％E7％B4％AB％E5％85％89。

② 《CFIUS 审查：中资企业赴美投资 首先得过这一关》，2017 年 7 月 12 日，https://www.yicai.com/news/5315153.html#：～：text＝％E5％8E％BB％E5％B9％B49％E6％9C％88％EF％BC％8CTCL％E9％9B％86％E5％9B％A2。

③ 《德国提高外商投资壁垒，中国资本路在何方》，2018 年 8 月 14 日，https://www.yicai.com/news/100010912.html#：～：text＝8％E6％9C％881％E6％97％A5％EF％BC％8C％E5％BE％B7％E5％9B％BD％E6％94％BF％E5％BA％9C％E8％BF％98。

的海外并购交易完成率仅为 67%，与美国、日本等国家相比，具有较大差距。中国企业完成直接投资后，文化与管理、经营理念差异，使得预期目标和预期收益难以完全实现。根据《中国海外投资指数》，文化差异是中国投资者面临的重大风险。新加坡和马来西亚等有着与中国相似文化的国家在指标上的排名相对更高。在海外投资和企业国际经营过程中，企业不仅是经营主体本身的代表，同时也是国家形象的直接展现者，中国企业在海外开展直接投资时，品牌意识欠缺，"中国投资"国际品牌建立、塑造仍需要较长时间。

### 3.6.4 实现"双碳"目标进度加快，绿色壁垒和环保限制增加

面对气候变化、温室效应、极端天气等严峻挑战，世界各国日益重视生态环境保护、绿色低碳发展。2015 年底，第 21 届联合国气候变化大会通过了《巴黎协定》。自此之后，各国努力推进"碳达峰碳中和"目标的实现。截至 2021 年 1 月，已有 127 个国家承诺将在 21 世纪中叶实现碳中和目标。多国将"碳达峰碳中和"写入本国法律，制定"双碳"目标实施方案和路径规划。"碳达峰碳中和"目标的推进，一方面为中国企业对外投资带来了新的机遇，例如，碳排放权交易试点能够显著提升我国对外直接投资水平（郭蕾和肖有智，2022）。另一方面，对中国企业对外投资提出了新要求，根据 2022 年科尔尼 FDI 信心指数报告，94%的投资者同意他们各自的公司制定了实现 ESG（环境、社会及治理）承诺的战略，89%的投资者认为他们公司的 ESG 承诺是竞争优势的来源，73%的投资者表示他们的 ESG 承诺在过去三年中变得更加强大。此外，67%的投资者表示，大流行加快了他们履行 ESG 承诺的时间表，其中包括 71%的美洲受访者、74%的亚洲受访者和58%的欧洲受访者。调研结果反映了各国投资者追求 ESG 目标的紧迫性，54%的投资者表示他们希望其公司在未来两年内全面履行其 ESG

承诺。① 东道国加大了对外资的环保风险审查，绿色壁垒增多，提高了中国企业对外投资的绿色成本。

## 3.7 中国技术获取型海外投资实践

随着中国企业整体实力的增强以及发展需求的提升，越来越多的中国企业到发达国家直接 R&D 投资以增强自身的科研和技术实力。冼国明、明秀南（2018）的研究发现，中国企业的海外并购能够显著提高其母国企业的创新水平，这种积极影响不仅体现在创新专利数量上，而且跨国并购对母国企业的创新质量也具有显著的促进作用。技术获取逐渐成为我国企业对外直接投资的重要动机，也是未来发展中国家对外直接投资的一个重点方向。

2013 年，中国国际贸易促进委员会对中国对外直接投资企业进行问卷调查，收到有效问卷 1056 份，其中来自东中部和沿海地区的企业数量占总量的一半以上，保证了沿海和内陆地区的代表性。问卷结果收录于《2013 年中国企业对外投资情况及意向问卷调查报告》，该报告显示，从海外投资模式来看，将近一半的企业选择通过新建企业对外投资，其次是建立代表处；由于我国企业对外投资往往旨在获取海外高新技术、利用海外高端人力资源，因此发达国家的先进技术和研发能力、高端技术型劳动资源成为吸引中国企业对外投资的重要影响因素。

虽然中国自 20 世纪 80 年代开始对外直接投资，但技术获取型直接投资的发展历史并不长。上海复华实业公司是第一个进行技术获取型海外直接投资的中国企业，该公司在 1991 年与日本国际协力机构合资成立了上海中和软件有限公司，并在东京设立了研发公司——中和软件株式

---

① 《2022 年科尔尼外国直接投资信心指数》（The 2022 Kearney Foreign Direct Investment Confidence Index），https://www.kearney.com/foreign-direct-investment-confidence-index/2022-full-report。

会社东京支社。企业国际化的发展需要和整体实力的增强推动中国企业走出国门走向世界，越来越多的中国企业到海外建立研发中心，运用海外 R&D 要素禀赋进行产品开发与技术创新，构建企业国际化的发展格局。

中国贸促会在 2021 年对全国 1013 家企业进行了问卷调查，以此为样本的《中国企业对外投资现状及意向调查报告》统计结果表明，企业普遍认为"走出去"的风险与机遇并存，企业对中国对外投资发展前景较为乐观。服务国内产业升级、利用海外资源和技术均是中国企业对外投资的主要目的，50.0% 的租赁和商务服务企业，56.5% 的信息传输、软件和信息技术服务企业将对外投资目的设为"服务国内产业升级"。

中国企业海外 R&D 中心基本上分布在美国、西欧国家和日本（见表 3-14），涉及的主要行业包括电子通信业、汽车业和机械制造业。企业在海外建立研发中心，能够分摊母国企业的研发成本，提高企业的技术研发水平，并推动企业国际化研发格局的形成。

表 3-14　中国企业海外研发中心分布

| 母国企业 | 年份 | 海外研发中心地点 | 研发内容 |
|---|---|---|---|
| 京东方 | 2003 | 德国鲁尔研发中心 | 显示器、液晶屏 |
| 中国移动 | 2008 | 美国硅谷 | 先进通信技术 |
| 江淮汽车 | 2005 | 意大利都灵 | 汽车设计与研发 |
| | 2006 | 日本东京 | 自主设计与研发 |
| 中兴通讯 | 1998 | 美国新泽西 | 软交换、CDMA |
| | 1998 | 美国得克萨斯 | 光网络、CDMA |
| | 1998 | 美国圣地亚哥 | CDMA |
| | 2000 | 韩国首尔 | CDMA 手机 |
| | 2002 | 瑞典斯德哥尔摩 | WCDMA 核心网 |
| | 2005 | 巴基斯坦伊斯兰堡 | 固网移动网 |
| | 2006 | 印度班加罗尔 | OSS、VAS 系统 |
| | 2006 | 法国维埃纳 | 欧洲区域的技术研发与培训 |

续表

| 母国企业 | 年份 | 海外研发中心地点 | 研发内容 |
|---|---|---|---|
| 联想 | 2005 | 美国罗利研究中心 | 产品研发 |
| | 2005 | 日本大和实验室 | |
| | 2014 | 收购摩托罗拉 | |
| 华为 | 1999 | 印度班加罗尔 | 通信设备 |
| | 2000 | 瑞典斯德哥尔摩 | |
| | 1993 | 美国硅谷 | |
| | 1999 | 美国达拉斯 | |
| | 2010 | 加拿大渥太华 | |
| | 2015 | 匈牙利 | |
| | 2016 | 日本东京 | |
| | 2018 | 法国格勒诺布尔 | |
| 海尔 | 2010 | 德国纽伦堡 | 电器 |
| | 1994 | 日本东京 | 通信 |
| | 1999 | 美国洛杉矶 | |
| | 2000 | 法国里昂 | |
| 格兰仕 | 1997 | 美国研究中心 | 家电产品、新材料、智能化应用 |
| | 1999 | 美国研究所 | 微波炉设计与开发 |
| 上海电气 | 2005 | 美国 Zelri-MSU 研发中心 | 机械 |
| | 2017 | 以色列创新中心 | |
| 长安汽车 | 2003 | 意大利都灵 | 外观设计与开发 |
| | 2010 | 英国诺丁汉 | 智能动力与产品研发 |
| | 2011 | 美国底特律 | 底盘开发、智能驾驶 |
| 上汽集团 | 2005 | 英国伯明翰研发中心 | 汽车 |
| | 2007 | 英国技术中心 | |
| 万向集团 | 2001 | 美国芝加哥研发中心 | 机械 |
| 北大方正 | 1996 | 日本方正研究所 | 软件 |
| | 2001 | 加拿大方正研究所 | |
| | 1994 | 日本研究中心 | |
| | 1996 | 美国硅谷 | |
| 大唐移动 | 2007 | 韩国 SK-TD 研发中心 | 通信 |

| 母国企业 | 年份 | 海外研发中心地点 | 研发内容 |
|---|---|---|---|
| 美的 | 2017 | 美国加利福尼亚 | 人工智能 |
| 长城汽车 | 2016 | 日本横滨研发基地 | 新能源 |
| | 2016 | 美国哈弗研发中心 | 汽车零部件 |
| | 2018 | 奥地利研发公司 | |
| 吉利 | 2015 | 英国考文垂研发中心 | 车型 |
| 北汽新能源 | 2015 | 德国亚琛研发中心 | 电动汽车 |
| | 2016 | 美国底特律研发中心 | 电机驱动 |
| 晶科 | 2016 | 马来西亚槟城 | 光伏组件开发 |
| 瑞声科技 | 2018 | 芬兰坦佩雷 | 轨道交通 |

资料来源：根据王谦（2010）中国企业技术获取型跨国并购研究和 http://www.huawei.com/cn/、http://www.ms.lenovo.com/等公司网站资料整理而得。

近年来，中国企业技术获取型海外并购的数量不断增长，跨国并购涉及多个行业，主要包括装备制造业、电子、计算机和汽车等行业，跨国并购成为中国企业技术获取型直接投资的重要方式。从早期的南汽集团收购英国罗孚公司，到近几年厚安创新基金对英国芯片生产商 Arm-Holdings 的收购等都是典型的技术获取型海外投资案例（见表 3-15），中国企业通过并购方式获得了发达国家企业的人员、技术、品牌和销售渠道等资源。

表 3-15　中国企业技术获取型海外直接投资案例

| 时间 | 母国企业 | 投资企业 | 投资方式 | 行业 |
|---|---|---|---|---|
| 2005 年 7 月 | 南汽集团 | 英国罗孚公司 | 并购 | 汽车 |
| 2005 年 10 月 | 中国移动 | 香港华润集团 | 收购 | 通信服务 |
| 2005 年 6 月 | 海尔集团 | 美国美泰公司 | 收购 | 电器 |
| 2006 年 1 月 | 蓝星集团 | 法国安迪苏 | 并购 | 化工 |
| 2006 年 10 月 | 蓝星集团 | 法国罗地亚 | 收购 | 化工 |
| 2006 年 4 月 | 万向集团 | 美国福特零部件业务 | 收购 | 汽车 |
| 2004 年 12 月 | 联想集团 | IBM 个人计算机业务 | 跨国并购 | 计算机 |

续表

| 时间 | 母国企业 | 投资企业 | 投资方式 | 行业 |
|---|---|---|---|---|
| 2006 年 8 月 | 无锡尚德 | 日本 MSK | 并购 | 制造业 |
| 2005 年 5 月 | 中集集团 | 德国 Waggonhau 公司冷藏箱技术 | 收购 | 装备制造 |
| 2006 年 3 月 | 中集集团 | 荷兰博格公司 | 收购 | 装备制造 |
| 2004 年 12 月 | 上海电气 | 日本池贝机械制造 | 收购股份 | 装备制造 |
| 2004 年 11 月 | 沈阳机床 | 德国希斯公司 | 全资并购 | 机械制造 |
| 2004 年 4 月 | TCL 公司 | 阿尔卡特手机部门 | 并购 | 电器 |
| 2008 年 10 月 | 南车时代电气 | 加拿大半导体 Dynex Power | 收购股权 | 电子 |
| 2007 年 11 月 | 展讯公司 | 美国 Quorum−System | 收购 | 电子信息 |
| 2010 年 8 月 | 吉利集团 | 瑞典沃尔沃 | 收购 | 汽车 |
| 2017 年 12 月 | 滴滴出行 | 美国 Uber Technologies | 并购 | TMT |
| 2016 年 3 月 | 北京控股有限公司 | 欧洲国家能源利用公司 | 并购 | 能源开发 |
| 2016 年 3 月 | 鸿海集团 | 夏普 | 并购 | 面板技术 |
| 2017 年 12 月 | 万丰航空工业有限公司 | 奥地利钻石飞机 | 并购 | 制造业 |
| 2018 年 7 月 | 东山精密 | 伟创力旗下 Multek | 收购 | 制造业 |
| 2018 年 6 月 | 厚安创新基金 | 英国芯片生产商 ArmHoldings | 收购 | 芯片生产 |
| 2018 年 2 月 | 吉利控股 | 戴姆勒 | 收购股份 | 汽车 |
| 2018 年 4 月 | 青岛双星 | 韩国锦湖轮胎 | 收购股权 | 轮胎制造 |
| 2019 年 1 月 | 青岛海尔 | 意大利 Candy 公司 | 全资收购 | 家用电器 |
| 2019 年 9 月 | 宁德时代 | 澳大利亚 Pilbara | 并购 | 能源开发 |
| 2019 年 6 月 | 闻泰集团 | 荷兰安世半导体 | 收购 | 半导体 |
| 2021 年 2 月 | 杉杉股份 | LG 化学旗下 LCD 偏光片业务 | 收购 | 仪器制造 |

资料来源：根据《中国企业并购报告》、各公司网站资料整理而得。

根据《2019 年度中国对外直接投资统计公报》，2019 年制造业对外投资并购的数量和金额居于中国各行业对外投资并购数量和金额的首位，该行业对外投资并购的数量为 179 个，金额达到 142.7 亿美元，占中国境外并购总金额的 41.6%；位居第二的是信息传输、软件和信息技术服务业，信息传输、软件和信息技术服务业的跨国并购项目 49 个，对外投资并购金额为 72.5 亿美元，占中国境外并购总金额的 21.2%。在 2020 年，中国对外投资并购金额为 282 亿美元，制造业对外投资并购金额占比 24.7%，2021 年，中国对外直接投资保持稳定，中国对外并购金额小幅下降至 237 亿美元。技术获取型并购案例连年增加，2021 年，按交易数量计，中国企业海外并购前三大行业为 TMT、医疗与生命科学以及金融服务，占中国企业海外并购总量的 60%。海尔收购美国通用电气家电业务、美的收购德国库卡和东芝白色家电业务、闻泰科技收购荷兰安世半导体 Nexperia、厚安创新基金收购英国芯片生产商 ArmHoldings、迈瑞医疗收购芬兰免疫原材料供应商 HyTest 等项目对促进国内技术进步、资源整合与产业升级具有积极作用。

## 3.8　本章小结

从数据和图表的分析中可以看出，2004 年后中国对外直接投资发展迅速，2004~2015 年中国对外直接投资流量年平均增长率在 36% 之上，2015 年对外直接投资量首次超过外商来华直接投资量，使中国成为净资本输出国，2016 年中国对外直接投资量达到一个高峰值。在中国对外直接投资区域中，亚洲地区是投资的主要和重点区域，所占比重最大，租赁和商务服务业对外直接投资占所有行业对外直接投资量的比重最高，国有企业对外直接投资的比重不断下降，非国有企业在中国对外直接投资中的地位呈现上升态势，跨国并购成为中国企业对外直接投资的重要方式之一。

掌握核心技术能够使企业在激烈的国际竞争中占有压倒性优势，企业可以借由对外直接渠道获得先进技术、知识和管理经验，实现技术突破，获取核心技术，实现技术上的"弯道超车"。近年来中国企业在海外对高端制造、智能制造的投资项目不断增多，在各种对外直接投资类型中，技术获取型的比重随之升高。在投资方式方面，中国企业主要通过跨国并购、新建投资等方式进行投资以获得海外先进技术的溢出，具体表现为中国企业技术获取型海外并购数量逐渐上升，海外 R&D 中心不断增加。2020 年中国是唯一保持经济正增长的经济体，2021 年中国经济复苏成绩亮眼，GDP 增速为 8.1%，中国企业海外发展和国际化经营的势头良好。为了企业经营和长足发展，国外企业也将寻求新的资本来源，这对中国企业而言将是新的发展契机，中国企业对外直接投资有望出现进一步增长。

# 第4章　OFDI 逆向技术溢出对出口技术复杂度影响的作用机理与理论模型

随着对外直接投资的发展，技术溢出的获取渠道不再仅限于贸易与外商直接投资，对外直接投资被认为是促进技术进步的重要渠道。为了获取先进技术溢出，提高母国的技术发展水平，发展中国家企业需要去技术先进国家直接投资，嵌入当地的生产网络，获得先进技术溢出，通过传导效应与产业前后向关联效应促进母国公司与行业的技术进步。

对外直接投资的技术进步效应引起了学术界的关注，以往的学者对 OFDI 逆向技术溢出的产生、作用机理与传导机制进行了分析，但关于逆向技术溢出对出口技术复杂度作用机理的理论研究较少。厘清 OFDI 逆向技术溢出对出口技术复杂度的影响机理，探究 OFDI 逆向技术溢出对母国出口技术复杂度影响的途径，能够拓展 OFDI 逆向技术溢出的理论研究，为发展中国家逆向跨国投资行为提供理论支撑，具有一定的理论创新意义。

## 4.1　OFDI 逆向技术溢出对出口技术复杂度影响的作用机理

### 4.1.1　对外直接投资与逆向技术溢出

1. 企业获得逆向技术溢出

对外直接投资逆向技术溢出指的是由投资东道国向投资母国的技术

溢出，与传统的国际技术溢出方向相反。投资东道国的技术水平高于投资母国的技术水平时，这种技术溢出效应产生的可能性最大。在发展中国家向发达国家直接投资后，位于发达国家的子公司接近技术前沿，受益于发达国家的研发与知识资源，子公司将获得的技术溢出再转移到位于发展中国家的母公司，促进母公司技术水平提高。

对外直接投资对母国技术进步具有积极影响，除了引进外资获得技术溢出以外，对外投资也是一种获得技术溢出的重要途径。绿地投资与跨国并购是企业对外投资的两种主要方式：绿地投资指的是在东道国设立工厂或研发机构，嵌入当地的产业网络；跨国公司也可以通过跨国并购进行投资，兼并或收购东道的企业，获得原企业的技术成果、市场资源或特定资产等。

（1）研发成果反馈效应

绿地投资、跨国并购与技术联盟是企业获取海外技术资源的主要途径。企业兼并或收购当地企业，对原有技术、人力资源进行整合与再配置，获得已有的当地企业的产品技术成果，节省了企业的研发成本。企业通过绿地投资方式进行对外直接投资时，在当地建立独资企业，缩短了企业接触到前沿技术信息的地理距离，吸收技术发达国家的本土企业技术溢出，提高了投资子公司的技术水平，这种技术溢出能够在子公司与母公司之间流动，产品或人员是技术溢出的有形载体，技术溢出还可以通过知识流动等无形载体进行转移，母公司受益于逆向技术溢出，提高技术研发能力。通过技术联盟方式企业可以与发达国家的企业实现资源共享，降低获得联盟企业先进技术的成本，加快技术资源的转化与再利用。

就跨国并购、绿地投资与技术联盟三种方式来说：跨国并购能够直接获得发达国家当地企业的技术专利和研发成果，是技术获取型对外直接投资最有效的方式；技术联盟能够间接获得发达国家企业的技术资源；绿地投资方式受益于发达国家的研发集聚效应与技术溢出效应，获得的技术资源较少。

（2）产业集群效应

在R&D活动集中的投资东道国区域，当地技术研发机构聚集，研发氛围浓厚，R&D资源丰富，研发活动与前后向产业关联密切，企业在当地进行直接投资，子公司直接融入当地的技术创新网络中，与当地企业进行直接技术互动。一直以来，外商直接投资被认为是产生国际技术溢出的重要渠道，但传统投资理论认为，发达国家对发展中国家直接投资的产业多是在本国处于衰退期的产业或夕阳产业，核心技术牢牢掌握在发达国家企业，发展中国家通过吸收外商直接投资获得的国际技术溢出很少。发达国家当地集聚了高技术企业，是技术创新的发源地，也是跨国公司聚集度最高的地方，区域内技术交流频繁，技术专业化水平较高，研发资源丰富，技术封锁水平较低。行业内共同研发新技术，有利于先进技术的开发，企业获得的先进技术溢出明显，有利于企业主动吸收先进技术，最终提高企业技术水平和市场竞争力。

（3）人员流动效应

发达国家知名高校和科研院所较多，聚集着全世界顶尖的技术人才，能够吸引一批科研素质良好的人才进行研究开发活动。当跨国企业采用新建方式在发达国家进行海外投资时，子公司可以雇用当地高技术人才或熟练劳动力，提升海外子公司的技术创新能力。当子公司雇用当地高技术人才或研发人员时，其将所拥有的知识和经验带到子公司，提高子公司的技术创新能力，促进子公司研发效率的提高；当雇用熟练劳动力时，可以提高子公司的生产效率，改变人才结构，促进生产流程的改进。当跨国企业采用并购的方式进行海外直接投资时，可以保留原有企业的核心技术资源，整合原有企业的核心技术部门，直接利用原有企业的研发成果，掌握东道国企业的技术信息、研究设备和设施等研发资源，突破技术壁垒，促进技术水平的提升，产生逆向技术溢出效应。

（4）市场竞争效应

在发达国家直接投资后，当地的市场竞争激烈，子公司要想在竞争中占有一席之地，必须加快自身产品的开发，提高自身产品的质量，促进产品升级，运用新产品扩大当地市场规模，在当地市场树立自身的品牌。这意味着子公司将通过增加研发投入、提高产品开发经费支出、雇用高技术人才等方式加快新产品开发。可见，市场竞争效应有利于激发企业自主创新与研发活力，加快企业技术研发步伐，适应市场需要不断进行设计创新。

（5）公共效应

对外直接投资产生积极的宏观效应，通过影响贸易、技术进步、产业结构和经济增长等发挥作用。受企业对外投资动机、行业与区位等因素的影响，投资与贸易之间既可能是替代关系也可能是互补关系，对外直接投资对母国的贸易增长与贸易结构产生影响。企业将低附加值生产环节转移到国外，在母国保留核心生产环节，提高生产要素的配置效率，提高母国企业的生产效率。产品生命周期理论与边际产业扩张论对 OFDI 与产业结构之间的关系进行了解释，强调对外直接投资促进了母国产业结构优化。对外投资有利于企业获得新技术优势，提高母国的技术吸收能力，有利于逆向技术溢出效应的产生与转移，提高企业竞争力，促进企业规模的扩大，推动母国经济发展水平的上升。

发展中国家企业通过在国外设立子公司、研发中心或并购当地企业等方式在国外进行直接投资，产业集群效应使得海外子公司获得东道国先进技术和知识溢出，市场竞争效应促使海外子公司加快技术研发，提高自主创新能力，人员流动效应使得海外子公司的人力资源不断丰富，以及研发成果反馈效应公共效应等共同促进子公司和母公司技术发展水平提高（见图 4-1）。

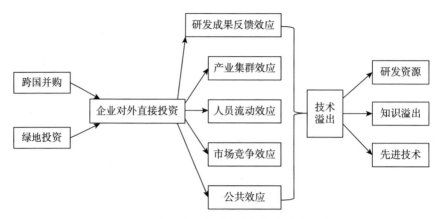

图 4-1　发展中国家对外直接投资技术溢出

### 2. 行业逆向技术溢出传递

在母国企业获得逆向技术溢出后，这种技术溢出会通过直接或间接的渠道在行业内和行业间传递，传递方向是从获得逆向技术溢出效应的母国企业到行业内其他企业。

（1）水平溢出效应

水平溢出指的是在行业内技术的传递与扩散。通常是行业内存在少数技术领先的企业，这些企业对行业内其他企业技术研发活动的带动、示范，促使行业内其他企业技术水平提高。

母国企业通过对外直接投资获得了逆向技术溢出，逆向技术溢出促进了母国企业技术进步，母国企业生产能力与生产效率得到显著提高，成为行业内生产效率较高和技术领先的少数企业。技术领先企业在行业内的竞争优势较大，产品的市场竞争力较强，使行业内其他企业竞争压力增大，一方面，示范效应与竞争效应促使行业内其他企业对新技术进行模仿与学习，并进行吸收再转化；另一方面，行业内其他企业与技术领先企业进行研发合作与产品开发，共同受益于逆向技术溢出效应。

（2）垂直溢出效应

垂直溢出指的是技术在上下游关联企业中的溢出。母国企业生产技术水平提高后，对中间产品提出了新的生产要求，为了满足母国企业的生产要求，上下游企业需要提高自身技术水平。

（3）人员流动效应

无论水平溢出效应还是垂直溢出效应，人才是逆向技术溢出效应传递的重要媒介。获得逆向技术溢出的母国企业技术水平提高，加快对母国企业技术与研发人员的培训，提高母国企业技术人员的能力。母国企业技术研发人员再到行业内其他企业工作，人力资本在行业内流动，将原公司的技术与管理经验带到新企业，进而促进新企业技术水平的提高，逆向技术溢出效应在行业内进行传递。除了员工流动以外，人际非正式沟通也是行业内技术传递的有效方式，在非正式沟通的过程中出现技术与知识溢出。

3. 国家技术水平提高

逆向技术溢出在微观层面上的表现是技术溢出被企业吸收与消化，企业可以二次创新，有效利用逆向溢出的技术，提高企业自主创新能力；逆向技术溢出在宏观层面上的表现是放大技术溢出效应，加快行业技术进步，最终推动整个国家技术水平提高。对外直接投资逆向技术溢出通过企业层面和行业层面的传递与转移后，促进了整个行业技术水平的提高，行业技术水平提高后，更大限度地对国家技术创新产生积极作用，促进国家整体技术水平提高。综上，逆向技术溢出促进了微观层面（企业）和宏观层面（行业与国家）的技术进步。

## 4.1.2　逆向技术溢出与出口技术复杂度

技术水平落后国家的企业向技术水平先进国家直接投资，设立子公司、研发中心或分支机构，收购或兼并当地拥有核心或先进技术的企业，直接吸收原企业的技术资源与研发成果，当海外子公司在投资国获得先进技术溢出后，通过知识、人才与技术资源跨国流动将技术溢出传递回母国企业。技术流动是国际技术转移和技术扩散的重要途径，科技的发展为跨国交流提供了便利条件，互联网的应用和普及加快了知识传递的速度，促进了知识的跨国流动。海外子公司的先进知识可以传递回母国，海外子公司与母公司共享技术知识资源，技术溢出能够以知识为载体在母公司与海外子公司之间流动；海外子公司与母公司之间的人才相互交流，母国企业可以将技术人员派遣到海外研发中心进行培训，接触国外先进技术研发活动，海外子公司也可以招揽高技术人才，向母国企业输送优秀的研发人才，促进母国企业技术创新能力的提高；海外子公司将研发产生的新产品、新技术和新工艺传递回母国，与母国企业共享研发成果与技术资源，母国企业获得先进技术资源，母国企业技术水平提高。

对外直接投资逆向技术溢出传递回母国后，母国技术水平上升，再通过技术进步效应、资源配置效应、产品质量效应促进母国出口技术复杂度提高。

1. 技术进步效应

技术进步是促进自主创新与产品开发的重要推动力，OFDI逆向技术溢出促进了母国企业技术进步，提高了母国企业技术水平，推动企业技术升级，促进企业开发新产品的能力提升，提高出口产品的技术附加值，产品的技术含量大幅提高，直接推动了出口技术复杂度水平的上升。

2. 资源配置效应

作为一个生产整体，子公司与母公司之间联系紧密，配合效率较高。海外子公司与技术前沿距离较近，研究与开发新产品是子公司设立的主要目的，子公司的技术研发活动是保持公司核心竞争力的重要前提，东道国的研发技术资源是子公司进行技术研发的有利条件。企业内部进行模块化分工，母国企业可以节省研发资本和成本，重新进行资源配置，提高母国企业生产效率。

3. 产品质量效应

OFDI逆向技术溢出给母国企业带来新产品，同时母国企业结合市场需求，实现新产品的再开发，增强企业的核心产品优势，提高产品的技术附加值，促进生产产品的质量提升，产品质量提升有利于出口技术复杂度水平的上升。OFDI 逆向技术溢出促进了母国企业原有产品质量的再提升，加快原有产品的设计创新，产品生产由低端制造向高端制造转变。

　　海外子公司通过知识、人才和技术资源流动将技术溢出传递回母国企业，母国企业技术水平上升，企业生产效率提高，生产要素重新配置，产品生产技术水平上升，出口产品质量比投资前具有显著提升，技术附加值提高，出口技术复杂度提高（见图 4-2）。

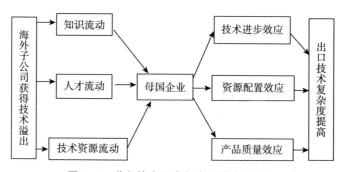

**图 4-2　逆向技术溢出与出口技术复杂度**

## 4.2　OFDI 逆向技术溢出与出口技术复杂度的数理模型

　　Long 和 Riezman 等（2001）构建了一个包括服务部门和制造部门的两部门模型，该模型分析了不同服务业发展水平下制造业碎片化生产的模式。他们认为，发达经济体服务部门发展水平较高，服务产品出口价格低于欠发达国家的价格，所以发达国家倾向于生产服务密集型产品，将制造部门产品外包。陈晓华等（2011）将 Long 和 Riezman 等（2001）的模型扩展为三部门模型，对中国出口技术结构的机理进行了分析，结果表明熟练劳动力和物质资本在出口技术结构变化中的作用较大。黄永明和张文洁（2012）在陈晓华等（2011）三部门模型的基础上构建了一个包括金融生产部门的四部门模型，分析金融发展水平对出口技术复杂度的影响，理论分析认为金融因素在出口技术复杂度较高的产品中发挥更大的作用，实证结果表明在影响出口技术复杂度的众多因素中金融因素的作用越来越大。以上研究学者都忽略了技术进步因素对出口技术复杂度的影响，本书在 Long 和 Riezman 等（2001）模型的基础上，同时参考陈晓华等（2011）、黄永明和张文洁（2012）的模型，构建了一个包含技术资本部门的四部门模型分析技术进步和 OFDI 逆向技术溢出对出口技术复杂度的影响机制。

假设中国和发达国家一样都生产并出口最终产品 $Y$，中国的出口技术复杂度水平为（0，$\theta_1$），发达国家的出口技术复杂度水平为（0，$\theta_2$），中国的出口技术复杂度水平低于发达国家，即 $\theta_1 < \theta_2$。假设 $Y$ 的生产过程中需要三种生产资本和非熟练劳动力的投入，这三种部门分别是生产资本部门、服务资本部门和技术资本部门，每一单位 $Y$ 的生产需要投入非熟练劳动力 $L_d$、生产资本 $K_1$、服务资本 $K_2$ 和技术资本 $K_3$。

1. 最终生产部门

假设生产并最终出口 1 单位的 $Y$ 需要投入 1 单位非熟练劳动力 $L_d$，$e_p x$ 单位 $K_1$，$e_s x$ 单位服务资本 $K_2$ 和 $e_T x$ 单位技术资本 $K_3$。

各投入要素的国内价格是：

$$P(L_d, K_1, K_2, K_3) = W^L, P_1, P_2, P_3 \tag{4-1}$$

各投入要素的国外价格是：

$$P(L_d^*, K_1^*, K_2^*, K_3^*) = W^{L^*}, P_1^*, P_2^*, P_3^* \tag{4-2}$$

中国与发达国家生产产品 $Y$ 的单位成本分别是：

$$C_D = \int_0^{\theta_1} \left[ W^L + (e_p P_1 + e_s P_2 + e_T P_3) x \right] dx = W^L \theta_1 + \frac{1}{2} \theta_1^2 (e_p P_1 + e_s P_2 + e_T P_3) \tag{4-3}$$

$$C_F = \int_0^{\theta_2} \left[ W^{L^*} + (e_p P_1^* + e_s P_2^* + e_T P_3^*) x \right] dx = W^{L^*} \theta_2 + \frac{1}{2} \theta_2^2 (e_p P_1^* + e_s P_2^* + e_T P_3^*) \tag{4-4}$$

假设世界上任何两个国家在生产同一出口技术复杂度水平的产品时单位成本相同，则中国生产出口技术复杂度为 $\theta$ 的产品 $Y$ 时，与发达国家生产出口技术复杂度为 $\theta$ 的产品 $Y$ 时的单位生产成本相等，即 $C_D^\theta = C_F^\theta$。

$$W^L\theta + \frac{1}{2}\theta^2\left(e_pP_1 + e_SP_2 + e_TP_3\right) = W^{L^*}\theta + \frac{1}{2}\theta^2\left(e_pP_1^* + e_SP_2^* + e_TP_3^*\right) \tag{4-5}$$

$$2W^L + \left(e_pP_1 + e_SP_2 + e_TP_3\right)\theta = 2W^{L^*} + \left(e_pP_1^* + e_SP_2^* + e_TP_3^*\right)\theta \tag{4-6}$$

在最终生产部门中，假设 $Y$ 产品的生产单位为 $M$ 个，技术水平为 $\theta$，对非熟练劳动力、生产资本、服务资本和技术资本的需求分别为：

$$L_{dY} = \theta M \tag{4-7}$$

$$K_1 = M\int_0^\theta e_p x dx = \frac{1}{2}Me_p x^2 \tag{4-8}$$

$$K_2 = M\int_0^\theta e_s x dx = \frac{1}{2}Me_s x^2 \tag{4-9}$$

$$K_3 = M\int_0^\theta e_T x dx = \frac{1}{2}Me_T x^2 \tag{4-10}$$

### 2. 生产资本部门

假设生产资本部门的生产函数符合柯布－道格拉斯函数形式，生产资本的产出需要投入物质资本 $K$ 和非熟练劳动力 $L_{d1}$。假设生产资本部门的生产函数是 $K_1 = \delta K^\sigma L_{d1}^{1-\sigma}$（$0<\sigma<1$），$\delta$ 表示的是生产资本部门的发展水平（$\delta>0$），$\delta$ 值越大，生产资本部门的发展水平越高。成本函数是 $C_1 = \gamma K + L_{d1}W^{L_{d1}}$，其中 $\gamma$、$W^{L_{d1}}$ 分别指的是物质资本生产要素价格和非熟练劳动力的工资水平。

根据利润最大化原则，

$$\pi = P_1 K_1 - \left(\gamma K + L_{d1}W^{L_{d1}}\right) \tag{4-11}$$

一阶求导化简后可得：

$$\frac{L_{d1}}{K} = \frac{\gamma}{W^{L_{d1}}} \cdot \frac{1-\sigma}{\sigma} = \alpha \tag{4-12}$$

$$P_1 = \frac{W^{L_{d1}} \alpha^{\sigma}}{\delta(1-\sigma)} \tag{4-13}$$

$$K_1 = \delta K \alpha^{1-\sigma} \tag{4-14}$$

### 3. 服务资本部门

假设服务资本部门的生产函数符合柯布-道格拉斯函数形式，服务资本的产出需要投入熟练劳动力 $H_2$ 和非熟练劳动力 $L_{d2}$。服务资本部门的生产函数是 $K_2 = \kappa H_2^{\eta} L_{d2}^{1-\eta}$（$0 < \eta < 1$），$\kappa$ 表示的是服务资本部门的发展水平（$\kappa > 0$），$\kappa$ 值越大，服务资本部门的发展水平越高。服务资本部门的成本函数为 $C_2 = H_2 W^{H_2} + L_{d2} W^{L_{d2}}$，其中 $W^{H_2}$、$W^{L_{d2}}$ 分别指的是熟练劳动力和非熟练劳动力的工资水平。

根据利润最大化原则，一阶求导化简后可得：

$$\frac{L_{d2}}{H_2} = \frac{W^{H_2}}{W^{L_{d2}}} \cdot \frac{1-\eta}{\eta} = \beta \tag{4-15}$$

$$P_2 = \frac{W^{L_{d2}} \beta^{\eta}}{\kappa(1-\eta)} \tag{4-16}$$

$$K_2 = \kappa H_2 \beta^{1-\eta} \tag{4-17}$$

### 4. 技术资本部门

假设技术资本部门的生产函数符合柯布-道格拉斯函数形式，技术资本的产出需要投入熟练劳动力 $H_3$ 和非熟练劳动力 $L_{d3}$。技术资本部门的生产函数是 $K_3 = \chi H_3^{\varepsilon} L_{d3}^{1-\varepsilon}$（$0 < \varepsilon < 1$），$\chi$ 表示的是技术资本部门的发展水平（$\chi > 0$），$\chi$ 值越大，技术资本部门的发展水平越高，企业的技术水平越高。技术资本部门的成本函数是 $C_3 = H_3 W^{H_3} + L_{d3} W^{L_{d3}}$，其中 $W^{H_3}$、$W^{L_{d3}}$ 分别指的是熟练劳动力和非熟练劳动力的工资水平。

根据利润最大化原则,一阶求导化简后可得:

$$\frac{L_{d3}}{H_3} = \frac{W^{H_3}}{W^{L_{d3}}} \cdot \frac{1-\varepsilon}{\varepsilon} = \upsilon \qquad (4-18)$$

$$P_3 = \frac{W^{L_{d3}} \upsilon^{\varepsilon}}{\chi(1-\varepsilon)} \qquad (4-19)$$

$$K_3 = \chi H_2 \upsilon^{1-\varepsilon} \qquad (4-20)$$

假设劳动力在四部门间可以自由流动,劳动力市场充分就业,那么四部门中相同熟练程度劳动力的工资水平相等,则劳动力市场均衡条件满足式(4-21)和式(4-22),消费市场均衡条件满足式(4-23)。

$$W^H = W^{H_2} = W^{H_3} \qquad (4-21)$$

$$W^L = W^{L_d} = W^{L_{dY}} = W^{L_{d1}} = W^{L_{d2}} = W^{L_{d3}} \qquad (4-22)$$

$$PM = HW^H + L_d W^{L_d} + \gamma K \qquad (4-23)$$

$$H = H_2 + H_3 \qquad (4-24)$$

$$L_d = L_{dY} + L_{d1} + L_{d2} + L_{d3} \qquad (4-25)$$

为了计算简便,令 $\sigma = \eta = \varepsilon = 0.5$,$\partial = \beta = \upsilon$。

将式(4-13)、式(4-16)、式(4-19)代入式(4-6)可以得到:

$$2W^L - 2W^{L^*} = \theta \left\{ (e_p P_1^* + e_S P_2^* + e_T P_3^*) - \left[ e_p \frac{W^{L_{d1}} \alpha^{\sigma}}{\delta(1-\sigma)} + e_S \frac{W^{L_{d2}} \beta^{\eta}}{\kappa(1-\eta)} + e_T \frac{W^{L_{d3}} \upsilon^{\varepsilon}}{\chi(1-\varepsilon)} \right] \right\} \qquad (4-26)$$

简化式(4-26)可得:

$$\theta = \frac{2(W^{L^*} - W^L)}{2W^L \alpha^{\frac{1}{2}} \left( \frac{e_p}{\delta} + \frac{e_S}{\kappa} + \frac{e_T}{\chi} \right) - (e_p P_1^* + e_S P_2^* + e_T P_3^*)} \qquad (4-27)$$

$$= \frac{2(W^{L^*} - W^L)}{2W^L \alpha^{\frac{1}{2}} B - A}$$

其中，$B=\dfrac{e_p}{\delta}+\dfrac{e_s}{\kappa}+\dfrac{e_T}{\chi}$，$A=e_p P_1^* + e_s P_2^* + e_T P_3^*$。

对式（4-27）偏微分化简后可得：

$$\frac{\partial \theta}{\partial \chi}=\frac{4\left(W^{L^*}-W^L\right)W^L \alpha^{\frac{1}{2}}}{\left(2W^L \alpha^{\frac{1}{2}}B-A\right)^2}\cdot \frac{e_T}{\chi^2}$$

$$=\frac{4e_T W^L \alpha^{\frac{1}{2}}\left(W^{L^*}-W^L\right)}{\left(2W^L \alpha^{\frac{1}{2}}B-A\right)^2\chi^2}$$

(4-28)

发达国家的工资水平高于中国的工资水平，$\dfrac{\partial \theta}{\partial \chi}>0$，技术资本部门的发展水平上升对企业出口技术复杂度的提高具有正向影响，即企业技术发展水平的提高有利于企业出口技术复杂度的上升。

推论1：技术发展水平越高，出口技术复杂度水平越高。

假设中国企业开展对外直接投资，在发达国家设立研发子公司，获得当地技术溢出，这种技术溢出被传递回母国后，促进了母国企业技术发展水平的上升，这种逆向技术溢出表现在母国企业技术资本部门发展水平的上升上。现在母国企业因为逆向技术溢出效应技术发展水平有所提高，技术资本部门的生产函数如下：

$$K'_3=(\chi+g\chi)H_3^{\ \varepsilon}L_{d3}^{1-\varepsilon}\quad 0<\varepsilon<1,g>0$$

(4-29)

其中 $g$ 表示的是逆向技术溢出程度，$(\chi+g\chi)$ 指的是在企业获得逆向技术溢出后企业技术资本部门的发展水平。与之前的计算步骤一致，我们可以计算出：

$$\theta=\frac{2\left(W^{L^*}-W^L\right)}{2W^L \alpha^{\frac{1}{2}}\left(\dfrac{e_p}{\delta}+\dfrac{e_s}{\kappa}+\dfrac{e_T}{\chi+g\chi}\right)-e_p P_1^*+e_s P_2^*+e_T P_3^*}$$

(4-30)

对式（4-30）偏微分化简后可得：

$$\frac{\partial \theta}{\partial (\chi + g\chi)} = \frac{4e_T W^L \alpha^{\frac{1}{2}} (W^{L^*} - W^L)}{(2W^L \alpha^{\frac{1}{2}} B' - A)^2 \chi^2} > 0 \tag{4-31}$$

其中，$B' = \frac{e_p}{\delta} + \frac{e_S}{\kappa} + \frac{e_T}{\chi + g\chi}$，$A = e_p P_1^* + e_S P_2^* + e_T P_3^*$。

OFDI 逆向技术溢出与技术资本部门发展水平之间存在正相关关系，意味着前者可以促进企业生产技术水平上升。生产技术是促进出口技术复杂度提高的积极因素，当企业生产技术水平提高后，将促进产品的出口技术复杂度进一步提高。

$$\frac{\partial \theta}{\partial g} = \frac{4e_T W^L \alpha^{\frac{1}{2}} \chi (W^{L^*} - W^L)}{(2W^L \alpha^{\frac{1}{2}} B' - A)^2 \chi^2} > 0 \tag{4-32}$$

偏微分的结果说明逆向技术溢出对出口技术复杂度具有积极影响，逆向技术溢出效应的增加有利于出口技术复杂度水平的提高。

推论 2：OFDI 逆向技术溢出是促进出口技术复杂度水平提高的积极因素。

我们通过构建一个包含技术资本部门的四部门理论模型分析 OFDI 逆向技术溢出对出口技术复杂度的影响，理论模型推导结果表明 OFDI 逆向技术溢出促进了出口技术复杂度水平的提高，接下来我们将用实证数据进一步证明这一命题。

## 4.3　本章小结

国际直接投资行为最早出现在发达国家，随着发展中国家和新兴经济体经济的发展，发展中国家跨国并购和国际直接投资行为不断增多，发展中国家对外直接投资量不断增长，发展中国家企业通过在国外设立子公司、研发中心或并购当地企业等方式在国外进行直接投资。产业集群效应使得海外子公司获得东道国先进技术和知识溢出，市场竞争效应促使海外子公司加快技术研发，提高自主创新能力，产业集群效应和市场竞争效应共同促进子公司技术发展水平提高，海外子公司通过人才、知识和技术流动将子公司获取的先进技术转移到母公司，促进母公司技术进步，母公司生产率提高。

# 第5章 中国 OFDI 逆向技术溢出效应的
# 实证检验

中国对外直接投资发展态势良好，中国对外直接投资的国际地位不断上升，2012~2020 年，中国对外直接投资流量一直居各国对外直接投资流量前三位。2015 年中国对外直接投资存量约为 10979 亿美元，2016 年中国对外投资量超过吸收外资量，同时对外投资对母国的经济效应引起了学术界的关注。

早期的研究集中于投资与贸易关系的探讨——投资与贸易是相互促进还是相互替代？学术界对此没有统一结论，不同的学者运用不同的样本数据得到的结论不同（周昕和牛蕊，2012；柴庆春和胡添雨，2012；王胜等，2014；边婧和张曙霄，2020）。随着技术获取型直接投资的发展，对外直接投资对母国技术进步的影响研究逐渐增加，技术进步效应的研究中出现了"逆向技术溢出"新名词。逆向技术溢出的研究起步较晚，但逐渐成为中国对外直接投资研究中的重要方向。受限于中国 OFDI 数据，早期逆向技术溢出效应的研究重点分析逆向技术溢出的作用机理，随着中国对外投资统计制度的完善，逆向技术溢出效应的实证研究逐渐增多。近年来对外直接投资的相关研究领域不断拓展，OFDI 对就业、收入和产业升级的影响的研究也不断丰富，说明对外直接投资对母国产生的各种影响引起了广泛重视。

## 5.1 OFDI 逆向技术溢出模型相关研究

### 5.1.1 C-H 模型

Coe 和 Helpman（1995）认为一国的生产率水平与 R&D 集聚效应和有效知识资本存量有关，借鉴了以往理论与实证文献中的做法，他们运用 R&D 经费支出作为知识资本存量的代理变量构建了实证模型，C-H 模型如下：

$$\ln F_{it} = \alpha_0 + \alpha_1 \ln S_{it}^d + \alpha_2 \ln S_{it}^F + u_{it} + \varepsilon_{it} \tag{5-1}$$

$\ln F_{it}$ 指的是一国的全要素生产率，$\ln S_{it}^d$ 代表的是国内 R&D 资本量，$\ln S_{it}^F$ 代表的是国外 R&D 资本量。

Coe 和 Helpman（1995）运用 1971~1990 年 21 个 OECD 国家和以色列的样本数据进行实证检验，结论发现，国内 R&D 资本量和国外 R&D 资本量均是一国全要素生产率的重要影响因素，一国全要素生产率的增长不仅取决于国内 R&D 资本，而且与国外 R&D 资本有关，国外 R&D 资本的来源是进口贸易，国内 R&D 资本对全要素生产率的作用大于国外 R&D 资本对全要素生产率的作用，一国的对外开放度越高，国外 R&D 资本对国内全要素生产率的积极影响越大。

### 5.1.2 L-P 模型

Coe 和 Helpman（1995）只考察了进口贸易的国际技术溢出效应。在 C-H 模型的基础上，Potterie 和 Lichtenberg（2001）考察了外商直接投资、贸易和对外直接投资在国际技术溢出中的作用，样本国家包括美国、日本和 11 个欧洲国家，时间区间为 1971 年到 1990 年，Potterie 和 Lichtenberg 建立的实证模型如下：

$$LnF_{it} = \alpha_0 + \alpha^d LnSD_{it} + \alpha^f LnSF_{it} + u_{it} + \varepsilon_{it} \tag{5-2}$$

$\ln F_{it}$ 指的是一国的全要素生产率，$\ln SD_{it}$ 指的是国内 R&D 资本量，$\ln SF_{it}$ 指的是国外 R&D 资本量，国外 R&D 资本存量来源包括外商直接投资、进口贸易、对外直接投资。

$$SF_i^m = \sum \frac{m_{ij}}{y_j} S_j^d \qquad (5-3)$$

$m_{ij}$ 是 $i$ 国从 $j$ 国进口的商品与服务额，$y_j$ 是 $j$ 国的国内生产总值，$S_j^d$ 是 $j$ 国国内研发资本存量。

$$S_i^{fdi} = \sum \frac{S_{ij}^{fdi}}{K_{jt}} S_j^d \qquad (5-4)$$

$S_{ij}^{fdi}$ 代表的是从 $j$ 国流向 $i$ 国的外商直接投资，$K_{jt}$ 是 $j$ 国的固定资本形成额，$S_j^d$ 是 $j$ 国国内研发资本存量。

$$SF_{it} = \sum \frac{S_{ij}^{ofdi}}{K_{jt}} S_j^d \qquad (5-5)$$

$K_{jt}$ 指的是 $j$ 国的固定资本形成额，$S_{ij}^{ofdi}$ 指的是 $i$ 国对 $j$ 国的直接投资，$S_j^d$ 指的是投资东道国的国内 R&D 资本量，$i$ 国的国外 R&D 资本量与其对外直接投资量占 $j$ 国物质资本的比重有关。

实证结果发现，对外直接投资与进口贸易的影响系数为正，FDI 对东道国技术进步的促进作用并不显著，对外直接投资和进口贸易在产生国际技术溢出中发挥了积极作用，美国是国际技术溢出产生者，但较少受益于国际技术溢出，日本企业受益于国际技术溢出。

### 5.1.3　B-K 模型

Bitzer 和 Kerekes（2008）在 L-P 模型的基础上进行了两方面的改进。一方面，Bitzer 和 Kerekes 在构建 FDI 资本量的指标上进行了改进，Bitzer 和 Kerekes 认为 FDI 流量具有很强的波动性，而 FDI 相关的溢出效应可能发生在中期或长期，短期内溢出效应并不明显，L-P 模型的数据受限于使用 FDI 的四年移动平均值构建 FDI 加权变量。为了更好地对 FDI 的溢出效应进行考察，Bitzer 和 Kerekes 运用 FDI 的存量数据构建相关实证变量。另一方面，Bitzer 和 Kerekes 解释第三国 FDI 溢出效应而放松了对直接 FDI 国际溢出的限制，通过加权总国外 R&D 资本存量与 FDI 资本存量在物质资本存量中的比重构建 FDI-R&D 资本存量指标。Bitzer 和 Kerekes（2008）构建的实证模型如下：

$$\ln Y_{it} = \alpha_0 + \beta_1 \ln S_{it}^d + \beta_2 \ln S_{it}^F + X_{it} + \nu_{it} \tag{5-6}$$

$\ln Y_{it}$ 指的是产出，$\ln S_{it}^d$ 指的是国内 R&D 资本存量，$\ln S_{it}^F$ 指的是国外 R&D 资本存量，$X_{it}$ 指的是控制变量。

Bitzer 和 Kerekes（2008）对对外直接投资获得的国外研发资本存量的计算公式是：$S_{it}^F = \dfrac{F_{it}}{K_{it}} \sum S_{jt}^D$。其中 $S_{it}^F$ 指的是 $i$ 国对外直接投资获得的国外研发资本存量，$F_{it}$ 指的是 $i$ 国对外直接投资存量，$K_{it}$ 指的是 $i$ 国的总物质资本量，$S_{jt}^D$ 指的是投资东道国 $j$ 国的研发资本存量。

Bitzer 和 Kerekes（2008）运用了 1973~2000 年 17 个 OECD 国家 10 个制造业部门的数据考察进口贸易、FDI 和 OFDI 的国际技术溢出效应。实证结果表明，FDI 流入国受益于 FDI 技术溢出，国际技术溢出产生的途径之一是进口贸易，对外直接投资的国际技术溢出效应并不显著。

## 5.2 指标选取与模型构建

参考 Coe 和 Helpman（1995）、Potterie 和 Lichtenberg（2001）的国际技术溢出模型，假定全要素生产率的增长主要受到内部研发能力和外部技术溢出影响，外部技术溢出中本书着重考察 OFDI 逆向技术溢出的影响，在 C-H 模型、L-P 模型的基础上考察 OFDI 逆向技术溢出效应、FDI 技术溢出效应、进口技术溢出效应。

## 1. 全要素生产率（TFP）

本书选取了全国 31 个省份的样本数据，运用 Malmquist 指数的方法计算全要素生产率。目前全要素生产率的计算方式主要包括索洛剩余法和 Malmquist 指数，索洛剩余法是基于科布－道格拉斯函数的模型回归，Malmquist 指数是基于数据包络分析（Data Envelopment Analysis，DEA）方法。本书选择基于 DEA 方法的 Malmquist 指数计算各省份的全要素生产率，Malmquist 指数是衡量全要素生产率增长率的指数，所以需要运用该指数对 TFP 进行进一步计算。参考刘秉镰和李清彬（2009）、李小胜和安庆贤（2012）、陈超凡（2016）等学者的做法，本书以 2002 年作为全要素生产率的计算基期，假设 2002 年的全要素生产率为 1，运用 2003 年的 Malmquist 指数与 2002 年的全要素生产率相乘，得到 2003 年的全要素生产率，按照此种测算方法得到中国 31 个省份历年的全要素生产率。

本书以各省份历年的生产总值作为产出，运用两种投入——固定资本存量和从业人数基于产出角度测算各省份的全要素生产率。按照永续盘存法对各省份每年的固定资本存量进行计算，$K_t = (1-\delta) K_{t-1} + I_t$，$\delta$ 为资本折旧率，参考张军等（2004）和其他学者的做法，物质资本存量的折旧率本书取 9.6%，$K_{t-1}$ 为各省份上一年的固定资本存量，$I_t$ 为各省份每年的固定资本形成额，固定资本形成额以 2003 年为基期，运用固定资本形成额指数进行折算。各省份的生产总值运用 GDP 平减指数进行了折算，各省份的生产总值和 GDP 平减指数的数据来自历年《中国统计年鉴》和国研网数据库。各省份历年的从业人员数据来自《中国人口和就业统计年鉴》，固定资本形成额和固定资产投资价格指数来源于《2020年中国统计年鉴》和中经网统计数据库。

## 2. OFDI 逆向技术溢出指标的构建

Potterie 和 Lichtenberg（2001）最早构建了相关指标衡量 OFDI 的逆向技术溢出效应，Bitzer 和 Kerekes（2008）在 Potterie 和 Lichtenberg（2001）的基础上对逆向技术溢出衡量方法进行了改进。参考 Bitzer 和

Kerekes（2008）逆向技术溢出指标的构建方法，运用各省份的对外直接投资比重作为权重，本书构建了省份逆向技术溢出指标。

$$SF_t = \frac{OFDI_t}{K_t} \sum S_{jt}^{rd} \tag{5-7}$$

式（5-7）测算的是国家层面的逆向技术溢出量，$SF_t$ 表示的是中国第 $t$ 年对外直接投资后获得的国外 R&D 资本存量。技术溢出是一种溢出效应，很难对这种溢出进行测算，结合以往学者的测度指标，本书将 OFDI 逆向技术溢出效应具体量化为 OFDI 获得的国外研发溢出，当 OFDI 获得的国外 R&D 资本量越大时，逆向技术溢出水平越高。

鉴于 OFDI 流量的波动幅度较大，逆向技术溢出可能存在累积效应，本书在式（5-7）中运用的是中国对外直接投资存量，指代指标为 $OFDI_t$，$K_t$ 衡量的是中国第 $t$ 年物质资本存量，$S_{jt}^{rd}$ 指的是第 $t$ 年样本国家 $j$ 国的国内研发资本存量，本书选取了中国对外直接投资主要的 33 个发达和发展中国家。① 运用永续盘存法计算各国研发资本存量，$S_{jt}^{rd} = (1-\delta)$ $S_{j,t-1}^{rd} + RD_{jt}$，$\delta$ 是折旧率，本书取 5%，$S_{jt}^{rd}$ 代表的是 $j$ 国当年的研发资本存量，$S_{j,t-1}^{rd}$ 代表上一年 $j$ 国的研发资本存量，$RD_{jt}$ 是每年 $j$ 国的研发支出。参考 Griliches（1980）的计算方法，2003 年研发资本存量的计算公式是 $S_{j,2003}^{rd} = RD_{j,2003}/(\delta+g)$，$g$ 是 $j$ 国研发支出的平均增长率，各国研发支出数据来自世界银行数据库（World Bank Database）和 OECD 数据库。物质

---

① 根据《2020 年度中国对外直接投资统计公报》的统计数据，截至 2020 年末，位居中国对外直接投资存量前二十位的国家（地区）分别是中国香港、开曼群岛、英属维尔京群岛、美国、新加坡、澳大利亚、荷兰、印度尼西亚、英国、卢森堡、德国、加拿大、俄罗斯、瑞典、中国澳门、马来西亚、老挝、阿拉伯联合酋长国、泰国、越南，这些国家（地区）的直接投资存量占到中国对外直接投资存量的 93.4%。中国对外直接投资逆向技术溢出总量在本书中指的是中国对外直接投资主要的 33 个发达和发展中国家逆向技术溢出总和。除去英属维尔京群岛、开曼群岛等几个避税目的国以外，本书选取了中国对外直接投资存量较大的 33 个国家，这 33 个国家包括美国、澳大利亚、新加坡、加拿大、法国、英国、德国、瑞典、日本、韩国、意大利、西班牙、挪威、荷兰、比利时、匈牙利、奥地利、丹麦、爱沙尼亚、芬兰、希腊、爱尔兰、以色列、拉脱维亚、立陶宛、卢森堡、墨西哥、新西兰、波兰、葡萄牙、斯洛伐克、斯洛文尼亚、土耳其。

资本存量的计算采用了与研发资本存量一样的计算方法，借鉴张军等（2004）学者的做法，本书将物质资本存量折旧率的取值定为 9.6%，运用固定资产投资价格指数，以 2003 年为基期对固定资本形成额进行了折算。如果价格波动对样本数据造成影响，实证结果的准确度则可能下降，本书对研发资本存量、对外直接投资存量数据进行了相应折算，基期为 2003 年，31 个省份 OFDI 存量数据来自《2020 年度中国对外直接投资统计公报》，折算指数包括 GDP 平减指数、消费者物价指数（CPI），这些指数数据分别来自国研网数据库、《2021 年中国统计年鉴》以及中经网统计数据库。

各省份对外直接投资量在全国对外直接投资量中的比重反映了各地区对外直接投资规模的大小，也体现了各地区的对外直接投资地位，因此本书采用各省份对外直接投资存量占全国对外直接投资总存量的比重为权重，在国家逆向技术溢出测度指标层面的基础上，构建了省份 OFDI 逆向技术溢出指标：

$$SF_{it}^{ofdi} = \frac{OFDI_{it}}{\sum_i OFDI_{it}} SF_t \qquad (5-8)$$

$SF_{it}^{ofdi}$ 指的是 $i$ 省份在第 $t$ 年对外直接投资获得的逆向技术溢出，$SF_t$ 代表的是第 $t$ 年中国对外直接投资获得的总逆向技术溢出，$OFDI_{it}$ 指的是第 $t$ 年 $i$ 省份对外直接投资存量。

3. FDI 技术溢出

$$SF_t^{fdi} = \frac{FDI_t}{K_t} \sum S_{jt}^{rd} \qquad (5-9)$$

$SF_t^{fdi}$ 指的是第 $t$ 年中国通过外商直接投资获得的逆向技术溢出，$FDI_t$ 指的是第 $t$ 年中国吸收的外商直接投资额，$K_t$ 指的是第 $t$ 年中国物质资本存量，$S_{jt}^{rd}$ 指的是第 $t$ 年样本国家 $j$ 国国内研发资本存量，本书选择与 OFDI 逆向技术溢出指标构建中一致的 33 个国家作为样本国家。

$$SF_{it}^{fdi} = \frac{FDI_{it}}{\sum_i FDI_{it}} SF_t^{fdi} \qquad (5-10)$$

$SF_{it}^{fdi}$ 代表的是第 $t$ 年中国各省份经由外商直接投资（FDI）获得的国际技术溢出，$\dfrac{FDI_{it}}{\sum_i FDI_{it}}$ 指的是各省份吸收样本国家的直接投资量占各省份吸收样本国家直接投资总量的比重。各省份的外商直接投资数据来自各省份统计年鉴。

4. 进口技术溢出

$$SF_t^{im} = \frac{im_t}{TP_t} \sum S_{jt}^{rd} \qquad (5-11)$$

$SF_t^{im}$ 指的是中国通过进口获得的国际技术溢出，$im_t$ 指的是第 $t$ 年中国从样本国家的进口贸易额，$TP_t$ 指的是第 $t$ 年中国总产出。本书以中国国内生产总值衡量历年中国的总产出，国内生产总值运用 GDP 平减指数以 2003 年为基期进行折算，国内生产总值和 GDP 平减指数数据来自历年《中国统计年鉴》。$S_{jt}^{rd}$ 指的是第 $t$ 年发达国家 $j$ 国国内研发资本存量，本书仍然选择之前的 33 个代表性国家作为样本国家。

$$SF_{it}^{im} = \frac{im_{it}}{\sum_i im_{it}} SF_t^{im} \qquad (5-12)$$

$SF_{it}^{im}$ 指的是第 $t$ 年中国各省份通过进口获得的国际技术溢出，$im_{it}$ 指的是 $i$ 省份在第 $t$ 年从样本国家的进口贸易额，$\sum_i im_{it}$ 指的是第 $t$ 年各省份从样本国家进口贸易额的总和，各省份进口贸易额来自国研网对外贸易数据库和各省份历年的统计年鉴。

5. 国内研发资本存量

国内技术进步是促进全要素生产率提高的重要因素，也是技术吸收能力的重要衡量指标。本书运用永续盘存法计算各省份研发资本存量，

$S_{it} = (1-\delta) \, S_{i,t-1} + RD_{it}$，$\delta$ 是折旧率，本书取 5%，$S_{it}$ 是第 $t$ 年 $i$ 省份的研发资本存量，$S_{i,t-1}$ 是 $i$ 省份上一年的研发资本存量，$RD_{it}$ 是第 $t$ 年 $i$ 省份的研发支出。参考 Griliches（1980）的计算方法，2003 年研发资本存量的计算公式是 $S_{i,2003} = RD_{i,2003} / (\delta + g)$，$g$ 是 $i$ 省份研发支出的平均增长率，各省份的研发支出数据来自各省份统计年鉴。

对外直接投资量大的省份获得的逆向技术溢出量也较大，经济较为发达的省份全要素生产率较高，东中西部地区逆向技术溢出效应存在明显差异，总体来说东部地区 OFDI 逆向技术溢出效应较大，中西部地区逆向技术溢出效应较小。通过进口获得的技术溢出效应比较明显，国内研发资本量存在显著的地区差异，经济发展水平的高低与研发资本存量的多少成正比，东部地区的研发资本存量高于中西部地区，中西部地区的研发资本存量需要增加（见表 5-1）。

表 5-1    2020 年样本数据描述

| 省份 | 全要素生产率 | OFDI 逆向技术溢出（亿美元） | FDI 技术溢出（亿美元） | 进口技术溢出（亿美元） | 研发资本存量（亿美元） |
|---|---|---|---|---|---|
| 北京 | 2.1250 | 433.0897 | 8.6505 | 1945.1175 | 2434.4833 |
| 天津 | 1.5928 | 136.7679 | 2.0850 | 663.9863 | 567.5545 |
| 河北 | 0.4112 | 69.0932 | 5.7491 | 197.4446 | 538.1443 |
| 山西 | 0.3891 | 11.3988 | 1.3104 | 40.9930 | 227.4466 |
| 内蒙古 | 0.9623 | 32.6024 | 0.9499 | 34.9978 | 174.3097 |
| 辽宁 | 0.7920 | 72.0599 | 1.3109 | 469.8676 | 609.2975 |
| 吉林 | 0.7817 | 16.2540 | 5.3566 | 164.2385 | 167.2800 |
| 黑龙江 | 0.3800 | 21.7155 | 0.2978 | 33.0926 | 212.9402 |
| 上海 | 2.4507 | 692.9132 | 8.0867 | 1.4303 | 1726.6165 |
| 江苏 | 1.4152 | 305.4427 | 14.7943 | 1981.5960 | 3050.8869 |
| 浙江 | 1.2346 | 379.6599 | 8.2275 | 786.4740 | 1734.2398 |
| 安徽 | 0.2801 | 74.8889 | 9.5411 | 200.5478 | 800.4089 |

续表

| 省份 | 全要素生产率 | OFDI 逆向技术溢出（亿美元） | FDI 技术溢出（亿美元） | 进口技术溢出（亿美元） | 研发资本存量（亿美元） |
|---|---|---|---|---|---|
| 福建 | 0.5152 | 119.7054 | 2.5719 | 402.8729 | 734.8815 |
| 江西 | 0.4596 | 38.9528 | 7.6110 | 96.1427 | 326.1584 |
| 山东 | 0.7593 | 344.2806 | 9.1983 | 675.2946 | 2058.8161 |
| 河南 | 0.2857 | 80.1508 | 10.4583 | 152.7918 | 770.7182 |
| 湖北 | 0.6432 | 34.9570 | 5.3956 | 183.1553 | 973.5890 |
| 湖南 | 0.4668 | 70.6603 | 10.9445 | 131.7404 | 722.1222 |
| 广东 | 0.9635 | 1157.0189 | 13.1615 | 2329.8152 | 3160.4000 |
| 广西 | 0.3735 | 27.9855 | 0.2928 | 70.2084 | 173.9328 |
| 海南 | 0.4951 | 63.2076 | 0.8411 | 74.7094 | 31.4692 |
| 重庆 | 1.0357 | 56.0005 | 5.3542 | 157.1784 | 462.9153 |
| 四川 | 0.5279 | 59.8162 | 5.2435 | 416.0652 | 875.7296 |
| 贵州 | 0.7540 | 4.3082 | 0.2289 | 8.9064 | 122.3944 |
| 云南 | 0.3273 | 40.3020 | 0.3956 | 16.0746 | 220.1026 |
| 西藏 | 0.8112 | 6.0534 | 7.4783 | 1.4303 | 4.3620 |
| 陕西 | 0.7472 | 27.5593 | 4.4999 | 182.0412 | 646.0955 |
| 甘肃 | 0.3392 | 33.9861 | 0.0463 | 14.0952 | 127.0322 |
| 青海 | 1.2769 | 3.6609 | 0.0093 | 1.5878 | 21.7805 |
| 宁夏 | 1.2472 | 19.6758 | 0.1040 | 3.1475 | 45.1222 |
| 新疆 | 0.9575 | 32.2447 | 0.2017 | 14.3502 | 84.5091 |

借鉴 Coe 和 Helpman（1995）、Potterie 和 Lichtenberg（2001）的国际技术溢出模型，本书构建了 OFDI 逆向技术溢出的实证模型：

$$\ln TFP_{it} = \alpha_0 + \beta_0 \ln SF_{it}^{ofdi} + \beta_1 \ln SF_{it}^{fdi} + \beta_2 \ln SF_{it}^{im} + \beta_3 \ln SRD_{it} + \mu_i + \varepsilon_{it} \qquad (5-13)$$

$\ln TFP_{it}$ 为第 $t$ 年 $i$ 省份的全要素生产率，$\ln SF_{it}^{ofdi}$ 为第 $t$ 年 $i$ 省份的 OFDI 逆向技术溢出，$\ln SF_{it}^{ofdi}$ 是核心解释变量，$\ln SF_{it}^{fdi}$ 是第 $t$ 年 $i$ 省份通过外商直接投资获得的国际技术溢出，$\ln SF_{it}^{im}$ 指的是第 $t$ 年 $i$ 省份通过进口贸易获得的国际技术溢出，$\ln SRD_{it}$ 指的是第 $t$ 年 $i$ 省份的国内研发资本存量。

表 5-2 中的样本数据显示中国各个省份 OFDI 逆向技术溢出效应的标准差较大，说明各个省份对外直接投资产生的逆向技术溢出效应存在很大的差异，FDI 技术溢出量在各个省份中存在明显差异，各个省份与样本国家之间的进口贸易存在较大差异，进而通过进口渠道获得的技术溢出差别较大，各个省份研发资本存量水平并不平衡，这有可能导致各省份技术吸收能力存在较大差异。

表 5-2　2003~2020 年样本数据描述

| 变量 | 样本数 | 均值 | 最大值 | 最小值 | 标准差 |
|---|---|---|---|---|---|
| $\ln TFP_{it}$ | 558 | -0.7924 | 0.8964 | -2.1690 | 0.6083 |
| $\ln SF_{it}^{ofdi}$ | 558 | 1.7175 | 7.0536 | -7.7213 | 2.5522 |
| $\ln SF_{it}^{fdi}$ | 558 | 0.9608 | 4.4174 | -6.8531 | 2.0247 |
| $\ln SF_{it}^{im}$ | 558 | 4.0985 | 9.5932 | -1.8882 | 2.2112 |
| $\ln SRD_{it}$ | 558 | 4.0709 | 8.0585 | -3.5376 | 2.0792 |

## 5.3　实证结果及分析

为保证实证结果的有效性与真实性，在对样本数据进行实证检验之前，有必要对各个变量进行多重共线性与相关系数检验，各解释变量相关系数的具体检验结果见表 5-3。

表 5-3　各变量相关系数检验

| 变量 | $\ln TFP_{it}$ | $\ln SF_{it}^{ofdi}$ | $\ln SF_{it}^{fdi}$ | $\ln SF_{it}^{im}$ | $\ln SRD_{it}$ |
|---|---|---|---|---|---|
| $\ln TFP_{it}$ | 1.0000 | | | | |
| $\ln SF_{it}^{ofdi}$ | 0.3680 | 1.0000 | | | |
| $\ln SF_{it}^{fdi}$ | 0.1459 | 0.0755 | 1.0000 | | |
| $\ln SF_{it}^{im}$ | 0.1398 | 0.3706 | 0.2319 | 1.0000 | |
| $\ln SRD_{it}$ | 0.3192 | 0.3043 | 0.2853 | 0.2326 | 1.0000 |

在表 5-3 的检验结果中，最大的相关系数为 0.3706，最小的相关系数为 0.0755，说明各解释变量之间不存在较大的相关性。除了相关系数检验以外，本书同时进行了多重共线性检验。方差膨胀因子能够直接体现多重共线性关系，通常来说，方差膨胀因子越大，越容易出现多重共线性问题。检验结果表明，方差膨胀因子 VIF 值的最大值为 3.90，存在严重多重共线性问题的可能性不大，估计结果具有合理性、有效性。

异方差检验结果显示 P 值为 0，强烈拒绝没有异方差的原假设，样本数据存在异方差。组内自相关检验 P 值为 0，存在组内自相关。本书运用 Friedman（1937）检验、Frees（1995, 2004）检验、Pesaran（2004）检验三种方法进行组间同期相关检验，三种检验方法的 P 值都小于 0.01，所以本书认为样本数据存在组间同期相关。豪斯曼检验是判断使用固定效应模型还是随机效应模型的有效检验方法，豪斯曼检验结果显示应使用固定效应模型（P 值为 0.0000）。可行广义最小二乘法（FGLS）与固定效应模型相比，更有估计效率，而且可以同时考虑到异方差、组内自相关、组间同期相关三个问题，所以本书运用 FGLS 估计方法对逆向技术溢出效应的存在性进行检验。

实证结论认为，中国对外投资过程中的逆向技术溢出效应较为显著，OFDI 逆向技术溢出对国内全要素生产率具有积极影响，OFDI 逆向技术溢出促进了国内技术进步，OFDI 逆向技术溢出每增加 1%，全要素生产率水平就会相应地增加 0.08%，同时外商直接投资、进口两种渠道也产生了技术溢出，国内研发资本存量与全要素生产率之间存在正相关关系。基于 FGLS 回归（2）各解释变量的影响系数和 z 值，可以发现，在 1% 的显著性水平下，FDI 技术溢出增加 1%，国内全要素生产率水平将上升 0.07%。研发资本存量对全要素生产率的影响显著为正，研发资本存量的实证影响系数为 0.0338，即研发资本存量上升 1%，全要素生产率将提高 0.03%。进口技术溢出在 1% 的显著性水平下与全要素生产率的关系呈现正相关，进口技术溢出增加 1%，全要素生产率水平将提高

0.05%（见表 5-4）。

表 5-4　实证检验结果

| 变量 | 固定效应 | 随机效应 | FGLS 回归（1） | FGLS 回归（2） |
|---|---|---|---|---|
| $\ln SF_{it}^{ofdi}$ | 0.0382 *<br>（1.93） | 0.0415 **<br>（2.15） | 0.0790 ***<br>（115.90） | 0.0766 ***<br>（107.83） |
| $\ln SF_{it}^{fdi}$ | 0.0253 *<br>（1.88） | 0.0279 **<br>（2.13） | 0.0671 ***<br>（73.71） | 0.0721 ***<br>（145.21） |
| $\ln SF_{it}^{im}$ | 0.0316 **<br>（2.17） | 0.0323 **<br>（2.23） | -0.0014<br>（-1.35） | 0.0461 ***<br>（3.92） |
| $\ln SRD_{it}$ | 0.0907 ***<br>（3.29） | 0.0863 ***<br>（3.21） | 0.0252 ***<br>（22.60） | 0.0338 ***<br>（24.81） |
| 常数项 | -1.0721 ***<br>（-12.10） | -1.0559 ***<br>（-8.37） | -0.9638 ***<br>（-107.22） | -0.4298 ***<br>（-126.14） |
| 时间效应 | 否 | 否 | 否 | 是 |
| 地区效应 | 否 | 否 | 否 | 是 |
| F 值/Wald 检验 | 63.72<br>（0.0000） | 259.15<br>（0.0000） | 39880.18<br>（0.0000） | 281548.69<br>（0.0000） |
| 样本数 | 558 | 558 | 558 | 558 |

注：*** 、** 、* 分别指的是 1%、5% 和 10% 的显著性水平，括号内为 t 值或 z 值。

　　第 3 章中对中国对外直接投资的地区现状进行了细致分析，可以发现我国东中西部三大地区的对外直接投资存在较大差异。对外直接投资的差异性使得三个地区的 OFDI 逆向技术溢出效应之间也存在较大区别。为了进一步检验东中西部地区的逆向技术溢出效应，本书将样本数据分为东部、中部和西部三个地区，分析 OFDI 逆向技术溢出的地区差异。

　　本书对东部、中部与西部地区的样本数据进行异方差、组内自相关与组间同期相关检验，检验结果表明：东部地区样本数据存在异方差（P 值为 0）、组内自相关（P 值为 0）和组间同期相关问题（三种检验的 P 值都小于 0.01）；中部地区样本数据存在异方差（P 值为 0）、组内自相关（P 值为 0）和组间同期相关问题（三种检验的 P 值都小于 0.01）；西部地区样本数据存在异方差（P 值为 0）、组内自相关（P 值为 0）和组间同期相关问题（三种检验的 P 值都小于 0.01）。通过豪斯曼检验，确定东中西部样本数据采用固定效应模型还是随机效应模型，检验结果表明，东部地区 P 值为 0.0000，中部地区 P 值为 0.7453，西部地区 P 值为 0.4243，因此，东部地区样本数据应使用固定效应模型，中部和西部地区样本数据应使用随机效应模型。考虑到三个地区样本数据的异方差、组间组内相关问题，与之前全部样本数据的实证方法一样，本书运用 FGLS 估计方法进行实证检验，同时列出固定效应、随机效应回归结果。

　　分地区实证结论（见表 5-5）表明，东部、中部与西部的对外直接投资均存在逆向技术溢出效应，OFDI 逆向技术溢出对三个地区的全要素生产率产生了积极影响。其中，东部地区 OFDI 逆向技术溢出对全要素生产率的影响系数最大，东部地区的 OFDI 逆向技术溢出对技术进步的积极影响最明显，其次是中部地区，西部地区 OFDI 逆向技术溢出对全要素生产率的影响最小，这可能是因为在三大地区中东部地区对外直接投资规模最大，其获得的逆向技术溢出也最多。西部地区经济发展水平提高将促进该地区对外投资量不断增加，西部地区的逆向技术溢出将不断增强。

表 5-5　分地区实证检验结果

| 变量 | 东部 | | 中部 | | 西部 | |
|---|---|---|---|---|---|---|
| | 固定效应 | FGLS 回归 | 随机效应 | FGLS 回归 | 随机效应 | FGLS 回归 |
| $\ln SF_{it}^{ofdi}$ | 0.0909 *** (3.63) | 0.0821 *** (13.28) | 0.0150 (0.29) | 0.0240 *** (6.14) | 0.0360 (1.19) | 0.0208 *** (38.43) |
| $\ln SF_{it}^{fdi}$ | 0.0096 (0.80) | 0.0536 *** (19.19) | −0.0548 (−0.99) | 0.1617 *** (22.98) | 0.0602 ** (2.23) | 0.0225 *** (19.88) |
| $\ln SF_{it}^{im}$ | 0.0221 (1.45) | 0.0371 *** (15.45) | −0.0159 (−0.39) | 0.0659 *** (9.77) | −0.0348 (−1.33) | 0.1363 *** (33.99) |
| $\ln SRD_{it}$ | 0.0568 * (1.76) | 0.2237 *** (64.22) | 0.0873 (1.19) | 0.0190 *** (3.44) | 0.1046 ** (2.36) | 0.0219 *** (4.87) |
| 常数项 | −0.8978 *** (−8.19) | −1.1974 *** (−41.96) | −1.3951 *** (−5.05) | −1.1313 *** (−27.68) | −1.0989 *** (−8.66) | −0.5686 *** (−31.67) |

| 变量 | 东部 | | 中部 | | 西部 | |
|---|---|---|---|---|---|---|
| | 固定效应 | FGLS 回归 | 随机效应 | FGLS 回归 | 随机效应 | FGLS 回归 |
| F 值/Wald<br>检验 | 77.28<br>(0.0000) | 6553.83<br>(0.0000) | 59.71<br>(0.0000) | 881.89<br>(0.0000) | 27.38<br>(0.0000) | 3303.83<br>(0.0000) |
| 样本数 | 198 | 198 | 144 | 144 | 216 | 216 |

注：\*\*\*、\*\*、\* 分别指的是 1%、5% 和 10% 的显著性水平，括号内为 t 值或 z 值。

对比东部地区全要素生产率的各个影响因素，可以发现，国内研发资本存量的影响显著为正，且系数最大，说明国内研发是促进东部地区技术进步的重要因素，在 1% 的显著性水平下，国内研发资本存量每增加 1%，东部地区全要素生产率将提高 0.22%。同时，研发资本存量的增加也有利于中部、西部地区的全要素生产率水平提升，研发资本存量增加 1%，中部地区 TFP 水平将提升 0.019%，西部地区 TFP 水平将提升 0.022%。说明国内研发投入对全要素生产率的促进作用非常显著，研发投入是技术创新的重要支撑。通过增加国内研发投入，推动技术创新、发明和进步，有助于走出科技创新困境，提升关键技术核心竞争力。

与大部分已有国内外研究的结论一致，外商直接投资促进技术、知识跨越国界，产生国际技术溢出。FDI 技术溢出有利于三个地区全要素生产率的上升，外商直接投资技术溢出因素在中部地区的影响最大，中部地区 FDI 技术溢出的影响系数大于东部地区，外商直接投资技术溢出因素在西部地区的影响最小。中部地区应该积极引进外资，合理引导外资流向，发挥 FDI 的技术溢出作用，学习外资企业知识、管理经验，吸收 FDI 技术溢出。通过进口贸易获得的技术溢出对技术进步具有正向影响，且这种影响均在 1% 的水平下显著，其中进口技术溢出对西部地区全要素生产率的影响系数最大，对东部地区全要素生产率的影响系数最小。进口技术溢出增加 1%，西部地区全要素生产率将提高 0.14%，东部地区 TFP 将提高 0.037%，中部地区 TFP 将提高 0.066%。这说明进口贸易是产生国际技术溢出的重要渠道，进口技术溢出促进了我国东部、中部和西部地区技术进步，通过进口贸易获得技术溢出，促进西部地区全要素生产率的提高，加快西部地区技术进步。

表 5-4 与表 5-5 的实证检验结果表明了 OFDI 逆向技术溢出的增加对全要素生产率具有正向作用，可以认为在中国对外直接投资的过程中，产生了逆向技术溢出效应，这种逆向技术溢出效应在东部、中部和西部地区都很显著，体现了 OFDI 逆向技术溢出与全要素生产率之间的线性关系。

## 5.4  稳健性检验

在计算全要素生产率时，较常采用的方法为索洛剩余法。参考张军、施少华（2003）等学者对全要素生产率的测算方法，本书使用索洛剩余法对样本省份的全要素生产率进行重新计算，索洛剩余法基于 $Y = AK^{\alpha}L^{\beta}$ 函数，其中 $\alpha+\beta = 1$，$Y$ 是各省份经过折算的 GDP 数据，$K$ 是各省份的固定资本存量，$L$ 指的是各省份每年的就业人数。各省份历年的 GDP、GDP 平减指数、固定资产形成额等样本数据来自历年中国和各省份统计年鉴以及《中国人口和就业统计年鉴》。经过计算，$\alpha = 0.3182$，$\beta = 0.6818$，按照 $Y = AK^{\alpha}L^{\beta}$ 函数，可以计算出历年全国各省份的全要素生产率。

除了对被解释变量的指标数据进行重新计算以外，在各省份 OFDI 逆向技术溢出的计算中，采用 Potterie 和 Lichtenberg（2001）的方法重新测算 OFDI 逆向技术溢出，替换了 OFDI 逆向技术溢出的样本数据，并对 OFDI 逆向技术溢出效应进行了重新检验。

内生性问题也是稳健性检验中需要考虑的问题，解释变量与被解释变量可能存在双向因果关系，对实证结果的准确性与真实性造成影响。一方面，逆向技术溢出的增加有利于促进全要素生产率的提高；另一方面，全要素生产率的提高促进经济发展水平的上升，增加对外直接投资，增强 OFDI 逆向技术溢出效应。本书运用 OFDI 逆向技术溢出的滞后一期作为工具变量，这是一种很常见的工具变量选取方法，运用二阶段最小二乘法（2SLS）进行估计。

表 5-6 中第（1）列和第（2）列运用索洛剩余法对全要素生产率进行了重新计算，第（3）列和第（4）列重新计算了 OFDI 逆向技术溢出，稳健性检验结果表明，中国对外直接投资存在显著的逆向技术溢出效应，各个变量的正负性、显著性没有出现明显差异，说明表 5-4 中的实证结果是稳健的。第（5）列与第（6）列运用工具变量法进行回归，检验结果说明各个解释变量的影响系数没有出现较大改变，OFDI 逆向技术溢出、FDI 技术溢出、国内研发资本存量与进口技术溢出对国内技术进步的影响依然显著。

表 5-6 稳健性检验

| 变量 | （1） | （2） | （3） | （4） | （5） | （6） |
|---|---|---|---|---|---|---|
| $\ln SF_{it}^{ofdi}$ | 0.0816*** (144.05) | 0.1008*** (96.15) | 0.0195*** (17.49) | 0.0093*** (13.42) | 0.0923*** (3.27) | 0.2187*** (5.64) |
| $\ln SF_{it}^{fdi}$ | 0.0184*** (56.65) | 0.0293*** (54.38) | 0.0807*** (96.94) | 0.0866*** (157.96) | 0.2075*** (5.87) | 0.1646*** (3.97) |
| $\ln SF_{it}^{im}$ | 0.0154*** (22.47) | 0.0188*** (15.48) | 0.0104*** (11.42) | 0.0243*** (22.61) | 0.1826*** (3.41) | 0.2162*** (3.32) |
| $\ln SRD_{it}$ | 0.0454*** (52.00) | 0.0540*** (36.72) | 0.0881*** (61.13) | 0.1027*** (73.27) | 0.1006*** (21.30) | 0.8014*** (12.71) |
| 常数项 | −0.2007*** (−60.27) | 0.0231*** (5.66) | −1.1534*** (−117.71) | −0.7051*** (−246.36) | −2.8429*** (−16.04) | −0.8093** (−2.07) |
| 地区效应 | 否 | 是 | 否 | 是 | 否 | 是 |
| 时间效应 | 否 | 是 | 否 | 是 | 否 | 是 |
| F 值/Wald 检验 | 106076.48 (0.0000) | 228471.34 (0.0000) | 25323.04 (0.0000) | 635400.71 (0.0000) | 481.50 (0.0000) | 357.16 (0.0000) |
| 样本数 | 558 | 558 | 558 | 558 | 527 | 527 |

注：括号内数值为 z 值，***、**、*分别指的是 1%、5% 和 10% 的显著性水平。

# 5.5  本章小结

本章构建了 OFDI 逆向技术溢出的实证指标，以全要素生产率的提高来衡量中国的技术进步，利用 2003～2020 年中国对外直接投资的面板样本数据，探讨 OFDI 逆向技术溢出的存在性。研究结论表明 OFDI 逆向技术溢出与国内全要素生产率之间存在正相关关系，OFDI 逆向技术溢出促进了国内技术进步，中国 OFDI 逆向技术溢出增加 1%，国内全要素生产率水平将提高 0.08%。中国对外直接投资存在逆向技术溢出效应，外商直接投资技术溢出、进口技术溢出与国内研发资本存量是促进国内全要素生产率提高的积极因素。东部、中部和西部地区逆向技术溢出对技术进步的影响系数都为正，三大地区通过对外直接投资都获得了逆向技术溢出，说明全国对外直接投资均产生了积极的逆向技术溢出效应。同时，OFDI 逆向技术溢出回归系数值在东部地区最大，中部地区次之，西部地区最小。研发资本存量是促进东部地区技术进步的正向因素，这种积极影响在东部地区最明显。外商直接投资技术溢出是促进三个地区技术进步的显著正向影响因素。进口技术溢出对西部地区技术进步的影响系数最大，对东部地区的影响系数最小。本章的实证检验结果佐证了"中国 OFDI 存在逆向技术溢出效应"的观点，说明了中国对发达国家直接投资存在"技术获取"动机，验证了第 4 章的理论分析结论。

# 第6章 中国 OFDI 逆向技术溢出效应的影响因素

第5章的研究结论表明中国对外直接投资存在显著的逆向技术溢出效应，因此，运用翔实的样本数据和规范的实证方法探析中国 OFDI 逆向技术溢出效应的影响因素十分必要。这不仅可以拓宽中国 OFDI 逆向技术溢出效应的研究视角，丰富中国 OFDI 逆向技术溢出效应的研究，而且有利于提升 OFDI 逆向技术溢出效应的有效利用水平，进而充分发挥其对母国技术水平和创新能力的积极作用。

## 6.1 指标选取与模型构建

### 6.1.1 指标选取

**1. OFDI 逆向技术溢出效应**

中国 OFDI 逆向技术溢出效应的计算参照第5章中式（5-7）的计算方法。

**2. 东道国投资便利化水平**

借鉴崔日明和黄英婉（2016）、张亚斌（2016）、刘永辉和赵晓晖（2021）等学者的做法，本书选取了四个一级指标和 18 个二级指标，运用主成分分析法构建投资便利化综合评价模型衡量各国的投资便利化水平，这四个指标包括基础设施、制度质量、投资环境、金融与电子商务，各个指标都选取了相应的二级指标，具体的指标选取及说明见表6-1。

表6-1　指标选取说明

| 一级指标 | 二级指标 | 取值范围 | 数据来源 | 属性 |
|---|---|---|---|---|
| 基础设施 | 公路质量 F1 | 1~7 | GCR | 正 |
| | 铁路基础设施建设质量 F2 | 1~7 | GCR | 正 |
| | 港口基础设施建设质量 F3 | 1~7 | GCR | 正 |
| | 机场基础设施建设质量 F4 | 1~7 | GCR | 正 |
| 制度质量 | 司法独立 I1 | 1~7 | GCR | 正 |
| | 政府决策透明度 I2 | 1~7 | GCR | 正 |
| | 法律框架在解决争端中的效率 I3 | 1~7 | GCR | 正 |
| | 贪污腐败印象指数 I4 | 0~100 | 透明国际 | 正 |
| 投资环境 | 规则对 FDI 的商业影响 M1 | 1~7 | GCR | 正 |
| | 非正常支付和贿赂 M2 | 1~7 | GCR | 正 |
| | 劳资关系合作 M3 | 1~7 | GCR | 正 |
| | 薪酬和生产力 M4 | 1~7 | GCR | 正 |
| | 产业集群发展状况 M5 | 1~7 | GCR | 正 |
| 金融与电子商务 | 金融服务的可得性 E1 | 1~7 | GCR | 正 |
| | 金融服务的可负担性 E2 | 1~7 | GCR | 正 |
| | 政府在线服务指数 E3 | 0~1 | GITR | 正 |
| | B2C 电子商务使用程度 E4 | 1~7 | GITR | 正 |
| | 企业对新技术的吸收 E5 | 1~7 | GCR | 正 |

本书的二级指标数据来自《全球竞争力报告》(*The Global Competitiveness Report*)、透明国际（Transparency International）、《全球信息技术报告》(*The Global Information Technology Report*)，样本数据的得分取值范围见表6-1。

参照以往学者（曾铮、周茜，2008；柴利、董晨，2019）对贸易投资便利化等级的划分，本书将投资便利化水平划分为四个等级：0.8分以上为十分便利，0.7~0.8分为比较便利，0.6~0.7分为一般便利，0.6

分以下为不便利。测算结果发现，经济发展水平较高的国家投资便利化水平也相对较高。

### 3. 东道国金融发展水平

学者们对金融发展与 FDI 之间的关系进行了一定的研究，得出的研究结论不尽相同。冼国明、冷艳丽（2016）认为金融发展和 FDI 之间存在显著的空间自相关性，金融发展对 FDI 流入具有负向影响。文淑惠、张诣博（2020）的研究结论表明共建"一带一路"国家金融效率低下会对 FDI 溢出效应产生负向影响，外商直接投资对经济增长的影响受东道国金融发展水平的影响。庄毓敏等（2020）的研究发现东道国金融发展水平的提升与企业研发投入之间呈现正向关系。本书选取各国金融部门提供的国内信贷占 GDP 的比重衡量各国金融发展水平，以进一步探讨东道国金融发展水平对 OFDI 逆向技术溢出效应的影响。各国金融部门信贷占比数据来自世界银行数据库（World Bank Database）。

### 4. 东道国经济自由度

经济自由度较高的国家，市场发展水平较高，外资在其国内受到的投资保护和壁垒限制将较少。朱福林（2019）以 105 个国家（地区）的数据为样本，考察了经济自由度对国际 R&D 溢出效应的影响，实证结果表明，经济自由度较高能够显著促进国际 R&D 溢出效应的产生，进而促进国际 R&D 溢出效应对技术进步正向作用的发挥。陈国荣、邓晶（2021）的研究认为外资竞争与东道国经济自由度之间存在正相关关系。东道国经济自由度水平数据来自美国遗产基金会的历年统计数据。

### 5. 东道国技术创新水平

东道国研发实力和技术创新水平较高，对于他国技术获取型 FDI 将具有较大的吸引力，鉴于美国在高技术领域和创新前沿的国际位置，美国一直是各国外资青睐的市场。而庞大的消费市场、廉价的劳动力和优惠的引资政策吸引了各国外商来中国进行直接投资。本书选取各国居民专利申请数量来衡量东道国的技术创新水平，各国的专利申请数量数据来自世界银行数据库。

### 6. 东道国劳动力素质

劳动力素质是一国劳动力质量的直接体现，对吸收外资和对外直接投资也产生一定影响（马晓科，2013；Erdogan and Unver，2015；刘凯等，2016；Meidayati，2017；姚晓兵、陈瑛，2019）。本书运用接受过高等教育的劳动力人数占劳动力总人数的比重衡量东道国劳动力素质，数据来自 EPS 数据库中的世界经济发展数据库。

### 7. 东道国政府治理水平

在企业做对外投资决策时通常较为关注东道国的营商环境，而东道国政府治理水平是评估营商环境的构成指标之一。学术界关于东道国政府治理水平与企业投资之间关系的研究日益丰富，王建、张宏（2011）的研究发现政府施政有效性是促进中国 OFDI 流量增加的显著正相关影响因素。谢孟军（2016）的文章对政府治理与资本跨国流动之间的关系进行了理论研究和实证分析，结果表明，政府治理水平对外资的进入决策没有明显影响，但对外资规模具有正向作用。袁其刚等（2018）认为东道国政府治理水平会对中国企业的 OFDI 区位选择构成影响，且这种影响是正向的。付韶军（2018）的研究结论与袁其刚等（2018）相似。陈伟光等（2020）的研究结果则表明 RCEP 国家的政府治理水平与中国OFDI 之间并不存在明显的相关性。本书东道国政府治理水平的数据来自《世界治理指标》中的"Government Effectiveness"。

### 8. 东道国政策不确定性

自 2008 年全球金融危机之后，经济政策不确定性逐渐受到学术界的关注，相应的研究日益丰富。Kang 等（2013）的研究中发现经济政策的不确定性与企业层面的不确定性相互影响，进而抑制企业的投资决策。企业层面不确定性较高的企业和处于经济衰退时期的企业对于经济政策不确定性的影响更加敏感，大型上市公司的投资决策受政策不确定性的影响较小。贾玉成、张诚（2018）以中国企业跨国并购的数据为样本，考察了经济周期、经济政策不确定性与跨国并购之间的关系，结果表明，经济政策不确定性与中国跨国并购之间存在正相关关系，2008 年金融危机后，"逆周期"跨国并购行为更为突出。借鉴以往学者的做法（顾夏铭等，2018），本书中东道国政策不确定性指数的原始数据采用了 Baker 等（2016）编制的月度指数，选取 17 个国家运用算术平均法计算了各国的年度经济政策不确定性指数。[①]

9. 东道国国际投资保护程度

国际投资保护程度选取了外资限制指数进行衡量，该指数的值在 0～1，一国的外资限制指数的数值越大，代表该国对外资的限制程度越高，开放程度越低。外资限制指数来源于 OECD 数据库。余官胜（2020）的研究结果表明，东道国投资保护程度与我国的对外直接投资波动之间存在正相关关系，东道国政府制度环境的改善能够有效缓解这种对外直接投资波动，且能够降低东道国投资保护对对外直接投资的不利影响。

限于 OECD 数据库中外资限制指数的可得性和数据的连续性，本书的样本数据时间区间为 2010～2020 年，样本国家为中国对外直接投资的 33 个国家（具体国家名单详见第 5 章）。

根据 OECD 公布的外资限制指数，2020 年，全球外资限制程度最高的六个国家（地区）分别是利比亚（0.713）、约旦河西岸和加沙地带（0.388）、菲律宾（0.374）、印度尼西亚（0.347）、阿尔及利亚和泰国（0.268）（见表 6-2）。

---

[①] 选取的 17 个国家分别为：澳大利亚、加拿大、爱尔兰、日本、韩国、墨西哥、荷兰、西班牙、瑞典、美国、德国、法国、英国、希腊、意大利、新加坡、比利时。

表 6-2　2003~2020 年外资限制指数排名前 10 位国家（地区）

| 排名 | 2003 年 | | 2010 年 | | 2014 年 | | 2018 年 | | 2020 年 | |
|---|---|---|---|---|---|---|---|---|---|---|
| 1 | 中国 | 0.577 | 中国 | 0.436 | 中国 | 0.432 | 菲律宾 | 0.374 | 利比亚 | 0.713 |
| 2 | 马来西亚 | 0.455 | 菲律宾 | 0.417 | 菲律宾 | 0.406 | 印度尼西亚 | 0.347 | 约旦河西岸和加沙地带 | 0.388 |
| 3 | 越南 | 0.435 | 沙特阿拉伯 | 0.393 | 沙特阿拉伯 | 0.393 | 沙特阿拉伯 | 0.288 | 菲律宾 | 0.374 |
| 4 | 菲律宾 | 0.419 | 印度尼西亚 | 0.319 | 印度尼西亚 | 0.39 | 泰国 | 0.268 | 印度尼西亚 | 0.347 |
| 5 | 印度 | 0.418 | 越南 | 0.3 | 缅甸 | 0.384 | 中国 | 0.262 | 阿尔及利亚 | 0.268 |
| 6 | 印度尼西亚 | 0.365 | 泰国 | 0.296 | 约旦 | 0.299 | 俄罗斯 | 0.26 | 泰国 | 0.268 |
| 7 | 俄罗斯 | 0.338 | 马来西亚 | 0.29 | 泰国 | 0.291 | 马来西亚 | 0.252 | 俄罗斯 | 0.262 |
| 8 | 泰国 | 0.295 | 印度 | 0.285 | 越南 | 0.281 | 约旦 | 0.243 | 马来西亚 | 0.257 |
| 9 | 土耳其 | 0.283 | 新西兰 | 0.24 | 印度 | 0.258 | 新西兰 | 0.235 | 新西兰 | 0.235 |
| 10 | 加拿大 | 0.263 | 墨西哥 | 0.211 | 马来西亚 | 0.254 | 印度 | 0.212 | 约旦 | 0.22 |

资料来源：OECD 数据库。

　　2020 年外资限制程度最低的五个国家分别为科索沃（0.001）、卢森堡（0.004）、葡萄牙（0.007）、斯洛文尼亚（0.007）、捷克（0.01）（见表 6-3）。

表 6-3　2003~2020 年外资限制指数排名后 10 位国家（地区）

| 排名 | 2003 年 | | 2010 年 | | 2014 年 | | 2018 年 | | 2020 年 | |
|---|---|---|---|---|---|---|---|---|---|---|
| 1 | 卢森堡 | 0.004 | 卢森堡 | 0.004 | 卢森堡 | 0.004 | 科索沃 | 0.001 | 科索沃 | 0.001 |
| 2 | 荷兰 | 0.02 | 葡萄牙 | 0.007 | 葡萄牙 | 0.007 | 卢森堡 | 0.004 | 卢森堡 | 0.004 |
| 3 | 斯洛文尼亚 | 0.021 | 斯洛文尼亚 | 0.007 | 斯洛文尼亚 | 0.007 | 葡萄牙 | 0.007 | 葡萄牙 | 0.007 |
| 4 | 捷克 | 0.023 | 罗马尼亚 | 0.009 | 罗马尼亚 | 0.009 | 斯洛文尼亚 | 0.007 | 斯洛文尼亚 | 0.007 |
| 5 | 阿根廷 | 0.025 | 捷克 | 0.012 | 捷克 | 0.01 | 罗马尼亚 | 0.009 | 捷克 | 0.01 |
| 6 | 德国 | 0.03 | 荷兰 | 0.015 | 荷兰 | 0.015 | 捷克 | 0.01 | 荷兰 | 0.015 |
| 7 | 西班牙 | 0.036 | 芬兰 | 0.019 | 爱沙尼亚 | 0.018 | 荷兰 | 0.015 | 罗马尼亚 | 0.015 |
| 8 | 丹麦 | 0.038 | 西班牙 | 0.021 | 芬兰 | 0.019 | 爱沙尼亚 | 0.018 | 爱沙尼亚 | 0.018 |

续表

| 排名 | 2003 年 | | 2010 年 | | 2014 年 | | 2018 年 | | 2020 年 | |
|------|---------|------|---------|------|---------|------|---------|------|---------|------|
| 9 | 爱沙尼亚 | 0.039 | 拉脱维亚 | 0.022 | 立陶宛 | 0.019 | 芬兰 | 0.019 | 格鲁吉亚 | 0.018 |
| 10 | 葡萄牙 | 0.043 | 立陶宛 | 0.022 | 拉脱维亚 | 0.02 | 立陶宛 | 0.019 | 芬兰 | 0.019 |

资料来源：OECD 数据库。

## 6.1.2 模型构建

本书的实证模型构建如下：

$$\ln SF_{it}^{ofdi} = \alpha_0 + \beta_0 \ln TF_{it} + \beta_1 \ln FIC_{it} + \beta_2 \ln EFI_{it} + \beta_3 \ln TI_{it} + \beta_4 \ln EDU_{it} + \beta_5 \ln GE_{it}$$
$$+ \beta_6 \ln EPU_{it} + \beta_7 \ln FDIR_{it} + \mu_i + \varepsilon_{it} \quad (6-1)$$

$\ln SF_{it}^{ofdi}$ 指的是被解释变量——OFDI 逆向技术溢出效应，$\ln TF_{it}$ 指的是东道国投资便利化水平，$\ln FIC_{it}$ 指的是东道国金融发展水平，$\ln EFI_{it}$ 指的是东道国经济自由度，$\ln TI_{it}$ 指的是东道国技术创新水平，$\ln EDU_{it}$ 指的是东道国劳动力素质，$\ln GE_{it}$ 指的是东道国政府治理水平，$\ln EPU_{it}$ 指的是东道国政策不确定性，$\ln FDIR_{it}$ 指的是东道国国际投资保护程度。

中国 OFDI 逆向技术溢出效应的标准差为 566182.4，说明在中国对外直接投资的 33 个国家中，逆向技术溢出效应的差异性较大。各国外资限制指数的最小值为 0.004，最大值为 0.24。各国技术创新水平的标准差是 68632.32，说明各国在技术创新方面也存在较大差异。经济政策不确定性也存在较大的国家异质性，经济政策不确定性的标准差为 81.5654。各国的投资便利化水平最小值为 0.4083，最大值为 0.8741（见表 6-4）。

表 6-4 各变量描述性统计

| 变量 | 样本数 | 平均值 | 标准差 | 最小值 | 最大值 |
|------|--------|--------|--------|--------|--------|
| $SF_{it}^{ofdi}$ | 363 | 276989.4 | 566182.4 | 28.494 | 4065385 |
| $TF_{it}$ | 363 | 0.5975 | 0.0907 | 0.4083 | 0.8741 |

续表

| 变量 | 样本数 | 平均值 | 标准差 | 最小值 | 最大值 |
|------|--------|--------|--------|--------|--------|
| $FIC_{it}$ | 352 | 143.7428 | 65.1530 | 43.6448 | 389.2329 |
| $EFI_{it}$ | 363 | 71.6019 | 6.7843 | 53.2 | 89.4 |
| $TI_{it}$ | 363 | 24934.77 | 68632.32 | 20 | 295327 |
| $EDU_{it}$ | 330 | 77.8663 | 6.9270 | 27.6 | 86.86 |
| $GE_{it}$ | 363 | 85.5257 | 11.8049 | 45.67 | 100 |
| $EPU_{it}$ | 209 | 157.3939 | 81.5654 | 27.0009 | 569.7975 |
| $FDIR_{it}$ | 363 | 0.0629 | 0.0567 | 0.004 | 0.24 |

## 6.2 实证检验及结果分析

本书首先对各个变量进行多重共线性检验，方差膨胀因子 VIF 的最大值为 3.89，平均值为 1.48，VIF 值小于 10。表 6-5 中各个变量的相关系数检验说明，各个变量之间的相关系数较小，各变量之间存在多重共线性的可能性较小。

表 6-5　变量相关性检验

| 变量 | $\ln SF_{it}^{ofdi}$ | $\ln TF_{it}$ | $\ln FIC_{it}$ | $\ln EFI_{it}$ | $\ln TI_{it}$ | $\ln EDU_{it}$ | $\ln GE_{it}$ | $\ln EPU_{it}$ | $\ln FDIR_{it}$ |
|------|------|------|------|------|------|------|------|------|------|
| $\ln SF_{it}^{ofdi}$ | 1.0000 | | | | | | | | |
| $\ln TF_{it}$ | 0.1178 | 1.0000 | | | | | | | |
| $\ln FIC_{it}$ | 0.3043 | -0.1656 | 1.0000 | | | | | | |
| $\ln EFI_{it}$ | 0.3992 | 0.4845 | 0.2671 | 1.0000 | | | | | |
| $\ln TI_{it}$ | 0.2963 | -0.3567 | 0.3078 | 0.0205 | 1.0000 | | | | |
| $\ln EDU_{it}$ | 0.2278 | -0.2926 | 0.0486 | -0.2351 | -0.1041 | 1.0000 | | | |
| $\ln GE_{it}$ | 0.3343 | 0.1568 | 0.2747 | 0.3828 | 0.1295 | -0.1215 | 1.0000 | | |
| $\ln EPU_{it}$ | -0.2723 | -0.0873 | 0.2429 | -0.0090 | 0.2182 | -0.0144 | 0.1709 | 1.0000 | |
| $\ln FDIR_{it}$ | -0.3123 | -0.0550 | -0.0555 | 0.1901 | 0.4088 | -0.0269 | -0.0698 | -0.2094 | 1.0000 |

为避免内生性问题造成的结果偏差，保证实证结果的一致性和有效

性，本书运用系统 GMM 方法进行实证检验。

AR（1）和 AR（2）的检验结果表明，在 1% 的显著性水平下，系统 GMM 扰动项差分项都存在一阶自相关，不存在二阶自相关，Sargan 检验的结果说明所选取的工具变量都有效，系统 GMM 方法的检验结果非常有效（见表 6-6）。

表 6-6　实证结果（一）

| 变量 | 静态面板 | | 动态面板 | |
|---|---|---|---|---|
| | 随机效应 | FGLS | 差分 GMM | 系统 GMM |
| $\ln SF_{i,t-1}^{ofdi}$ | | | 0.6982 *** <br> （17.27） | 0.6828 *** <br> （33.13） |
| $\ln TF_{it}$ | 0.0064 *** <br> （8.08） | 0.7521 <br> （1.18） | 0.5329 <br> （1.58） | 0.2463 *** <br> （3.84） |
| $\ln EFI_{it}$ | 0.1689 *** <br> （2.87） | 1.8713 ** <br> （2.51） | 1.2068 *** <br> （6.84） | 1.0524 * <br> （1.85） |
| $\ln EDU_{it}$ | −0.0130 <br> （−0.02） | 0.5519 *** <br> （5.84） | −0.8821 <br> （−0.58） | 0.2470 *** <br> （3.51） |
| $\ln GE_{it}$ | −0.3355 <br> （−0.25） | 0.0427 *** <br> （18.27） | 1.3082 <br> （1.37） | 0.7951 *** <br> （3.43） |
| $\ln FDIR_{it}$ | −0.9803 ** <br> （−2.57） | −1.0529 *** <br> （−10.78） | −0.3132 <br> （−0.90） | −0.1274 *** <br> （−11.86） |
| 常数项 | −3.6180 <br> （−0.41） | −5.1242 <br> （−1.29） | −11.0322 *** <br> （−5.07） | 5.2448 * <br> （1.73） |
| Wald 检验 | 84.92 <br> （0.0000） | 990.13 <br> （0.0000） | 3205.52 <br> （0.0000） | 4119.82 <br> （0.0000） |
| 一阶自相关检验 <br> （Z 统计量） | | | −2.8588 <br> （0.0043） | −2.7192 <br> （0.0065） |
| 二阶自相关检验 <br> （Z 统计量） | | | −0.9232 <br> （0.3559） | −0.9877 <br> （0.3233） |
| Sargan 检验（P） | | | 24.60519 <br> （1.0000） | 25.50699 <br> （1.0000） |
| N | 330 | 330 | 270 | 300 |

注：*** 、** 和 * 分别指的是通过 1%、5% 和 10% 的显著性水平检验。

　　投资便利化对于各国吸引国际投资变得越来越重要，各国都在从国内制度、程序、监管和国际合作层面采取各项措施，以提升本国投资便利化水平。实证结论发现，东道国投资便利化水平是促进 OFDI 逆向技术溢出效应的显著正向因素，东道国投资便利化水平提升 1%，OFDI 逆向技术溢出效应将增加 0.25%。东道国国际投资保护程度的提升将对中国对该国的直接投资逆向技术溢出效应产生负向影响，在 1% 的显著性水平下，东道国国际投资保护程度的影响系数为 -0.1274（见表 6-6），说明东道国国际投资保护程度提高 1%，中国通过对东道国直接投资获得的逆向技术溢出效应将减少 0.13%。东道国国际投资保护程度的提高，将降低该国吸收外资的规模，进而产生的逆向技术溢出效应也随之减少。

　　东道国经济自由度与 OFDI 逆向技术溢出效应之间呈现正相关关系，影响系数为 1.0524，说明东道国经济自由度水平越高，中国对该国直接投资后获得的逆向技术溢出效应越大。在当前全球化时代，提高本国经济自由度，有助于增强本国对外资的吸引力，有助于促进本国外资流入。东道国政府治理水平是促进 OFDI 逆向技术溢出效应的正向因素，东道国政府治理水平越高，营商环境越好，越有利于外国资本进入东道国。东道国政府治理水平提高 1%，将促进中国对该国 OFDI 逆向技术溢出效应增加 0.8%。东道国劳动力素质的影响系数显著为正，说明东道国劳动力素质对 OFDI 逆向技术溢出效应产生促进作用。在 1% 的显著性水平下，东道国劳动力素质提高 1%，OFDI 逆向技术溢出效应将增加 0.25%。

　　表 6-7 加入了东道国金融发展水平、东道国技术创新水平后重新进行实证检验，结论发现，各个变量的影响系数大小各不相同。在 1% 的水平上东道国金融发展水平的影响显著为正，当一国金融发展水平提高 1%，我国对该国 OFDI 逆向技术溢出效应增加 0.14%。东道国技术创新水平提升 1%，中国对该国 OFDI 逆向技术溢出效应将增加 0.2%，且在 1% 的水平上显著。东道国政府治理水平提高 1%，OFDI 逆向技术溢出效应将增加 0.78%。东道国经济自由度是影响 OFDI 逆向技术溢出效应的

显著正相关因素，东道国经济自由度每提升 1%，OFDI 逆向技术溢出效应将增加 0.42%。东道国投资便利化水平对中国 OFDI 逆向技术溢出效应的影响在 1% 的显著性水平上为正，当东道国投资便利化水平提高 1% 时，将促进中国对该国的 OFDI 逆向技术溢出效应增加 0.38%。东道国劳动力素质与 OFDI 逆向技术溢出效应之间呈正相关关系，且在 1% 的水平下显著。东道国劳动力素质每提升 1%，OFDI 逆向技术溢出效应将增加 0.31%。东道国国际投资保护程度对 OFDI 逆向技术溢出效应的负向影响仍然十分显著，说明东道国对外资限制程度过高，将不利于母国从东道国中借由投资渠道获得技术溢出。出于维护本国利益及经济主权的考量，部分国家相继出台了外资限制规定和审查措施，新冠疫情后，外资限制强化的趋势更加明显。但在开放经济环境下，过度的投资保护违背市场经济的基本规律，对于国际投资，资金流入国政府在安全审查的基础上，应发挥更多的引导作用。

表 6-7　实证结果（二）

| 变量 | 静态面板 | | 动态面板 | |
|---|---|---|---|---|
| | 随机效应 | FGLS | 差分 GMM | 系统 GMM |
| $\ln SF^{ofdi}_{i,t-1}$ | | | 0.6631 *** <br> （15.00） | 0.6932 *** <br> （40.32） |
| $\ln TF_{it}$ | 0.0724 *** <br> （7.96） | 0.8866 *** <br> （11.33） | 0.5779 <br> （1.16） | 0.3769 *** <br> （3.08） |
| $\ln FIC_{it}$ | 0.3672 <br> （1.06） | 0.6301 *** <br> （9.93） | 0.7099 <br> （1.62） | 0.1375 *** <br> （4.36） |
| $\ln EFI_{it}$ | 0.9897 *** <br> （2.74） | 0.2431 *** <br> （6.80） | 0.9185 *** <br> （3.00） | 0.4146 *** <br> （4.47） |
| $\ln TI_{it}$ | 0.4423 *** <br> （3.25） | 0.5713 *** <br> （11.51） | 0.2458 *** <br> （5.65） | 0.2012 *** <br> （2.68） |
| $\ln EDU_{it}$ | −0.2775 <br> （−0.40） | −0.4996 <br> （−1.45） | 1.5322 <br> （1.04） | 0.3059 *** <br> （4.43） |
| $\ln GE_{it}$ | 0.2236 <br> （0.17） | 0.3734 <br> （0.66） | 0.1707 <br> （0.60） | 0.7795 *** <br> （3.40） |

续表

| 变量 | 静态面板 | | 动态面板 | |
|---|---|---|---|---|
| | 随机效应 | FGLS | 差分 GMM | 系统 GMM |
| $\ln FDIR_{it}$ | $-0.5589$ | $-0.2010^{***}$ | $-0.3005$ | $-1.0715^{*}$ |
| | $(-1.49)$ | $(-4.25)$ | $(-0.69)$ | $(-1.65)$ |
| 常数项 | $-10.7049$ | $-12.3425^{*}$ | $-20.4700^{**}$ | $13.4448^{**}$ |
| | $(-1.24)$ | $(-1.79)$ | $(-2.32)$ | $(2.02)$ |
| Wald 检验 | 97.14 | 2664.87 | 3398.51 | 8917.55 |
| | $(0.0000)$ | $(0.0000)$ | $(0.0000)$ | $(0.0000)$ |
| 一阶自相关检验（Z 统计量） | | | $-2.7319$ | $-2.7312$ |
| | | | $(0.0063)$ | $(0.0063)$ |
| 二阶自相关检验（Z 统计量） | | | $-1.148$ | $-1.1344$ |
| | | | $(0.2510)$ | $(0.2566)$ |
| Sargan 检验（P） | | | 22.90079 | 29.97226 |
| | | | $(0.9964)$ | $(1.0000)$ |
| $N$ | 319 | 319 | 261 | 290 |

注：***、**和*分别指的是通过1%、5%和10%的显著性水平检验。

在表6-8的FGLS（二）列中，各个变量对OFDI逆向技术溢出效应的影响在不同的水平下比较显著，其中东道国国际投资保护程度与中国OFDI逆向技术溢出效应之间呈负相关关系。东道国政策不确定性越大，对OFDI逆向技术溢出效应产生的负向影响则越大。东道国金融发展水平是中国OFDI逆向技术溢出效应的正向影响因素，东道国经济自由度对中国OFDI逆向技术溢出效应的影响在1%的显著性水平下为正。东道国技术创新水平是能够促进中国OFDI逆向技术溢出效应的显著积极影响因素。东道国政府治理水平对中国OFDI逆向技术溢出效应具有积极影响，且在1%的水平上显著。一国投资便利化水平的提升，将促进中国对该国OFDI逆向技术溢出效应的增加。东道国劳动力素质对OFDI逆向技术溢出效应具有显著的正向作用，在劳动力素质较高的国家，外国直接投资对其生产率的影响更大，由此产生的技术溢出效应较大。目的国经济政策不确定性的上升，会影响企业对目的国市场的投资风险判断和投资决策，对企业的对外投资行为造成影响。企业预期政策变动的可能性越大，跨境投资行为和投资模式发生较大改变的可能性越大。受投资行为、投资模式变化的影响，企业通过对外直接投资获得的逆向技术溢出效应也会增加或减少。因此企业应及时关注东道国政策动态，提升市场预期能力，规避政策不确定性风险，注重出口产品技术含量的提升，增强企业产品的技术创新优势，在政策变化中以产品质量取胜。

表 6-8　实证结果（三）

| 变量 | 随机效应（一） | FGLS（一） | 随机效应（二） | FGLS（二） |
|---|---|---|---|---|
| $\ln TF_{it}$ | 0.0724 *** <br> (7.96) | 0.8866 *** <br> (11.33) | 0.4502 *** <br> (7.87) | 0.5311 *** <br> (29.65) |
| $\ln FIC_{it}$ | 0.3672 <br> (1.06) | 0.6310 *** <br> (9.93) | 0.8956 ** <br> (2.19) | 0.4158 *** <br> (31.95) |
| $\ln EFI_{it}$ | 0.9897 *** <br> (2.74) | 0.2431 *** <br> (6.80) | 0.6904 * <br> (1.74) | 0.6845 *** <br> (11.90) |
| $\ln TI_{it}$ | 0.4423 *** <br> (3.25) | 0.5713 *** <br> (11.51) | 0.4911 *** <br> (3.77) | 0.6741 *** <br> (26.59) |
| $\ln EDU_{it}$ | −0.2775 <br> (−0.40) | 0.4996 <br> (−1.45) | 0.3794 <br> (0.57) | 0.4948 *** <br> (12.56) |
| $\ln GE_{it}$ | 0.2236 <br> (0.17) | 0.3734 <br> (0.66) | 0.1297 <br> (0.07) | 0.4240 *** <br> (7.36) |
| $\ln EPU_{it}$ | | | −0.4342 ** <br> (−2.15) | −0.2877 *** <br> (−5.44) |
| $\ln FDIR_{it}$ | −0.5589 <br> (−1.49) | −0.2010 *** <br> (−4.25) | 0.1447 <br> (0.33) | −0.0811 *** <br> (−3.29) |
| 常数项 | −10.7049 <br> (−1.24) | −12.3425 * <br> (−1.79) | −4.1027 <br> (−0.42) | −22.0074 *** <br> (−16.19) |
| Wald 检验 | 97.14 <br> (0.0000) | 2664.87 <br> (0.0000) | 85.27 <br> (0.0000) | 8979.39 <br> (0.0000) |
| $N$ | 319 | 319 | 176 | 176 |

注：*** 、** 和 * 分别指的是通过 1% 、5% 和 10% 的显著性水平检验。

# 6.3　稳健性检验

在稳健性检验中，分别使用替换被解释变量、替换个别解释变量、变换计量方法三种方式。本书运用各国知识产权保护力度重新定义国际投资保护程度，进行实证检验，检验结果见表 6-9 中的第（1）~（3）列。本书运用 Potterie 和 Lichtenberg（2001）的方法重新计算 OFDI 逆向技术溢出效应，替换了 OFDI 逆向技术溢出效应的样本数据，并对 OFDI 逆向技术溢出效应进行了重新检验，回归结果见表 6-10 的第（1）~（3）列。

本书替换总回归模型为固定效应模型来重新验证回归结果，稳健性检验的具体结果如表 6-11 中的第（1）~（3）列所示。本书还运用了算术平均法重新测算各国的投资便利化水平，并进行实证检验，回归结果见表 6-11 的第（4）~（6）列。

表 6-9　稳健性检验结果（一）

| 变量 | （1） | | （2） | | （3） |
|---|---|---|---|---|---|
| | 静态面板 | 动态面板 | 静态面板 | 动态面板 | 静态面板 |
| $\ln SF_{i,t-1}^{ofdi}$ | | 0.8080 *** | | 0.6988 *** | |
| | | （31.20） | | （14.12） | |
| $\ln TF_{it}$ | 0.9661 *** | 0.7445 ** | 0.3241 *** | 0.0608 *** | 0.9889 *** |
| | （5.76） | （2.53） | （15.49） | （4.13） | （23.70） |
| $\ln FIC_{it}$ | | | 0.5702 *** | 0.7968 * | 0.3341 *** |
| | | | （8.57） | （1.85） | （22.54） |
| $\ln EFI_{it}$ | 0.0741 *** | 0.4589 *** | 0.6073 *** | 0.1601 *** | 0.8580 *** |
| | （16.54） | （8.00） | （7.42） | （5.13） | （10.49） |
| $\ln TI_{it}$ | | | 0.6342 *** | 0.1980 *** | 0.6691 *** |
| | | | （16.79） | （2.57） | （20.83） |
| $\ln EDU_{it}$ | 0.5874 *** | 0.5134 ** | 0.7285 *** | 0.4596 *** | 0.4708 *** |
| | （17.73） | （2.15） | （4.28） | （4.63） | （14.31） |
| $\ln GE_{it}$ | 0.4782 *** | 0.8509 *** | 0.4520 *** | 0.8117 *** | 0.5125 *** |
| | （2.85） | （2.67） | （3.66） | （5.37） | （6.77） |

续表

| 变量 | （1） | | （2） | | （3） |
|---|---|---|---|---|---|
| | 静态面板 | 动态面板 | 静态面板 | 动态面板 | 静态面板 |
| $\ln EPU_{it}$ | | | | | −0.3689\*\*\* |
| | | | | | （−4.15） |
| $\ln FDIR_{it}$ | −1.4182\*\* | −0.3360\* | −0.7196\*\*\* | −0.2079\*\*\* | −0.5934\*\*\* |
| | （−2.08） | （−1.81） | （−10.49） | （−2.72） | （−5.70） |
| 常数项 | −26.0385\*\*\* | 4.7179\*\* | −15.3937\*\*\* | −3.3894\*\*\* | −21.0199\*\*\* |
| | （−8.86） | （2.08） | （−2.70） | （−6.43） | （−12.67） |
| 样本量 | 330 | 300 | 319 | 290 | 176 |
| AR（1） | | −2.7040 | | −2.7776 | |
| | | （0.0069） | | （0.0055） | |
| AR（2） | | −0.8921 | | −1.2157 | |
| | | （0.3723） | | （0.2241） | |
| Sargan 检验（P） | | 28.7607 | | 30.2210 | |
| | | （1.0000） | | （1.0000） | |

注：\*\*\*、\*\* 和 \* 分别指的是通过 1%、5% 和 10% 的显著性检验。

**表 6-10　稳健性检验结果（二）**

| 变量 | （1） | | （2） | | （3） |
|---|---|---|---|---|---|
| | 静态面板 | 动态面板 | 静态面板 | 动态面板 | 静态面板 |
| $\ln SF_{i,t-1}^{ofdi}$ | | 0.8648\*\*\* | | 0.6178\*\*\* | |
| | | （37.04） | | （32.11） | |
| $\ln TF_{it}$ | 0.7726\*\*\* | 0.9763\*\*\* | 0.1353\*\*\* | 1.0087\*\*\* | 0.5636\*\*\* |
| | （2.85） | （3.84） | （3.66） | （4.02） | （12.48） |
| $\ln FIC_{it}$ | | | 0.0694\*\*\* | 0.3142\*\* | 0.1468\*\*\* |
| | | | （6.37） | （2.33） | （3.73） |
| $\ln EFI_{it}$ | 0.5627\*\*\* | 0.9746\* | 0.9156\*\*\* | 0.8767\*\* | 0.5142\*\*\* |
| | （3.39） | （1.79） | （3.80） | （2.21） | （5.87） |
| $\ln TI_{it}$ | | | 0.6879\*\*\* | 0.1275\*\* | 0.2972\*\*\* |
| | | | （4.09） | （2.36） | （12.97） |
| $\ln EDU_{it}$ | | | 0.1939\*\*\* | 0.9011\* | 0.9104\*\* |
| | | | （4.18） | （1.92） | （1.97） |
| $\ln GE_{it}$ | 0.7354\*\*\* | 0.4840\*\* | 0.9135\*\*\* | 0.9749\* | 0.6646\*\*\* |
| | （4.29） | （2.14） | （3.53） | （1.73） | （9.26） |

续表

| 变量 | （1） | | （2） | | （3） |
|---|---|---|---|---|---|
| | 静态面板 | 动态面板 | 静态面板 | 动态面板 | 静态面板 |
| $\ln EPU_{it}$ | | | | | −0.4431*** |
| | | | | | （−3.96） |
| $\ln FDIR_{it}$ | −0.2919*** | −0.0533*** | −0.1458** | −0.2913*** | −0.0617*** |
| | （−4.56） | （−4.14） | （−2.43） | （−3.39） | （−3.68） |
| 常数项 | −2.9943* | 1.6722 | 7.3669 | 4.1791* | 12.7924* |
| | （−3.92） | （1.07） | （0.91） | （1.83） | （1.95） |
| 样本量 | 363 | 330 | 319 | 290 | 176 |
| AR（1） | | −2.7709 | | −2.6314 | |
| | | （0.0056） | | （0.0085） | |
| AR（2） | | −0.1345 | | −0.6756 | |
| | | （0.8930） | | （0.4992） | |
| Sargan 检验（P） | | 30.8904 | | 36.3450 | |
| | | （1.0000） | | （1.0000） | |

注：***、**和*分别指的是通过1%、5%和10%的显著性检验。

表 6-11　稳健性检验结果（三）

| 变量 | （1） | （2） | （3） | （4） | （5） | （6） |
|---|---|---|---|---|---|---|
| $\ln TF_{it}$ | 0.3245*** | 0.3328*** | 0.5869*** | 0.4739*** | 0.9421*** | 0.1096*** |
| | （8.33） | （8.11） | （7.30） | （3.05） | （3.76） | （2.79） |
| $\ln FIC_{it}$ | | 0.1406*** | 0.8909** | | 0.0422*** | 0.6022*** |
| | | （2.84） | （2.09） | | （7.67） | （3.09） |
| $\ln EFI_{it}$ | 0.1750*** | 0.6588*** | 0.3266*** | 0.6229*** | 0.1816*** | 0.6167** |
| | （2.73） | （2.90） | （3.29） | （2.71） | （2.93） | （2.00） |
| $\ln TI_{it}$ | | 0.1750*** | 0.2811*** | | 0.2420*** | 0.3698*** |
| | | （3.30） | （5.16） | | （2.59） | （3.57） |
| $\ln EDU_{it}$ | 0.1955*** | 0.3422*** | 0.8396*** | 0.2201*** | 0.3075** | 0.5754*** |
| | （3.04） | （6.55） | （6.94） | （5.54） | （2.46） | （3.46） |
| $\ln GE_{it}$ | 0.2395*** | 0.5573*** | 0.1520*** | 0.1012*** | 0.3696*** | 0.3075*** |
| | （4.79） | （5.00） | （2.62） | （2.61） | （3.72） | （2.74） |
| $\ln EPU_{it}$ | | | −0.4329** | | | −0.2898*** |
| | | | （−2.05） | | | （−3.28） |

| 变量 | （1） | （2） | （3） | （4） | （5） | （6） |
|---|---|---|---|---|---|---|
| $\ln FDIR_{it}$ | -0.6651 *** （-3.85） | -0.8261 *** （-3.27） | -0.0147 *** （-3.41） | -0.0841 ** （-2.55） | -0.2711 *** （-6.02） | -0.3627 *** （-3.50） |
| 常数项 | -1.4064 *** （-4.79） | -0.1630 *** （-5.04） | -7.5388 ** （-2.14） | -8.4519 *** （-8.43） | -7.1540 *** （-3.67） | 19.7526 *** （2.91） |
| 样本量 | 330 | 319 | 176 | 330 | 319 | 176 |
| 地区 | Y | Y | Y | Y | Y | Y |
| 年份 | Y | Y | Y | Y | Y | Y |
| $R^2$ | 0.7216 | 0.7214 | 0.7298 | 0.7719 | 0.7046 | 0.6786 |

表 6-9 至表 6-11 的稳健性检验结果表明，在重新定义 OFDI 逆向技术溢出效应指标和东道国国际投资保护程度指标、变换实证方法之后，各个变量对中国 OFDI 逆向技术溢出效应的影响依然非常显著，系数的正负性也没有发生较大变化，表 6-6、表 6-7 和表 6-8 的实证结果是稳健的，本书的计量结果基本稳健可靠。

## 6.4　本章小结

本章运用 2010~2020 年中国对外直接投资的 33 个主要国家的样本数据，考察中国 OFDI 逆向技术溢出效应的影响因素。实证结果表明：东道国投资便利化水平对 OFDI 逆向技术溢出效应具有正向作用；东道国金融发展水平是促进 OFDI 逆向技术溢出效应的显著正相关因素；东道国经济自由度水平越高，OFDI 逆向技术溢出效应越大；东道国技术创新水平与 OFDI 逆向技术溢出效应之间呈现正相关关系；一国政府治理水平的提高，能够有效促进中国对该国 OFDI 逆向技术溢出效应的增加；东道国政策不确定性是影响 OFDI 逆向技术溢出效应的不利因素；一国的国际投资保护程度越高，他国通过 OFDI 渠道获得的逆向技术溢出效应越少；东道国劳动力素质与 OFDI 逆向技术溢出效应之间呈现正相关关系。

# 第7章　制造业出口技术复杂度的
# 影响因素

中国是"制造出口贸易大国",但中国制造业出口产品缺乏核心技术竞争力,使得很多中国出口企业成为外企产品的"加工厂"。近年来,中国出口产品正在努力摆脱全球价值链中的"低端锁定"位置。根据哈佛大学成长实验室公布的经济复杂性指数,2000年中国排名为第39名,2018年上升至全球第18名。在2020年"全球制造业口碑排行榜"中,德国位居第一,中国没有进入前十,中国制造业产品的技术含量有待提高。数字化、智能化技术迅速发展,为制造业产品质量的提升提供了新助力。厘清中国制造业出口技术复杂度水平的影响因素,对于提升制造业出口产品的技术含量、培育制造业出口竞争新优势、促进制造业出口贸易高质量发展具有重要意义。

## 7.1　指标构建与数据选取

1. 出口技术复杂度（$\ln ETS_{it}$）

以往学者构建的出口技术复杂度指标包括出口重叠指数、出口相似度指数、出口复杂度指数和有限追赶指数等。基于指标数据的可计算性和指标构建的科学性,本书沿用 Hausmann 和 Rodrik（2007）、Xu 和 Lu（2009）构建的出口技术复杂度指数对各省份的出口技术复杂度水平进行测度，同时借鉴陈俊聪和黄繁华（2013）、代中强（2014）的做法，将各省份的出口技术复杂度定义如下：

$$PRODY_i = \sum_{j \in N} \left( \frac{\dfrac{EX_{ij}}{EX_j}}{\sum_{k \in N} \dfrac{EX_{ik}}{EX_k}} \times PGDP_j \right) \tag{7-1}$$

$$ETS_j = \sum_{i \in Q_i} s_{ij} \times PRODY_i \tag{7-2}$$

其中 $EX_{ij}$ 指的是 $i$ 产品在 $j$ 省份的出口额，$EX_j$ 指的是 $j$ 省份的出口总额，$PGDP_j$ 指的是 $j$ 省份的人均 GDP，$PRODY_i$ 指的是 $i$ 产品的出口技术复杂度。人均 GDP 采用 2003 年各省份的 GDP 平减指数进行了折算，消除了物价波动的影响。$\sum_{k \in N} \dfrac{EX_{ik}}{EX_k}$ 指的是商品 $i$ 在所有出口该商品的各省份总出口中的比重的加总，$Q_i$ 是出口商品 $i$ 的集合，$s_{ij}$ 是商品 $i$ 在 $j$ 省份出口中所占的份额。本书选取了 2003~2020 年中国 31 个省份 21 类产品出口数据，[①] 数据来源于国研网对外贸易数据库和《中国工业经济统计年鉴》。

### 2. 技术研发（$\ln RD_{it}$）

技术研发是促进技术进步和提高技术吸收能力的重要因素，技术研发能力越强，技术创新水平越高，技术吸收能力越强，开发新产品的可能性越大，出口商品的技术复杂度越高。技术研发是影响技术溢出的重要因素，技术研发以每年各省份研发支出来衡量，数据来源于历年《中国统计年鉴》和《中国高技术产业统计年鉴》。

### 3. 人力资本（$\ln HR_{it}$）

李磊等（2012）、王永进等（2010）、代中强等（2015）学者的研究

---

① 按照海关 HS 编码，进出口商品构成主要有 22 类产品，本书选取了 21 类产品，剔除了第 19 类（武器、弹药及其零件、附件）产品。

结果表明，人力资本是影响出口技术复杂度的重要因素之一，本书采用各省份平均受教育年限与全国平均受教育年限之比来衡量人力资本，比值的大小代表该省份人力资本水平的高低，平均受教育年限的计算公式如下：

$$\text{平均受教育年限} = \frac{\text{小学教育人数} \times 6 + \text{初中教育人数} \times 9 + \text{高中教育人数} \times 12 + \text{大学教育人数} \times 16}{6 \text{ 岁及以上人口总数}}$$

$$(7-3)$$

各省份受教育程度人口数据来自历年各省份统计年鉴、《中国教育统计年鉴》和《中国人口统计年鉴》。

### 4. 基础设施（$\ln INF_{it}$）

基础设施是经济发展和贸易畅通的基础，良好的基础设施有利于贸易水平的提高。基础设施水平以人均道路面积来衡量，人均道路面积以公路里程数与人口数量之比进行衡量，公路里程数和人口数量来自历年《中国统计年鉴》和中经网统计数据库。

### 5. 对外开放度（$\ln OP_{it}$）

一部分学者运用贸易进出口总额与国内生产总值之比衡量对外开放度（陈丰龙、徐康宁，2014；靳涛、陶新宇，2017；侯建春等，2021），一部分学者采取了经济自由度指标作为对外开放度的代理变量（王恕立等，2014；李心稳、翟爱梅，2021）。本书运用各省份进出口贸易额与生产总值之比衡量对外开放度，原始进出口贸易数据来自历年各省份统计年鉴。

### 6. 外商直接投资（$\ln FDI_{it}$）

外商直接投资被认为是促进国内技术进步的重要因素之一，外商直接投资的增加有利于提高国内市场的自由度，外商直接投资以各地区外商直接投资额与生产总值之比来衡量，外商直接投资额和地区生产总值数据来自各地区统计年鉴。

### 7. 技术市场发展水平（$\ln TM_{it}$）

技术市场成交额反映地区技术市场发展水平和活跃程度，同时还是反映一个地区科技创新与转化能力的重要指标（张欣炜、林娟，2015；庄子银、段思淼，2018）。各省份技术市场成交额数据来自中经网省份宏观数据库。

根据以往的研究，结合对外直接投资理论，本书的实证模型设计如下：

$$\ln ETS_{it} = \alpha_0 + \beta_0 \ln RD_{it} + \beta_1 \ln HR_{it} + \beta_2 \ln INF_{it} + \beta_3 \ln OP_{it} + \beta_4 \ln FDI_{it} + \beta_5 \ln TM_{it} + u_{it} + \varepsilon \quad (7-4)$$

其中，$\ln ETS_{it}$ 指的是第 $t$ 年 $i$ 省份的出口技术复杂度，$\ln RD_{it}$ 指的是第 $t$ 年 $i$ 省份的技术研发，$\ln HR_{it}$ 指的是第 $t$ 年 $i$ 省份的人力资本，$\ln INF_{it}$ 指的是第 $t$ 年 $i$ 省份的基础设施，$\ln OP_{it}$ 指的是第 $t$ 年 $i$ 省份的对外开放度，$\ln FDI_{it}$ 指的是第 $t$ 年 $i$ 省份的外商直接投资，$\ln TM_{it}$ 指的是第 $t$ 年 $i$ 省份的技术市场发展水平。各变量描述性统计如表7-1所示。

表7-1 各变量描述性统计

| 变量 | 样本数 | 平均值 | 标准差 | 最小值 | 最大值 |
|---|---|---|---|---|---|
| $ETS_{it}$ | 558 | 2498.9373 | 2136.3518 | 55.7131 | 23992.3 |
| $RD_{it}$ | 558 | 50.3912 | 76.2196 | 0.0375 | 504.5064 |
| $HR_{it}$ | 558 | 8.6350 | 1.2338 | 3.7384 | 12.9766 |
| $INF_{it}$ | 558 | 38.9620 | 39.6267 | 3.6719 | 323.4263 |
| $OP_{it}$ | 558 | 0.3076 | 0.3654 | 0.0076 | 1.7112 |
| $FDI_{it}$ | 558 | 3.3397 | 5.6303 | 0.0401 | 52.0118 |
| $TM_{it}$ | 558 | 254.0215 | 635.5958 | 0.0100 | 6316.162 |

各省份出口技术复杂度之间存在较大差别，研发支出的标准差较大，说明各地区的研发支出存在明显差异，基础设施发展水平存在较大差异，省份之间人力资本标准差为1.23，说明相较之下，各地区的人力资本差

别较小。技术市场成交额的标准差为 635.60，说明各地区技术市场发展水平的差异性较大。

在进行实证检验之前，首先对各个变量进行相关性检验与多重共线性检验，以保证实证结果的准确性与有效性。

表 7-2 各变量的相关性检验结果显示，虽然个别变量之间的相关系数较高，但总体来说，各变量之间的相关系数还是较小的，说明变量之间的相关性不大。多重共线性检验 VIF 最大值为 3.24，各个变量 VIF 平均值为 1.30，各个变量之间存在严重多重共线性的可能性较小。

表 7-2  各变量相关性检验

| 变量 | $\ln ETS_{it}$ | $\ln RD_{it}$ | $\ln HR_{it}$ | $\ln INF_{it}$ | $\ln OP_{it}$ | $\ln FDI_{it}$ | $\ln TM_{it}$ |
|---|---|---|---|---|---|---|---|
| $\ln ETS_{it}$ | 1.0000 | | | | | | |
| $\ln RD_{it}$ | 0.2365 | 1.0000 | | | | | |
| $\ln HR_{it}$ | 0.1723 | 0.1195 | 1.0000 | | | | |
| $\ln INF_{it}$ | 0.2293 | −0.3169 | −0.3089 | 1.0000 | | | |
| $\ln OP_{it}$ | 0.2039 | 0.3576 | 0.3615 | −0.1662 | 1.0000 | | |
| $\ln FDI_{it}$ | 0.2794 | 0.0911 | −0.0174 | −0.2118 | 0.4020 | 1.0000 | |
| $\ln TM_{it}$ | 0.3729 | 0.3874 | 0.2683 | −0.1588 | 0.3156 | −0.0026 | 1.0000 |

## 7.2  实证检验

### 7.2.1  基准模型检验

运用固定效应模型和随机效应模型对样本数据进行检验，豪斯曼检验结果显示，P 值为 0.0000，样本数据应使用固定效应模型；同时进行了异方差、自相关和组间同期相关检验，检验结果表明，存在异方差（P=0.0000），存在组内自相关（P=0.0110），不存在组间同期相关。[1]

---

① 本书运用 Friedman（1937）检验、Frees（1995，2004）检验、Pesaran（2004）检验三种方法进行组间同期相关检验，三种检验方法的 P 值分别为 0.9821、0.358 和 0.5831，P 值都大于 0.1，所以本书认为样本数据不存在组间同期相关。

FGLS 回归方法可以同时考虑到组内自相关、异方差与组间同期相关三个问题，FGLS 估计与固定效应模型和随机效应模型相比，更有效率，所以本书选择使用 FGLS 进行实证检验。

实证结果（见表7-3）显示，技术研发、人力资本、基础设施、对外开放度、外商直接投资、技术市场发展水平都是影响出口技术复杂度的积极因素。其中，技术研发与出口技术复杂度之间存在正相关关系，研发支出是影响国内技术吸收能力的重要因素，在1%的显著性水平下，研发支出增加1%，出口技术复杂度水平将提高0.39%。对外开放度与出口技术复杂度之间存在正相关关系，对外开放度提高1%，出口技术复杂度将上升0.07%。

**表 7-3　实证检验结果**

| 变量 | 固定效应 | 随机效应 | FGLS 回归（一） | FGLS 回归（二） | FGLS 回归（三） |
|---|---|---|---|---|---|
| $\ln RD_{it}$ | 0.4529 *** (9.06) | 0.3676 *** (9.55) | 0.3888 *** (35.82) | 0.4469 *** (62.33) | 0.4405 *** (47.22) |
| $\ln HR_{it}$ | 0.5895 (1.01) | 0.3103 *** (3.16) | 0.6696 *** (46.05) | 0.1842 *** (33.94) | |
| $\ln INF_{it}$ | 0.0876 (0.89) | 0.1703 *** (2.85) | 0.2131 *** (9.42) | | 0.1461 *** (9.15) |
| $\ln OP_{it}$ | 0.1787 *** (2.78) | 0.0483 (0.96) | 0.0692 *** (5.01) | 0.0651 *** (5.81) | 0.1277 *** (10.23) |
| $\ln FDI_{it}$ | 0.0313 (0.93) | 0.0779 ** (2.52) | 0.1605 *** (21.11) | | 0.1205 *** (18.95) |
| $\ln TM_{it}$ | 0.0157 (0.58) | 0.0491 * (1.81) | 0.2003 *** (23.36) | 0.2501 *** (40.62) | 0.1218 *** (22.94) |
| 常数项 | 6.8057 *** (5.79) | 3.1291 *** (3.64) | 0.7345 *** (4.29) | 2.6106 *** (19.14) | 6.3688 *** (167.01) |
| 样本数 | 558 | 558 | 558 | 558 | 558 |
| $R^2$ | 0.6327 | 0.6867 | | | |
| F 值/Wald 检验 | 99.00 (0.0000) | 560.42 (0.0000) | 8823.09 (0.0000) | 8815.86 (0.0000) | 13784.73 (0.0000) |

注：括号内为 t 值或 z 值，*** 、** 、* 分别指的是通过1%、5%和10%的显著性检验。

人力资本是促进逆向技术溢出水平提升的积极因素，在 1% 的显著性水平下，人力资本水平提高 1%，将使出口技术复杂度水平提高 0.67%。基础设施状况的改善有利于出口技术复杂度水平的提高，基础设施状况改善 1%，出口技术复杂度将提高 0.21%。外商直接投资与出口技术复杂度之间的正相关关系较为显著，外商直接投资增加 1%，出口技术复杂度水平将上升 0.16%。

## 7.2.2 分位数回归

Koenker 和 Bassett（1978）提出分位数回归（Quantile Regression），将条件分位数模型转化为预测变量的函数。传统的 OLS 回归和大多数的计量回归只关注解释变量 $x$ 对被解释变量 $y$ 的条件分布的影响；分位数回归更加灵活，而且可以考察自变量对因变量整个条件分布的影响，分位数回归是单变量分位数估计方法的拓展，分位数回归通过一个最优的分段线性目标函数残差估计条件分位数函数。由分位数回归方法得到的估计系数表示解释变量对被解释变量在特定分位数点的边际效应（若变量均取对数形式，则为弹性系数）（魏下海，2009）。由于各分位数能够全面刻画出口技术复杂度的分布状况，以出口技术复杂度分布的分位数为被解释变量的回归能够使我们直观看出各要素在不同出口技术复杂度水平的边际作用，所以本书进行分位数回归。本书选择了 5 个具有代表性的分位数，分别是 10%、25%、50%、75% 和 90%。

表 7-4 中的实证结果表明，无论在哪个分位数点上，研发支出对出口技术复杂度的影响都为正，在 10%、25%、50%、75% 和 90% 的分位数点，研发支出的弹性系数分别为 0.46、0.50、0.45、0.34、0.34，研发支出对出口技术复杂度的影响在 25% 的分位数上最大，说明研发支出的增加促进了出口技术复杂度的提高，说明出口技术复杂度的提高更多地依赖于国内技术研发与创新，技术研发是促进出口技术复杂度提高的积极因素。技术市场发展水平在 10%、25%、50%、75% 和 90% 的分位

数上对出口技术复杂度的影响系数均为正，说明技术市场发展水平的提高有利于出口技术复杂度水平的上升。

表 7-4 全国分位数回归结果

| 变量 | 10% | 25% | 50% | 75% | 90% |
|---|---|---|---|---|---|
| $\ln RD_{it}$ | 0.4571 *** <br> (8.73) | 0.5022 *** <br> (10.51) | 0.4475 *** <br> (12.56) | 0.3376 *** <br> (9.69) | 0.3371 *** <br> (6.58) |
| $\ln HR_{it}$ | 0.7135 *** <br> (3.92) | 0.4154 *** <br> (6.05) | 0.8190 *** <br> (9.47) | 0.7060 *** <br> (9.29) | 0.1309 *** <br> (7.32) |
| $\ln INF_{it}$ | 0.0390 <br> (0.49) | 0.1226 * <br> (1.70) | 0.1594 *** <br> (2.96) | 0.3806 *** <br> (7.22) | 0.4698 *** <br> (6.07) |
| $\ln OP_{it}$ | 0.0557 *** <br> (3.11) | 0.0821 *** <br> (3.73) | 0.0541 ** <br> (2.01) | 0.1082 ** <br> (2.58) | 0.0721 ** <br> (2.20) |
| $\ln FDI_{it}$ | 0.2737 *** <br> (6.89) | 0.1857 *** <br> (5.12) | 0.1256 *** <br> (4.65) | 0.1248 *** <br> (4.72) | 0.1258 *** <br> (3.24) |
| $\ln TM_{it}$ | 0.1992 *** <br> (4.56) | 0.2710 *** <br> (6.80) | 0.2551 *** <br> (8.58) | 0.1690 *** <br> (5.82) | 0.1786 *** <br> (4.18) |
| 常数项 | 2.3556 ** <br> (2.43) | 0.1751 <br> (1.33) | 0.6631 <br> (1.01) | 0.6064 <br> (0.94) | -0.3742 <br> (-0.39) |
| 样本数 | 558 | 558 | 558 | 558 | 558 |
| 地区效应 | 是 | 是 | 是 | 是 | 是 |
| 时间效应 | 是 | 是 | 是 | 是 | 是 |
| Pseudo $R^2$ | 0.7076 | 0.7007 | 0.6898 | 0.6602 | 0.6094 |

注：括号内数值为 t 值，***、** 和 * 分别表示通过 1%、5%、10% 的显著性检验。

基础设施对出口技术复杂度的影响在 25%、50%、75% 和 90% 的分位数上都显著为正，而且随着分位数的增加，基础设施的分位数回归系数呈现逐步上升的趋势。人力资本因素对出口技术复杂度的影响在 10%、25%、50%、75% 和 90% 的分位数上都较为显著，印证了学术界大部分研究成果的观点，说明人力资本对于出口技术复杂度的提升将发挥积极作用，也间接证明了"贸易强国"建设中人才的重要性。外商直接投资对出口技术复杂度的影响在各个分位数上都很显著，外商直接投资的增加对出口技术复杂度的提高具有积极影响，外商直接投资对中低出口技术复杂度的影响系数更大一些，对此我们认为外商直接投资显著促进了中低出口技术复杂度的提高。这与中国吸收外商直接投资的流向有关，外商直接投资流向中低出口技术复杂度行业的比重较大，中低出口技术复杂度行业的技术创新水平较低，FDI 的技术和知识溢出效应明显，外商直接投资促进了行业生产效率和技术水平的提高，进而促进了出口技术复杂度水平的提高。对外开放度对出口技术复杂度的影响在各个分位数上都很显著，对外开放度与出口技术复杂度之间存在正相关关系，对外开放度在 75% 分位数上的影响系数大于在其他分位数上的影响系数，说明对外开放度的提高对中高出口技术复杂度的影响较大。

从图 7-1 中可以看出，技术研发对各个分位数的出口技术复杂度具有积极影响，技术研发的影响系数波动幅度较小。随着条件分布位置的变化，人力资本的分位数回归系数呈现上升趋势，人力资本对高出口技术复杂度的影响最大，对低出口技术复杂度的影响程度相对较小。技术

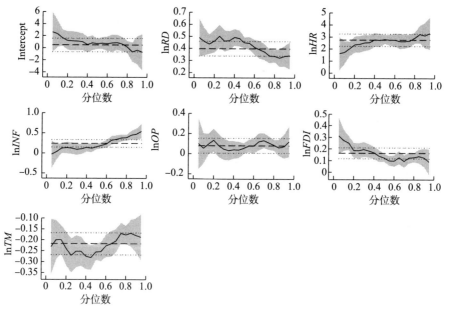

图 7-1　分位数回归系数的变化

市场发展水平对出口技术复杂度的影响大体呈现"U形",说明技术市场发展水平对出口技术复杂度条件分布的两端的影响大于对其中间条件分布的影响。随着分位数的增加,基础设施对出口技术复杂度条件分布的影响不断上升。在10%~90%的分位数上,外商直接投资对出口技术复杂度的影响总体呈现下降趋势。整体上,对外开放度对高出口技术复杂度的影响大于对低出口技术复杂度的影响。

各地区的各个变量之间存在较大差别,出口技术复杂度的影响因素可能存在地区差异,本书将样本数据分为东、中、西部三个地区,以进一步考察出口技术复杂度影响因素在不同地区的差异(见表7-5)。

表7-5 三大地区实证检验结果

| 变量 | 东部 | | 中部 | | 西部 | |
|---|---|---|---|---|---|---|
| | 固定效应 | FGLS 回归 | 固定效应 | FGLS 回归 | 随机效应 | FGLS 回归 |
| $\ln RD_{it}$ | 0.5613*** (8.18) | 0.4426*** (29.64) | 0.2569*** (3.36) | 0.2511*** (5.86) | 0.2552*** (3.69) | 0.2656*** (10.75) |
| $\ln HR_{it}$ | 0.3434 (0.36) | 0.2549*** (15.79) | 0.5072*** (3.72) | 0.8535*** (9.36) | 0.4804** (2.25) | 0.4872*** (11.09) |
| $\ln INF_{it}$ | 0.0903 (0.67) | 0.1787*** (6.19) | 0.3028* (1.85) | 0.2860*** (3.76) | 0.3281*** (3.31) | 0.3158*** (10.03) |
| $\ln OP_{it}$ | 0.3045** (2.07) | 0.1491*** (6.34) | 0.2765** (2.10) | 0.3228*** (4.74) | 0.0561 (0.61) | 0.1705*** (4.33) |
| $\ln FDI_{it}$ | 0.1558*** (2.89) | 0.0555*** (4.57) | 0.1462* (1.94) | 0.2248*** (4.66) | 0.0647 (1.34) | 0.1144*** (6.66) |
| $\ln TM_{it}$ | 0.1225*** (2.94) | 0.2506*** (18.05) | 0.0959 (1.64) | 0.1390*** (4.48) | 0.0465 (1.08) | 0.1361*** (8.89) |
| 常数项 | 5.1189** (2.62) | 1.9082*** (5.69) | -2.2259** (-2.27) | -2.8656*** (-3.75) | 2.1778 (1.61) | 0.5511 (1.19) |
| 样本数 | 198 | 198 | 144 | 144 | 216 | 216 |
| $R^2$ | 0.7479 | | 0.8043 | | 0.6486 | |
| F 值/Wald 检验 | 89.47 (0.0000) | 1987.35 (0.0000) | 164.61 (0.0000) | 377.02 (0.0000) | 213.32 (0.0000) | 861.09 (0.0000) |

注:***、**、*分别指变量通过了1%、5%和10%的显著性检验,括号内为t值或z值。

东部地区数据存在异方差（P = 0.0000），存在组内自相关（P = 0.0023），不存在组间同期相关，[1] 豪斯曼检验显示，P 值为 0，应选择固定效应模型。中部地区数据存在异方差（P = 0.0000），存在组内自相关（P = 0.0120），不存在组间同期相关，[2] 豪斯曼检验显示，P 值为 0，应选择固定效应模型。西部地区数据存在异方差（P = 0.0000），存在组内自相关（P = 0.1649），不存在组间同期相关，[3] 豪斯曼检验显示，P 值为 0.3870，应选择随机效应模型。

分地区的实证检验结果表明，技术研发、人力资本、基础设施、对外开放度、外商直接投资和技术市场发展水平是影响三个地区出口技术复杂度水平上升的积极因素。各个因素中，技术研发对东部、中部和西部地区出口技术复杂度提高具有正向影响，技术研发对东部地区的影响最大，西部地区的影响次之，对中部地区的影响最小；技术研发水平提高 1%，东部地区出口技术复杂度将提高 0.44%，西部地区出口技术复杂度将上升 0.27%，中部地区出口技术复杂度将增加 0.25%。人力资本与东、中、西部地区的出口技术复杂度之间存在正相关关系，人力资本对中部地区的影响最大，西部地区的影响次之，对东部地区的影响最小；人力资本水平提高 1%，中部地区出口技术复杂度将提高 0.85%，西部地区的出口技术复杂度将提高 0.49%，东部地区出口技术复杂度水平将上升 0.25%。基础设施状况的改善有利于东、中、西部地区的出口技术复杂度水平的上升，基础设施对西部地区的影响系数为 0.32，中部地区的影响次之，对东部地区的影响最小；基础设施水平提高 1%，西部地区出口技术复杂度水平将上升 0.32%，中部地区出口技术复杂度水平将上

---

① 三种检验方法的 P 值分别为 0.1205、0.319 和 0.2099，P 值都大于 0.1，所以本书认为样本数据不存在组间同期相关。

② 三种检验方法的 P 值分别为 0.1043、0.317 和 0.1066，P 值都大于 0.1，所以本书认为样本数据不存在组间同期相关。

③ 三种检验方法的 P 值分别为 0.2013、0.351 和 0.2722，P 值都大于 0.1，所以本书认为样本数据不存在组间同期相关。

升 0.29%，东部地区出口技术复杂度将提高 0.18%。

对外开放度的提高有利于东、中、西部地区的出口技术复杂度水平的提高，对外开放度对中部地区出口技术复杂度的影响最大，西部地区的影响次之，对东部地区的影响最小；对外开放度提高 1%，中部地区出口技术复杂度将提高 0.32%，西部地区的出口技术复杂度将提高 0.17%，东部地区出口技术复杂度水平将上升 0.15%。外商直接投资的提高有利于东、中、西部地区的出口技术复杂度的提高，外商直接投资对中部和西部地区的影响较大，对东部地区的影响最小；外商直接投资提高 1%，中部地区出口技术复杂度水平将上升 0.22%，西部地区出口技术复杂度将提高 0.11%，东部地区的出口技术复杂度水平将提高 0.06%。

对于西部地区来说，相较于其他因素，人力资本和基础设施对西部地区出口技术复杂度的影响较大，西部地区应该注重人力资本量的增加，提高教育重视程度，培养高技术和高素养人才，提高地区人均受教育水平，加大人才引进力度。对于中部地区来说，人力资本和对外开放度对出口技术复杂度的影响较大。与其他因素相比，技术研发、人力资本和技术市场发展水平对东部地区出口技术复杂度的影响系数较大。

### 7.2.3　稳健性检验

本书运用重新定义被解释变量指标、变换实证方法和增加其他解释变量三种方法进行稳健性检验。表 7-6 主要运用了重新定义被解释变量与变换实证方法进行稳健性检验，系统 GMM 与差分 GMM 的实证估计结果差距较小，但系统 GMM 标准误比差分 GMM 更小，所以选用系统 GMM 的估计结果。

本书借鉴樊纲等（2006）对出口技术复杂度的衡量指标，重新计算中国 31 个省份出口技术复杂度，与 Hausmann 和 Rodrik（2007）构建的出口技术复杂度指标不同，樊纲等（2006）运用显示性比较优势指数

（RCA）对出口技术复杂度进行了计算，本书运用显示性比较优势指数作为权重计算出口技术复杂度的公式如下：

$$TEX_{it} = \sum_{i=1}^{n} w_{ij} \ln Y_{i} \qquad (7-5)$$

其中，$TEX_{it}$ 为第 $t$ 年 $i$ 省份的出口技术复杂度，$Y_i$ 为 $i$ 省份的人均 GDP，$n$ 为省份数量，$w_{ij}$ 为 $i$ 省份在 $j$ 产品上的权重，权重运用显示性比较优势指数进行计算：

$$w_{ij} = RCA_{ij} / \sum_{i=1}^{n} RCA_{ij} \qquad (7-6)$$

其中，$RCA_{ij}$ 为 $i$ 省份在 $j$ 产品上的显示性比较优势指数，所以 $i$ 省份在 $j$ 产品上的权重 $w_{ij}$ 是 $i$ 省份在 $j$ 产品上的显示性比较优势指数在国内所有省份在 $j$ 产品上的显示性比较优势指数之和中的比重。需要注意的是，如果 $i$ 省份在 $j$ 产品上的显示性比较优势指数为 0，则其权重也为 0。显然 $\sum_{i=1}^{n} w_{ij} = 1$。

显示性比较优势指数的计算公式为：

$$RCA_{ij} = \frac{X_{ij} / \sum_{i=1}^{n} X_{ij}}{\sum_{j=1}^{m} X_{ij} / \sum_{j=1}^{m} \sum_{i=1}^{n} X_{ij}} \qquad (7-7)$$

其中，$X_{ij}$ 为 $i$ 省份在 $j$ 产品上的出口额，$n$ 为省份数量，$m$ 为产品种类数。在上述计算公式中，实际上只需要每个省份按产品分类的出口数据和人均 GDP 数据即可计算各个产品的显示性技术附加值。

### 表 7-6　稳健性检验（一）

| 变量 | 重新构建被解释变量 | 差分 GMM | 系统 GMM |
| --- | --- | --- | --- |
| $\ln ETS_{i,t-1}$ | | 0.6734 *** <br> （10.41） | 0.8746 *** <br> （18.59） |

续表

| 变量 | 重新构建被解释变量 | 差分 GMM | 系统 GMM |
|---|---|---|---|
| $\ln RD_{it}$ | 0.1388 *** <br> (46.17) | 0.0234 ** <br> (2.09) | 0.0421 *** <br> (9.14) |
| $\ln HR_{it}$ | 0.6511 *** <br> (20.04) | 0.0694 <br> (0.46) | 0.5676 *** <br> (4.50) |
| $\ln INF_{it}$ | 0.0531 *** <br> (7.81) | 0.0025 <br> (0.14) | 0.0615 *** <br> (3.55) |
| $\ln OP_{it}$ | 0.0849 *** <br> (18.07) | 0.0621 *** <br> (5.16) | 0.0674 *** <br> (2.88) |
| $\ln FDI_{it}$ | 0.1232 *** <br> (40.49) | 0.0457 ** <br> (2.04) | 0.0213 ** <br> (2.57) |
| $\ln TM_{it}$ | 0.0840 *** <br> (42.34) | 0.0419 *** <br> (4.53) | 0.0352 *** <br> (5.86) |
| 常数项 | 0.1184 <br> (1.59) | 0.1654 <br> (0.58) | 1.3651 *** <br> (5.42) |
| 样本数 | 558 | 496 | 527 |
| Wald 检验 | 13678.23 <br> (0.0000) | 2106.58 <br> (0.0000) | 9199.58 <br> (0.0000) |
| 一阶自相关 | | -3.4500 <br> (0.0006) | -3.5672 <br> (0.0004) |
| 二阶自相关 | | 0.5725 <br> (0.5670) | 0.5412 <br> (0.5883) |
| Sargan 检验 | | 27.1891 | 26.5133 |

注：*** 、** 、* 分别指变量通过了 1%、5% 和 10% 的显著性检验，括号内为 t 值或 z 值。

　　表 7-6 运用樊纲等 (2006) 的出口技术复杂度指标重新构建了各省份的出口技术复杂度，实证检验结果说明技术研发、人力资本、基础设施、对外开放度与外商直接投资都是促进出口技术复杂度提高的积极因素，各解释变量的显著性没有发生变化。表 7-6 运用了动态面板 GMM 方法进行实证检验，检验结果表明，出口技术复杂度的滞后一期对出口技术复杂度的提高具有积极影响，各个解释变量是促进出口技术复杂度

提高的积极因素，各个变量的显著性没有发生改变，这表明表 7-3 的实证结果是稳健的。

表 7-7 中增加了金融发展因素，考察其他解释变量的影响系数与显著性是否发生变化，各地区金融发展水平以各地区年末金融机构贷款余额与生产总值之比进行衡量，各地区年末金融机构贷款余额数据来自历年《中国金融统计年鉴》和各地区统计年鉴。

表 7-7  稳健性检验（二）

| 变量 | 总体 | 东部 | 中部 | 西部 |
|---|---|---|---|---|
| $\ln RD_{it}$ | 0.3991 ***<br>（36.82） | 0.4537 ***<br>（26.80） | 0.3181 ***<br>（5.94） | 0.2792 ***<br>（11.70） |
| $\ln HR_{it}$ | 0.5532 ***<br>（44.49） | 0.0666 ***<br>（5.92） | 0.3782 ***<br>（5.82） | 0.5740 ***<br>（11.17） |
| $\ln INF_{it}$ | 0.1958 ***<br>（8.80） | 0.1599 ***<br>（5.21） | 0.3939 ***<br>（4.70） | 0.3621 ***<br>（10.96） |
| $\ln OP_{it}$ | 0.0575 ***<br>（4.16） | 0.1567 ***<br>（6.01） | 0.3689 ***<br>（5.68） | 0.0586<br>（1.52） |
| $\ln FDI_{it}$ | 0.1637 ***<br>（21.19） | 0.0539 ***<br>（3.94） | 0.2546 ***<br>（6.22） | 0.0997 ***<br>（5.71） |
| $\ln FD_{it}$ | 0.1159 ***<br>（3.25） | 0.4964 ***<br>（12.01） | 0.5042 ***<br>（4.70） | 0.3037 ***<br>（4.68） |
| $\ln TM_{it}$ | 0.2069 ***<br>（23.97） | 0.2538 ***<br>（15.84） | 0.1894 ***<br>（4.44） | 0.1344 ***<br>（8.81） |
| 常数项 | 0.9917 ***<br>（6.00） | 4.4097 ***<br>（10.94） | −0.1776<br>（−0.25） | 0.0802<br>（0.17） |
| 样本数 | 558 | 198 | 144 | 216 |
| Wald 检验 | 9012.47<br>（0.0000） | 1916.56<br>（0.0000） | 395.16<br>（0.0000） | 824.23<br>（0.0000） |

注：***、**、* 分别指变量通过了 1%、5% 和 10% 的显著性检验，括号内为 t 值或 z 值。

表 7-7 中稳健性检验结果表明，加入金融发展因素后，其他解释变量的显著性没有发生改变，各个解释变量的影响系数基本与表 7-3 和表 7-5 中的系数保持一致，说明表 7-3 与表 7-5 中的实证检验结果是稳健的。

## 7.3　本章小结

本章运用 2003~2020 年中国 31 个省份出口技术复杂度数据，对出口技术复杂度影响因素进行了实证检验，检验结果说明，中国出口产品的技术含量正在稳步提升，技术研发、人力资本、基础设施、对外开放度、外商直接投资和技术市场发展水平都是影响出口技术复杂度的积极因素。技术研发水平的上升有利于出口技术复杂度的增加；人力资本与出口技术复杂度之间存在正相关关系；基础设施状况的改善能够促进出口技术复杂度的提高；外商直接投资的增加有利于促进出口技术复杂度的提高；对外开放度的提高，增加了企业参加国际分工的可能性，增加企业接触先进技术的可能性，促进企业技术研发能力的提高。本章运用分位数回归对各种出口技术复杂度影响因素进行估计，分位数回归结果表明：研发支出在各个分位数上对出口技术复杂度的影响都为正，基础设施对出口技术复杂度的影响随着分位数的上升呈现逐步上升的趋势，人力资本因素对低出口技术复杂度、中出口技术复杂度和中高出口技术复杂度的影响较大，外商直接投资显著促进了中低出口技术复杂度和高技术复杂度的提高，对外开放度的提高对中高出口技术复杂度的影响较大。

本章将样本数据分为东部、中部与西部三大地区进行实证检验，考察出口技术复杂度影响因素的地区差异性。东部、中部与西部地区的实证结果存在很大差异：在东部地区，技术研发因素对出口技术复杂度的影响最大；在中部地区，人力资本因素对出口技术复杂度的影响最大；在西部地区，人力资本因素对出口技术复杂度的影响最大，基础设施因素影响次之。这说明在不同地区各个因素对出口技术复杂度的影响大小不同，不同地区提高本地区出口技术复杂度的侧重点存在较大差异。在东部地区，研发水平的提高是促进出口技术复杂度提升的内在动力，应该继续加大研发投入，提高自主研发与创新能力，促进国内技术水平提高。在中部和西部地区，应该注重人力资本的作用，加快人才培养，发挥人才在产品开发与技术创新中的重要作用；在西部地区，同时还需要加快基础设施建设，完善基础设施配置，提高基础设施水平。

# 第8章　中国 OFDI 逆向技术溢出对出口技术复杂度的影响

与传统的 FDI 国际技术溢出方向相反，OFDI 逆向技术溢出多发生在技术获取型直接投资中，技术溢出方向是从海外子公司向母公司转移。OFDI 逆向技术溢出是发展中国家突破发达国家技术封锁，吸收先进技术溢出的有效方式。作为国际技术溢出的重要渠道之一，对外直接投资逆向技术溢出在促进国内技术进步、提高国内产品技术含量方面具有积极作用。自 Hausmann 和 Rodrik（2007）对出口产品技术复杂度进行测算后，学术界关于出口产品技术复杂度的研究逐渐丰富，研究文献不断增加。以往的研究虽然考虑了技术因素的作用，但忽略了 OFDI 逆向技术溢出的作用。各个行业对外直接投资的国别与地区分布具有明显差异，OFDI 逆向技术溢出效应也不同，溢出效应对出口技术复杂度的影响也不同。基于行业层面检验逆向技术溢出与出口技术复杂度之间关系的研究较少；从行业和省份两个角度研究逆向技术溢出对出口技术复杂度的影响，有利于丰富出口技术复杂度的研究，同时对中国提高出口产品技术含量、促进出口贸易增长具有重要的理论与现实意义。

# 8.1 基于行业数据的实证检验

## 8.1.1 指标选取与模型构建

### 1. 行业 OFDI 逆向技术溢出指标的构建

在 Potterie 和 Lichtenberg（2001）、李梅和柳世昌（2012）、刘宏和张蕾（2012）等学者对 OFDI 逆向技术溢出指标构建的基础上，本书构建了行业 OFDI 逆向技术溢出变量：首先，计算历年中国对外直接投资获得的各个行业层面的研发资本存量；其次，将中国对各个国家直接投资的比重作为权重，计算各个行业对外直接投资获得的总研发资本存量。

$$SF_{jgt}^{ofdi} = \frac{OFDI_{jt}}{K_{jt}} S_{jgt}^{rd} \qquad (8-1)$$

$$SF_{gt}^{ofdi} = \sum_g \frac{OFDI_{jt}}{\sum_j OFDI_{jt}} SF_{jgt}^{ofdi} \qquad (8-2)$$

$S_{jgt}^{rd}$ 指的是第 $t$ 年 $j$ 国 $g$ 行业的研发资本存量，$SF_{gt}^{ofdi}$ 指的是第 $t$ 年中国 $g$ 行业对外直接投资获得的研发资本存量，该行业对外直接投资获得的研发资本存量越大，说明该行业通过对外直接投资获得的逆向技术溢出效应越大。

$OFDI_{jt}$ 指的是第 $t$ 年中国对 $j$ 国的直接投资存量，$K_{jt}$ 指的是第 $t$ 年 $j$ 国的物质资本存量，物质资本存量的计算方法仍然为永续盘存法，固定资本折旧率为 5%，各国的固定资本数据来自世界银行数据库。

$g$ 行业的研发资本存量运用永续盘存法进行计算，折旧率为 5%，各年 $j$ 国 $g$ 行业的研发支出额来自 OECD 数据库，$j$ 国的样本范围与第 5 章一样，选取了中国对外直接投资主要的 33 个国家。

中国各行业的对外直接投资（$OFDI_{jt}$）存量数据来源于《2020 年度

中国对外直接投资统计公报》，固定资本形成额和固定资产投资价格指数来源于《2021 年中国统计年鉴》和中经网统计数据库。

由于 33 个样本国家的行业研发资本是按照 ISIC Rev. 4 进行编码统计的，而中国的出口产品是按照 HS 进行编码的，在进行实证检验之前，需要统一样本数据统计口径，所以本书对 ISIC Rev. 4 与 HS 编码进行转换和匹配。本书的 HS−6 位数据来自 CEPII−BACI 数据库，首先将 HS 1992 编码与 CPC Ver. 2 进行转换，然后将 CPC Ver. 2 与 ISIC Rev. 4 进行匹配，最后将 HS 1992 编码与 ISIC Rev. 4 编码匹配起来，得到中国出口产品的 ISIC 编码类别。ISIC 行业编码是两位，基于样本数据的连续性，本书最终匹配出 20 个行业的样本数据。[①]

2. 行业出口技术复杂度指标的构建

本书借鉴了 Hausmann 和 Rodrik（2007）、Xu 和 Lu（2009）的出口技术复杂度指数衡量各行业的出口技术复杂度，各行业的出口技术复杂度公式定义如下：

$$PRODY_h = \sum_{j \in N} \left( \frac{\dfrac{EX_{jh}}{EX_j}}{\sum_{j \in N} \dfrac{EX_{jh}}{EX_j}} \times PGDP_j \right) \tag{8-3}$$

$$ETS_i = \sum_{h \in i} s_{ih} \times PRODY_h \tag{8-4}$$

其中 $EX_{jh}$ 指的是 $j$ 国 $h$ 产品的出口额，$EX_j$ 指的是 $j$ 国的出口总额，$PGDP_j$ 指的是 $j$ 国的人均 GDP，$PRODY_h$ 指的是 $h$ 产品的出口技术复杂

---

① 按照 ISIC Rev. 4 的两位编码，最终匹配出的行业为：03（渔业和水产业）、05（煤炭和褐煤的开采）、06（石油和天然气的开采）、07（金属矿的开采）、08（其他采矿和采石）、10（食品制造）、11（饮料制造）、12（烟草制造）、13（纺织品制造）、14（服装制造）、15（皮革和相关产品制造）、16（木材、木材制品及软木制品制造）、17（纸和纸制品的制造）、18（记录媒介物的印制及复制）、19（焦炭和精炼石油产品的制造）、20（化学品及化学制品的制造）、21（基本医药产品及医疗制剂的制造）、23（其他非金属矿物制品的制造）、24（基本金属的制造）、35（电、煤气、蒸汽和空调的供应），共 20 个行业。

度。人均 GDP 以 2003 年为基期进行了折算，各国人均 GDP 的数据来自世界银行数据库。

$\sum_{j \in N} \dfrac{EX_{jh}}{EX_j}$ 指的是各个国家出口额中 $h$ 产品出口额所占比重的加总，$ETS_i$ 指的是 $i$ 行业的出口技术复杂度，$s_{ih}$ 是 $h$ 商品在 $i$ 行业出口中所占的份额。本书选取了 2003～2020 年中国各行业出口的 HS-6 位数据，数据来源于 CEPII-BACI 数据库。

第 5 章的实证结果表明，中国通过对外直接投资获得了逆向技术溢出，OFDI 逆向技术溢出对促进国内技术进步具有积极作用，对外投资是获得国外先进技术的有效方式之一，本书对 OFDI 逆向技术溢出与出口技术复杂度之间的关系做出如下假设。

假设 $H_0$：OFDI 逆向技术溢出与出口技术复杂度之间存在正相关关系。

### 3. 控制变量的选取

除了核心解释变量——OFDI 逆向技术溢出，本书增加了资本密集度、外商直接投资、市场自由度、研发投入、出口规模与新产品开发水平作为控制变量，各个行业样本数据的统计口径为大中型企业。

（1）资本密集度

本书以行业的固定资本存量与劳动力就业人数之比来衡量资本强度，固定资本存量与就业人数的比值越高，说明行业从业人员的平均资本量越大，资本密集度越高。固定资本存量以 2003 年为基期，运用永续盘存法按照 5% 的折旧率进行计算，固定资本的数据来自《中国统计年鉴》，劳动力就业人数来自国研网数据库和《中国劳动统计年鉴》。

假设 $H_1$：资本密集度与出口技术复杂度之间呈现正相关关系。

（2）外商直接投资

外资的流入促进了先进技术、知识和管理经验的溢出，加快了技术人才的跨国流动，对引资国的技术进步产生积极影响，有利于新技术的发明，提高新产品的开发速度，促进产品技术附加值的上升，改善出口产品结构，提高出口技术复杂度。本书以外资企业固定资产与行业企业的固定资产之比衡量外商直接投资水平，外资企业固定资产数据来自历年《中国统计年鉴》。

假设 $H_2$：外商直接投资对出口技术复杂度具有积极影响。

（3）市场自由度

市场自由度越高，越有利于各种生产要素的自由流动，有利于行业生产中充分发挥技术和资本要素的作用，有效促进行业技术创新水平的提高，有利于推动产品附加值水平的上升，进而提高行业产品的出口技术复杂度。市场自由度以国有企业产值占整个行业产值的比重来衡量，国有企业产值的比重越大，说明该行业的国有经济比重越大，市场的自由度越低，各个行业的国有企业和行业总产值数据来自《中国工业经济统计年鉴》和中国研究数据服务平台（CNRDS）。

假设 $H_3$：市场自由度高是促进出口技术复杂度水平上升的积极因素。

（4）研发投入

研发投入的增加有利于企业加快技术创新，促进技术研发水平的提升，有助于企业新产品的开发和产品质量的提高，提升出口产品技术附加值，促进产品出口技术复杂度水平的上升。本书以各行业大中型企业的研发经费支出与主营业务收入之比衡量研发投入水平，各行业大中型企业的研发经费支出和主营业务收入数据来自历年《中国统计年鉴》和中经网统计数据库。

假设 H$_4$：研发投入的增加有利于出口技术复杂度水平的提高。

（5）出口规模

学者们对于出口规模与出口技术复杂度之间的关系未形成一致的研究结论，张雨（2012）的研究发现出口规模扩大对出口技术复杂度具有积极影响，而熊俊和于津平（2012）认为出口规模与出口商品技术含量呈现负相关关系。本书以大中型企业的出口交货值与大中型企业的产值之比衡量出口规模，各个行业大中型企业的出口交货值数据来自《中国工业经济统计年鉴》。

假设 H$_5$：出口规模与出口技术复杂度之间的关系不确定。

（6）新产品开发水平

消费者需求的变化与产品开发的多样化，使产品更新换代速度大大加快，市场竞争压力促使企业加快新产品的开发，新产品的开发对于提高产品的技术含量具有积极影响，开发技术水平较高的新产品有利于出口技术复杂度水平的上升。本书以新产品产值与行业总产值之比衡量新产品开发水平，新产品产值的数据来源是《中国科技统计年鉴》。

假设 H$_6$：新产品开发是促进出口技术复杂度水平上升的积极因素。

结合对外直接投资理论、OFDI 逆向技术溢出对出口技术复杂度的影响机制和数理模型分析，参考已有的研究文献，本书构建了相应的实证模型如下：

$$\ln ETS_{it} = \alpha_0 + \beta_0 \ln SF_{it} + \beta_1 \ln K_{it} + \beta_2 \ln FDI_{it} + \beta_3 \ln GOV_{it} + \beta_4 \ln RD_{it}$$
$$+ \beta_5 \ln EX_{it} + \beta_6 \ln NP_{it} + \mu_i + \varepsilon_{it}$$
(8-5)

$\ln ETS_{it}$ 指的是第 $t$ 年 $i$ 行业的出口技术复杂度，$\ln SF_{it}$ 指的是第 $t$ 年 $i$ 行业对外直接投资的逆向技术溢出，$\ln K_{it}$ 指的是第 $t$ 年 $i$ 行业的资本密集度，$\ln FDI_{it}$ 指的是第 $t$ 年 $i$ 行业的外商直接投资水平，$\ln GOV_{it}$ 指的是第 $t$ 年 $i$ 行业的市场自由度，$\ln RD_{it}$ 指的是第 $t$ 年 $i$ 行业的研发投入，$\ln EX_{it}$ 指的是第 $t$ 年 $i$ 行业的出口规模，$\ln NP_{it}$ 指的是第 $t$ 年 $i$ 行业的新产品开发水平。

如表 8-1 所示，各个行业的研发投入比例较低，研发支出比重都不高，研发投入的标准差相对较小；逆向技术溢出的标准差较大，说明各个行业的逆向技术溢出之间存在较大差距；各个行业出口技术复杂度的标准差为 1.0906，说明各个行业之间的出口技术复杂度存在一定差异；各个行业新产品开发水平的标准差为 1.2499，差别相对较小。

表 8-1　数据的描述性统计

| 变量 | 样本数 | 均值 | 最小值 | 最大值 | 标准差 |
|---|---|---|---|---|---|
| $\ln ETS_{it}$ | 324 | 10.2752 | 7.6566 | 14.2651 | 1.0906 |
| $\ln SF_{it}$ | 324 | 6.0001 | −0.1500 | 11.7259 | 2.1491 |
| $\ln K_{it}$ | 324 | 12.5067 | 10.1716 | 14.9241 | 1.0017 |
| $\ln FDI_{it}$ | 324 | 2.9258 | −1.5247 | 5.5824 | 1.3998 |
| $\ln GOV_{it}$ | 324 | −1.4179 | −5.3468 | 3.3890 | 1.4491 |
| $\ln RD_{it}$ | 324 | −0.4377 | −2.3978 | 1.4487 | 0.8091 |
| $\ln EX_{it}$ | 324 | 1.2540 | −3.9323 | 6.6342 | 1.8035 |
| $\ln NP_{it}$ | 324 | 1.5911 | −2.9419 | 3.6623 | 1.2499 |

## 8.1.2　实证检验及结果分析

各个变量的相关性检验结果（见表 8-2）说明，虽然个别解释变量的相关系数较大，但总体来说相关系数较小，各个解释变量的方差膨胀因子——VIF 值的最大值为 3.60，说明各个变量之间不存在较为严重的多重共线性。

表 8-2 变量相关性检验

| 变量 | $\ln ETS_{it}$ | $\ln SF_{it}$ | $\ln K_{it}$ | $\ln FDI_{it}$ | $\ln GOV_{it}$ | $\ln RD_{it}$ | $\ln EX_{it}$ | $\ln NP_{it}$ |
|---|---|---|---|---|---|---|---|---|
| $\ln ETS_{it}$ | 1.0000 | | | | | | | |
| $\ln SF_{it}$ | 0.2924 | 1.0000 | | | | | | |
| $\ln K_{it}$ | 0.0450 | 0.3055 | 1.0000 | | | | | |
| $\ln FDI_{it}$ | 0.2903 | 0.2028 | -0.3981 | 1.0000 | | | | |
| $\ln GOV_{it}$ | -0.3513 | -0.1384 | 0.2564 | -0.1269 | 1.0000 | | | |
| $\ln RD_{it}$ | 0.0198 | 0.3506 | -0.0775 | 0.2748 | -0.2369 | 1.0000 | | |
| $\ln EX_{it}$ | 0.1186 | -0.1313 | -0.3973 | 0.3207 | -0.1795 | 0.2598 | 1.0000 | |
| $\ln NP_{it}$ | 0.3554 | 0.0862 | -0.3239 | 0.2805 | -0.3153 | 0.1347 | 0.3574 | 1.0000 |

1. 全样本检验

与时间序列数据和截面数据相比，面板数据同时拥有截面与时间两个维度，能够提高估计的准确度，可以解决遗漏变量问题。为了保证实证检验结果的准确性，提高实证过程的科学性，本书分别运用了静态面板模型和动态面板模型进行实证检验。

（1）静态面板实证检验

在选择实证检验模型之前，本书首先进行异方差、组内自相关与组间同期相关检验。异方差的检验结果表明，P 值为 0，强烈拒绝"不存在异方差"的原假设，认为存在异方差；组内自相关的检验结果表明，存在一阶组内自相关（P = 0.0029）；组间同期相关的检验结果表明，存在组间同期相关。[①]

运用样本数据分别进行固定效应检验和随机效应检验，运用豪斯曼

---

① 本书运用 Friedman（1937）检验、Frees（1995, 2004）检验、Pesaran（2004）检验三种方法进行组间同期相关检验，三种组间同期相关检验结果中 P 值均小于 0.01，强烈拒绝"无组间同期相关"的原假设，认为存在组间同期相关。

检验决定是选择固定效应模型还是随机效应模型。豪斯曼检验 P 值为 0.0000，应选择固定效应模型，在对比固定效应模型与 FGLS 检验结果后，发现 FGLS 的估计结果更有效率。

在式（8-5）中加入 OFDI 逆向技术溢出与研发投入的交互项，检验逆向技术溢出对出口技术复杂度的间接作用机制。

实证检验结果（见表 8-3）表明，OFDI 逆向技术溢出对出口技术复杂度的提升具有积极作用，OFDI 逆向技术溢出与研发投入交互项的影响系数大于 0，说明 OFDI 逆向技术溢出对出口技术复杂度的影响受研发投入的正向影响，研发投入的增加对 OFDI 逆向技术溢出与出口技术复杂度之间的关系具有积极影响。行业 OFDI 逆向技术溢出每增加 1%，出口技术复杂度水平将上升 0.08%。同时，资本密集度的上升促进了出口技术复杂度水平的上升，资本密集度对出口技术复杂度的影响系数为 0.6368，说明资本密集度提高 1%，出口技术复杂度水平将上升 0.64%。外商直接投资水平在 1% 的显著性水平下对出口技术复杂度的影响显著为正，外商直接投资水平增加 1%，出口技术复杂度水平将上升 0.16%，这一结果说明外商直接投资对行业生产具有技术溢出效应，FDI 对行业技术进步具有积极作用，外商直接投资的增加不仅有利于出口产品技术结构的改善，而且能够有效促进出口产品技术复杂度水平的上升。市场自由度的上升有利于出口技术复杂度水平的提高，市场自由度上升 1%，出口技术复杂度水平将提高 0.42%。行业研发投入与出口技术复杂度水平之间存在正相关关系，行业研发投入的增加有利于加快行业技术创新，促进行业技术进步，促进新产品的开发，提高产品的出口技术复杂度，行业研发投入增加 1%，出口技术复杂度水平将上升 0.34%。出口规模在 1% 的显著性水平下的影响系数为 0.0166，可以认为出口规模提高 1%，出口技术复杂度水平将提高 0.02%。新产品开发有利于出口技术复杂度水平的上升，新产品开发水平提高 1%，将促进出口技术复杂度水平提升 0.30%。

153

表 8-3　实证检验结果

| 变量 | 固定效应 | 随机效应 | FGLS 回归（1） | FGLS 回归（2） |
|---|---|---|---|---|
| $\ln SF_{it}$ | 0.2859 *** <br> (8.56) | 0.2731 *** <br> (8.25) | 0.0892 ** <br> (2.43) | 0.0825 *** <br> (15.75) |
| $\ln K_{it}$ | 0.1186 ** <br> (2.26) | 0.1085 *** <br> (4.36) | 0.6087 *** <br> (33.06) | 0.6368 *** <br> (20.56) |
| $\ln FDI_{it}$ | 0.1033 *** <br> (2.94) | 0.0728 * <br> (1.82) | 0.1466 *** <br> (17.64) | 0.1599 *** <br> (61.95) |
| $\ln GOV_{it}$ | −0.0421 *** <br> (−3.66) | −0.0275 *** <br> (−7.72) | −0.4062 *** <br> (−39.82) | −0.4196 *** <br> (−17.02) |
| $\ln RD_{it}$ | 0.1476 ** <br> (2.42) | 0.1424 ** <br> (2.39) | 0.2873 *** <br> (30.01) | 0.3374 *** <br> (14.54) |
| $\ln SF_{it} \times \ln RD_{it}$ | | | | 0.0076 *** <br> (6.24) |
| $\ln EX_{it}$ | 0.0316 *** <br> (4.21) | 0.0261 *** <br> (2.58) | 0.0566 *** <br> (3.73) | 0.0166 *** <br> (36.37) |
| $\ln NP_{it}$ | 0.2924 *** <br> (8.58) | 0.2918 *** <br> (8.62) | 0.2932 *** <br> (36.67) | 0.3038 *** <br> (68.57) |
| 常数项 | 9.9159 *** <br> (9.02) | 9.7130 *** <br> (8.91) | 0.9455 *** <br> (4.41) | 0.5745 *** <br> (28.10) |
| 行业效应 | 是 | 否 | 是 | 是 |
| 时间效应 | 是 | 是 | 是 | 是 |
| 样本数 | 324 | 324 | 324 | 324 |
| $R^2$ | 0.7672 | 0.7022 | | |
| F 值/Wald 检验 | 85.97 <br> (0.0000) | 387.59 <br> (0.0000) | 15329.94 <br> (0.0000) | 28707.13 <br> (0.0000) |

注：***、**、* 分别指的是 1%、5% 和 10% 的显著性水平，括号内为 t 值或 z 值。鉴于数据的可得性和连续性，最终选择了 18 个行业的数据进行实证分析，剔除了 "03" 类产品和 "24" 类产品。

（2）动态面板实证检验

在实证检验中内生性问题可能导致实证结果出现偏差，动态面板可以有效解决内生性问题，所以本书运用动态面板实证方法对 OFDI 逆向技术溢出与出口技术复杂度水平之间的关系进行进一步检验。为便于比较，表 8-4 实证结果中同时列出了静态面板实证结果。

使用系统 GMM 的前提是扰动项不存在自相关和所选取的工具变量

都有效，一阶自相关和二阶自相关的检验结果表明，在5%的显著性水平下差分 GMM 和系统 GMM 扰动项差分项都存在一阶自相关，不存在二阶自相关，Sargan 检验的结果说明在1%的显著性水平下接受"所有工具变量都有效"的原假设，本书所选取的工具变量都有效，满足系统 GMM 的使用条件。

动态面板的实证检验结果（见表8-4）表明，出口技术复杂度的滞后一期促进了当期出口技术复杂度水平的上升；OFDI 逆向技术溢出与出口技术复杂度水平之间呈现正相关关系，OFDI 逆向技术溢出的增加促进了出口技术复杂度水平的上升，OFDI 逆向技术溢出水平提高1%，出口技术复杂度水平将上升0.22%。OFDI 逆向技术溢出与研发投入交互项的影响系数为正，说明 OFDI 逆向技术溢出对出口技术复杂度的影响受研发投入的影响，OFDI 逆向技术溢出通过研发投入促进出口技术复杂度的提高。资本密集度是促进出口技术复杂度水平提升的积极因素，资本密集度增加1%，出口技术复杂度水平将上升0.12%。外商直接投资是促进出口技术复杂度提高的正向因素，外商直接投资对出口技术复杂度的影响系数为0.1169，意味着 FDI 增加1%，将促进出口技术复杂度提高0.12%。市场自由度对出口技术复杂度具有正向影响，市场自由度上升1%，出口技术复杂度水平将提高0.27%。研发投入增加1%，出口技术复杂度水平将上升0.16%。出口规模是促进出口技术复杂度水平提高的正向因素，出口规模提高1%，出口技术复杂度水平将提升0.06%。新产品开发有利于出口技术复杂度水平的上升，新产品开发水平提高1%，将促进出口技术复杂度水平提高0.09%。

表 8-4　动态面板实证结果

| 变量 | 静态面板 | 动态面板 | | | |
| --- | --- | --- | --- | --- | --- |
| | | 差分 GMM（1） | 系统 GMM（1） | 差分 GMM（2） | 系统 GMM（2） |
| $\ln ETS_{i,t-1}$ | | 0.3787** | 0.5698*** | 0.3557** | 0.5111*** |
| | | (2.43) | (3.92) | (2.23) | (3.63) |

续表

| 变量 | 静态面板 | 动态面板 | | | |
|---|---|---|---|---|---|
| | | 差分 GMM（1） | 系统 GMM（1） | 差分 GMM（2） | 系统 GMM（2） |
| $\ln SF_{it}$ | 0.0825 *** | 0.2001 *** | 0.1951 *** | 0.1552 *** | 0.2231 *** |
| | （15.75） | （3.82） | （3.54） | （3.05） | （2.97） |
| $\ln K_{it}$ | 0.6368 *** | 0.0722 *** | 0.1151 | 0.2164 *** | 0.1235 ** |
| | （20.56） | （3.66） | （1.18） | （6.87） | （2.45） |
| $\ln FDI_{it}$ | 0.1599 *** | 0.2337 | 0.1109 *** | 0.3067 * | 0.1169 *** |
| | （61.95） | （1.47） | （2.57） | （1.77） | （3.68） |
| $\ln GOV_{it}$ | -0.4196 *** | -0.0482 | -0.2477 *** | -0.0389 *** | -0.2710 ** |
| | （-17.02） | （-0.85） | （-4.21） | （-3.81） | （-2.03） |
| $\ln RD_{it}$ | 0.3374 *** | 0.0384 | 0.0588 *** | 0.1311 *** | 0.1596 * |
| | （14.54） | （0.68） | （4.09） | （4.43） | （1.71） |
| $\ln SF_{it} \times \ln RD_{it}$ | 0.0076 *** | | | 0.0322 *** | 0.0135 *** |
| | （6.24） | | | （2.94） | （3.92） |
| $\ln EX_{it}$ | 0.0166 *** | 0.0242 * | 0.0926 *** | 0.0361 ** | 0.0597 ** |
| | （36.37） | （1.82） | （4.37） | （2.32） | （2.27） |
| $\ln NP_{it}$ | 0.3038 *** | 0.1331 *** | 0.0794 ** | 0.1058 *** | 0.0899 * |
| | （68.57） | （6.36） | （2.48） | （4.58） | （1.84） |
| 常数项 | 0.5745 *** | 3.4993 *** | 1.6511 | 2.1579 | 2.0451 *** |
| | （28.10） | （2.64） | （1.16） | （1.43） | （2.73） |
| 样本数 | 324 | 288 | 306 | 288 | 306 |
| Wald 检验 | 28707.13 | 6834.19 | 3187.37 | 5154.98 | 3028.24 |
| | （0.0000） | （0.0000） | （0.0000） | （0.0000） | （0.0000） |
| 一阶自相关检验 | | -2.8220 | -2.8627 | -2.6824 | -2.7387 |
| | | （0.0048） | （0.0042） | （0.0073） | （0.0062） |
| 二阶自相关检验 | | 1.0195 | 1.1175 | 1.2141 | 1.0546 |
| | | （0.3080） | （0.2638） | （0.2247） | （0.2916） |
| Sargan 检验 | | 27.8276 | 27.9079 | 26.7651 | 27.0662 |

注：*** 、** 、* 分别指的是 1%、5% 和 10% 的显著性水平，括号内为 z 值。

## 2. 分轻重工业检验

参考杨智峰等（2014）、李小平等（2015）的研究，按照国家统计局 2006 年对轻重工业的划分，本书对匹配出的 18 个行业按照轻重工业进行分组，分别进行实证检验，经过轻重工业划分，样本数据分为 8 个轻工业和 10 个重工业，具体行业划分结果见表 8-5。

表 8-5　轻重工业划分

| 行业代码 | 工业划分 | 行业名称 | 行业代码 | 工业划分 | 行业名称 |
|---|---|---|---|---|---|
| 05 | 重 | 煤炭和褐煤的开采 | 15 | 轻 | 皮革和相关产品制造 |
| 06 | 重 | 石油和天然气的开采 | 16 | 重 | 木材、木材制品及软木制品制造 |
| 07 | 重 | 金属矿的开采 | 17 | 轻 | 纸和纸制品的制造 |
| 08 | 重 | 其他采矿和采石 | 18 | 轻 | 记录媒介物的印制及复制 |
| 10 | 轻 | 食品制造 | 19 | 重 | 焦炭和精炼石油产品的制造 |
| 11 | 轻 | 饮料制造 | 20 | 重 | 化学品及化学制品的制造 |
| 12 | 轻 | 烟草制造 | 21 | 重 | 基本医药产品及医疗制剂的制造 |
| 13 | 轻 | 纺织品制造 | 23 | 重 | 其他非金属矿物制品的制造 |
| 14 | 轻 | 服装制造 | 35 | 重 | 电、煤气、蒸汽和空调的供应 |

资料来源：2006 年国家统计局《轻重工业划分办法》。

　　首先对轻工业的样本数据进行异方差、组内自相关与组间同期相关检验，然后运用固定效应模型与随机效应模型分别进行实证回归，运用豪斯曼检验对两种模型进行选择。异方差、组内自相关与组间同期相关检验的结果显示，轻工业的样本数据存在异方差（P 值为 0.0000）、组内自相关（P 值为 0.0000）和组间同期相关[①]，豪斯曼检验结果显示，P 值为 0.0000，轻工业的样本数据应该使用固定效应模型。

　　轻工业实证检验结果（见表 8-6）显示：OFDI 逆向技术溢出增加 1%，轻工业的出口技术复杂度水平将上升 0.04%；外商直接投资增加 1%，轻工业的出口技术复杂度水平将上升 0.10%；市场自由度因素对轻工业的出口技术复杂度的影响系数为 -0.1978，说明市场自由度水平提高 1%，出口技术复杂度水平将提升 0.20%；研发投入增加 1%，轻工业的出口技术

---

　　① 本书运用 Friedman（1937）检验、Frees（1995，2004）检验、Pesaran（2004）检验三种方法进行组间同期相关检验，三种组间同期相关检验方法的 P 值都小于 0.01，检验结果认为存在组间同期相关。

复杂度水平将提高 0.23%；出口规模提高 1%，轻工业的出口技术复杂度水平将提升 0.08%；新产品开发水平提升 1%，将促进轻工业出口技术复杂度水平提高 0.26%；资本密集度提高 1%，轻工业的出口技术复杂度将提高 0.39%。资本密集度、新产品开发和研发投入对轻工业出口技术复杂度的影响较大。

表 8-6　轻工业实证检验结果

| 变量 | 固定效应 | 随机效应 | FGLS 回归（1） | FGLS 回归（2） |
|---|---|---|---|---|
| $\ln SF_{it}$ | 0.2293 *** <br> (9.26) | 0.1165 *** <br> (2.93) | 0.1207 *** <br> (14.16) | 0.0447 *** <br> (6.25) |
| $\ln K_{it}$ | 0.4743 *** <br> (4.58) | 0.4025 *** <br> (3.41) | 0.4141 *** <br> (12.04) | 0.3937 *** <br> (9.39) |
| $\ln FDI_{it}$ | 0.0725 <br> (1.37) | 0.02867 <br> (0.60) | 0.0187 <br> (0.51) | 0.0962 *** <br> (3.51) |
| $\ln GOV_{it}$ | −0.1677 *** <br> (−3.44) | −0.1735 *** <br> (−3.19) | −0.1612 *** <br> (−8.34) | −0.1978 *** <br> (−9.22) |
| $\ln RD_{it}$ | 0.0877 <br> (0.78) | 0.1367 <br> (1.19) | 0.1092 *** <br> (3.40) | 0.2269 *** <br> (4.50) |
| $\ln SF_{it} \times \ln RD_{it}$ | 0.0291 *** <br> (3.16) | | | 0.0540 *** <br> (3.90) |
| $\ln EX_{it}$ | 0.1315 ** <br> (2.53) | 0.4814 *** <br> (7.25) | 0.0787 *** <br> (8.00) | 0.0817 *** <br> (8.09) |
| $\ln NP_{it}$ | 0.0693 <br> (0.11) | 0.2374 ** <br> (2.00) | 0.2111 *** <br> (9.94) | 0.2626 *** <br> (8.79) |
| 常数项 | 4.1135 *** <br> (3.22) | 15.8242 *** <br> (10.88) | 15.9447 *** <br> (36.17) | 16.1554 *** <br> (30.94) |
| 行业效应 | 否 | 是 | 是 | 是 |
| 时间效应 | 是 | 是 | 是 | 是 |
| 样本数 | 144 | 144 | 144 | 144 |
| $R^2$ | 0.8025 | 0.7977 | | |
| F 值/Wald 检验 | 64.99 <br> (0.0000) | 102.51 <br> (0.0000) | 1274.48 <br> (0.0000) | 1331.46 <br> (0.0000) |

注：***、**、* 分别指的是 1%、5% 和 10% 的显著性水平，括号内为 t 值或 z 值。

　　对重工业的样本数据进行异方差、组内自相关与组间同期相关检验，运用固定效应模型与随机效应模型分别进行实证回归，再运用豪斯曼检验对两种模型进行选择。异方差、组内自相关与组间同期相关检验的结果显示，重工业的样本数据存在异方差（P = 0.0000），存在一阶组内自相关（P = 0.0025），不存在组间同期相关①，重工业样本数据的豪斯曼检验结果显示，P 值为 0.0000，重工业的样本数据应该使用固定效应模型。

重工业实证检验结果（表 8-7）显示：OFDI 逆向技术溢出增加 1%，重工业的出口技术复杂度水平将提高 0.17%；外商直接投资与重工业出口技术复杂度之间呈现正向相关关系；市场自由度因素对重工业的出口技术复杂度的影响系数为 -0.4715，说明市场自由度水平提高 1%，将促进出口技术复杂度水平提高 0.47%；研发投入增加 1%，重工业的出口技术复杂度水平将提高 0.11%；出口规模对重工业出口技术复杂度的影响系数比对轻工业出口技术复杂度的影响系数更大一些，出口规模提高 1%，重工业的出口技术复杂度水平将提高 0.48%；新产品开发水平提升 1%，将促进重工业的出口技术复杂度水平提高 0.21%；资本密集度提高 1%，重工业的出口技术复杂度将提升 0.98%。

表 8-7　重工业实证检验结果

| 变量 | 固定效应 | 随机效应 | FGLS 回归（1） | FGLS 回归（2） |
|---|---|---|---|---|
| $\ln SF_{it}$ | 0.4019 *** <br> （5.09） | 0.2706 *** <br> （3.43） | 0.0496 *** <br> （4.69） | 0.1709 *** <br> （4.00） |
| $\ln K_{it}$ | 0.5354 *** <br> （3.23） | 0.2144 <br> （0.14） | 0.0148 *** <br> （41.02） | 0.9847 *** <br> （36.14） |
| $\ln FDI_{it}$ | 0.0155 <br> （0.13） | 0.3767 <br> （0.38） | 0.3116 *** <br> （11.35） | 0.3093 *** <br> （11.15） |

---

① 本书运用 Friedman（1937）检验、Frees（1995，2004）检验、Pesaran（2004）检验三种方法进行组间同期相关检验，三种检验方法的 P 值都大于 0.01，检验结果认为不存在组间同期相关。

续表

| 变量 | 固定效应 | 随机效应 | FGLS 回归（1） | FGLS 回归（2） |
|---|---|---|---|---|
| $\ln GOV_{it}$ | −0.0750<br>（−0.53） | −0.0501***<br>（−3.43） | −0.4871***<br>（−26.31） | −0.4715***<br>（−20.73） |
| $\ln RD_{it}$ | 0.1487<br>（0.70） | 0.2357**<br>（2.27） | 0.1668***<br>（10.65） | 0.1079***<br>（3.59） |
| $\ln SF_{it} \times \ln RD_{it}$ | 0.0496*<br>（1.78） | | | 0.0993**<br>（2.13） |
| $\ln EX_{it}$ | 0.3747***<br>（4.11） | 0.0108<br>（0.28） | 0.4611***<br>（21.21） | 0.4790***<br>（20.93） |
| $\ln NP_{it}$ | 0.2801***<br>（5.87） | 0.2835***<br>（5.57） | 0.2202***<br>（19.14） | 0.2140***<br>（18.62） |
| 常数项 | 13.8730***<br>（7.75） | 7.5448***<br>（4.34） | −4.3851***<br>（−14.92） | −4.0245***<br>（−11.89） |
| 行业效应 | 否 | 是 | 是 | 是 |
| 时间效应 | 是 | 是 | 是 | 是 |
| 样本数 | 180 | 180 | 180 | 180 |
| $R^2$ | 0.6736 | 0.6306 | | |
| F 值／<br>Wald 检验 | 57.24<br>（0.0000） | 159.43<br>（0.0000） | 13226.92<br>（0.0000） | 14106.93<br>（0.0000） |

注：***、**、* 分别指的是 1%、5% 和 10% 的显著性水平，括号内为 t 值或 z 值。

综合轻工业与重工业样本数据的实证检验结果，OFDI 逆向技术溢出与轻重工业的出口技术复杂度之间都存在正相关关系，OFDI 逆向技术溢出对重工业的出口技术复杂度的影响系数更大，说明 OFDI 逆向技术溢出对重工业的出口技术复杂度影响更大。外商直接投资对重工业出口技术复杂度的影响大于对轻工业出口技术复杂度的影响，研发投入的增加对轻重工业的出口技术复杂度的提升都发挥积极作用，新产品开发有利于轻工业和重工业出口技术复杂度水平的上升。对比出口规模对轻工业和重工业出口技术复杂度的影响，出口规模对重工业的影响系数大于对轻工业的影响系数。市场自由度对重工业出口技术复杂度的影响系数更大；资本密集度是促进轻工业和重工业出口技术复杂度水平提升的积极因素，资本密集度对重工业出口技术复杂度的影响大于对轻工业出口技术复杂度的影响。在重工业转型与升级过程中，应该发挥 OFDI 逆向技术溢出和 FDI 技术溢出的作用，提高研发能力与技术开发水平，促进新产品的开发，提高出口产品的技术复杂度。

### 8.1.3　稳健性检验

在进行稳健性检验时，本书运用了重新定义被解释变量指标、变换实证方法和改变样本数据区间三种方法，检验结果见表 8-8。

参考杜修立、王维国（2007）对出口产品技术高度的定义，本书对出口技术复杂度的指标进行了重新定义，计算公式为 $EXP_{ht} = \dfrac{EXP_h - EXP_{min}}{EXP_{max} - EXP_{min}}$，其中 $EXP_{ht}$ 表示的是第 $t$ 年 $h$ 产品的出口技术复杂度，$EXP_{min}$ 和 $EXP_{max}$ 分别表示的是同年各类产品出口技术复杂度的最小值和最大值。对产品的出口技术复杂度进行计算后，再运用各种产品在行业出口中的比重加权计算得到各个行业的出口技术复杂度，$EXP_i = \sum\limits_i \dfrac{EX_h}{EX_i} EXP_h$，$EX_h$ 表示的是 $h$ 产品的出口额，$EX_i$ 表示的是 $i$ 行业的总出口额。表 8-8 中第（1）列与第（2）列是重新定义出口技术复杂度之后的实证结果，第（3）列与第（4）列是分为 2003~2011 年和 2012~2020 年两个区间后的实证结果，第（5）列是运用工具变量法进行实证估计。各列的回归结果表明，OFDI 逆向技术溢出对出口技术复杂度具有积极影响，这种影响的显著性没有发生变化，其他控制变量的显著性基本没有发生变化，说明表 8-3 与表 8-4 中的实证结果是稳健的，OFDI 逆向技术溢出与出口技术复杂度之间呈现正相关关系。

本书将样本数据分为 2003~2011 年和 2012~2020 年两个区间，分别进行实证检验，对实证结果进行稳健性估计。

本书首先运用豪斯曼内生性检验方法对样本数据进行检验，检验结果认为存在内生性。为了解决内生性问题，本书运用工具变量法进行实证回归，选取中国对外直接投资的 33 个样本国家各个行业内的研发人员作为工具变量。结果显示，样本国家各个行业内的研发人员与中国 OFDI 逆向技术溢出有直接关系，研发人员能够通过 OFDI 逆向技术溢出对出口技术复杂度产生影响，但与中国各个行业的出口技术复杂度之间没有直接关系。

表 8-8　稳健性检验

| 变量 | （1） | （2） | （3） | （4） | （5） |
|---|---|---|---|---|---|
| $\ln SF_{it}$ | 0.0705*** <br> (4.04) | 0.0236*** <br> (6.68) | 0.0988** <br> (2.27) | 0.1403*** <br> (2.67) | 0.2542*** <br> (2.72) |
| $\ln K_{it}$ | 0.0353*** <br> (2.79) | 0.0142*** <br> (8.86) | 0.6081*** <br> (8.49) | 0.3076* <br> (1.72) | 0.1355*** <br> (6.62) |
| $\ln FDI_{it}$ | 0.1258*** <br> (4.53) | 0.0538*** <br> (4.18) | 0.0033*** <br> (3.39) | 0.5207*** <br> (6.22) | 0.1846*** <br> (2.95) |
| $\ln GOV_{it}$ | -0.0624** <br> (-2.22) | -0.0251*** <br> (-3.97) | -0.3226*** <br> (-5.50) | -0.3207*** <br> (-2.56) | -0.6011*** <br> (-6.84) |
| $\ln RD_{it}$ | 0.0834*** <br> (3.20) | 0.067*** <br> (21.50) | 0.5870*** <br> (6.30) | 0.4332*** <br> (6.03) | 0.0628*** <br> (3.78) |
| $\ln SF_{it} \times \ln RD_{it}$ | 0.0182** <br> (2.04) | 0.0176*** <br> (3.19) | 0.0936*** <br> (4.93) | 0.0271*** <br> (4.60) | 0.0360*** <br> (3.38) |
| $\ln EX_{it}$ | 0.0596*** <br> (3.70) | 0.018*** <br> (10.16) | 0.1494*** <br> (3.82) | 0.1087*** <br> (5.11) | 0.0452*** <br> (4.08) |
| $\ln NP_{it}$ | 0.0573*** <br> (3.28) | 0.1241*** <br> (5.63) | 0.2102*** <br> (6.50) | 0.3234*** <br> (6.02) | 0.2844*** <br> (5.57) |
| 常数项 | 2.1579*** <br> (4.08) | 1.4742*** <br> (65.24) | 0.9755 <br> (1.09) | 2.8478* <br> (1.70) | -4.3414** <br> (-2.32) |
| 行业效应 | 是 | 是 | 是 | 是 | 是 |
| 时间效应 | 否 | 是 | 是 | 是 | 是 |
| 样本数 | 324 | 324 | 144 | 162 | 324 |
| Wald 检验 | 351.76 <br> (0.0000) | 5089.97 <br> (0.0000) | 296.31 <br> (0.0000) | 4575.32 <br> (0.0000) | 3191.23 <br> (0.0000) |

注：括号内数值为 z 值，***、** 和 * 分别表示的是 1%、5%、10%的显著性水平。

## 8.2 基于省份数据的实证检验

### 8.2.1 指标选取与模型构建

#### 1. 出口技术复杂度指标的构建

出口重叠指数、PRODY 指数和有限追赶指数是出口技术复杂度的有效衡量指标，鉴于国内贸易数据的可得性与连续性，在以往出口技术复杂度测算的基础上，本书运用 PRODY 指数计算各省份的出口技术复杂度。PRODY 指数是出口既定产品国家人均 GDP 的加权平均，Hausmann 和 Rodrik（2007）最早运用 PRODY 指数计算出口技术复杂度，Xu 和 Lu（2009）、刘英基（2016）等学者的研究中对出口技术复杂度的测算都运用了 PRODY 指数。各省份的出口技术复杂度公式定义如下：

$$PRODY_i = \sum_{j \in N} \left( \frac{\dfrac{EX_{ij}}{EX_j}}{\displaystyle\sum_{k \in N} \dfrac{EX_{ik}}{EX_k}} \times PGDP_j \right) \tag{8-6}$$

$$ETS_j = \sum_{i \in Q_i} s_{ij} \times PRODY_i \tag{8-7}$$

其中 $EX_{ij}$ 指的是 $i$ 产品在 $j$ 省份的出口额，$EX_j$ 指的是 $j$ 省份的出口总额，$PGDP_j$ 指的是 $j$ 省份的人均 GDP，人均 GDP 以 2003 年为基期运用各省份的 GDP 平减指数进行了折算，$PRODY_i$ 指的是 $i$ 产品的出口技术复杂度，$\sum_{k \in N} \dfrac{EX_{ik}}{EX_k}$ 指的是商品 $i$ 在所有出口该商品的各省份总出口中的比重的加总，$Q_i$ 是出口商品 $i$ 的集合，$s_{ij}$ 是商品 $i$ 在 $j$ 省份出口中所占的份额。本书选取的样本数据是中国 31 个省份 2003～2020 年 21 类产品的出口数据，数据来源于国研网对外贸易数据库和《中国工业经济统计年鉴》。

2. 控制变量的选取

以往的研究发现技术研发、基础设施与外商直接投资都是出口技术复杂度的影响因素。除了技术研发水平、基础设施状况与外商直接投资水平外，本书又增加了地区专业化水平和金融发展水平作为控制变量。

（1）技术研发水平

技术研发在促进技术进步和提高技术吸收能力等方面发挥了重要作用：一方面，技术研发与创新是促进出口产品技术含量提高的内在动力，研发能力对出口技术复杂度水平具有正向影响；另一方面，技术研发水平的高低对吸收与消化逆向技术溢出具有直接影响，以往的研究证明FDI 与 OFDI 都产生了技术溢出，如果发展中国家技术吸收能力较低，则无法将这些技术溢出消化并进行再利用，影响技术溢出效应作用的发挥。技术研发水平以各地区当年的 R&D 活动全时人员与各地区的总人口数之比来衡量，各省份 R&D 活动人员和总人口数据来源于历年《中国科技统计年鉴》和《中国统计年鉴》。

（2）外商直接投资水平

各国都大力引进外资，外商直接投资可以为国内经济发展补充资金，引资国可以吸收外商直接投资的知识溢出，促进国内技术进步，同时学习外资企业先进的管理经验，推动国内企业发展。外商直接投资水平以各地区外商直接投资额衡量，外商直接投资额数据来自各地区统计年鉴。

（3）基础设施状况

基础设施状况的改善有利于出口规模的扩大，良好的基础设施对出口产品技术含量提高与贸易结构优化具有积极作用，基础设施发展水平的提高推动出口产品技术复杂度的提升。本书以每万人公路里程数作为各地区的基础设施状况的衡量指标，各个地区公路线路总里程和总人口数据来源于历年《中国统计年鉴》和中经网统计数据库。

（4）地区专业化水平

在衡量地区专业化程度时，学术界较多地运用了克鲁格曼专业化指数。Mulligan 和 Schmidt（2005）计算了美国 1958～1995 年制造业的地区专业化指数，发现美国制造业在区域分布中更加均衡，制造业经济的区域相似度高。蒋媛媛（2011）运用克鲁格曼专业化指数考察了地区专业化与经济增长之间的关系。克鲁格曼专业化指数的计算公式如下：

$$DS = \sum_m \left| \frac{X_{mn}}{X_{m\cdot}} - \frac{X_{\cdot n}}{X} \right| \tag{8-8}$$

$$DSI = 0.5 \sum_m \left| \frac{X_{mn}}{X_{m\cdot}} - \frac{X_{\cdot n}}{X} \right| \tag{8-9}$$

$DS$ 是克鲁格曼专业化指数，$DSI$ 是修正后的克鲁格曼专业化指数，指数的大小代表地区专业化水平的高低，其中 $X_{mn}$ 指的是 $m$ 地区 $n$ 行业的增加值或就业量，$X_{m\cdot}$ 指的是 $m$ 地区所有行业的增加值或就业量，$X_{\cdot n}$ 指的是所有地区 $n$ 行业的增加值或就业量，$X$ 指的是所有地区所有行业的增加值或就业量。本书运用克鲁格曼专业化指数对各个省份的地区专业化水平进行测算，专业化指数中的 $X$ 本书选择了各个行业的增加值，数据来源于各省份历年统计年鉴。

（5）金融发展水平

金融发展水平的提高能够有效缓解融资约束问题，促进企业制定对外投资决策和开展海外直接投资，同时金融发展水平的提高有利于资源和要素的合理配置，促进生产效率和出口技术复杂度的提高。齐俊妍等（2011）将金融因素作为影响出口技术复杂度的重要因素之一，以各地区金融机构贷款余额与生产总值之比来衡量各省份的金融发展水平，金融发展水平越高，表示该省份金融市场发展越完善、金融体系越健全、金融市场效率越高。

结合第 4 章的数理模型，同时参考其他学者的做法，本书建立以下实证模型：

$$\ln ETS_{it} = \alpha_0 + \gamma_0 \ln ETS_{i,t-1} + \beta_0 \ln SF_{it} + X_{it} + u_i + \varepsilon_{it} \tag{8-10}$$

其中 $\ln ETS_{it}$ 是被解释变量出口技术复杂度，$\ln ETS_{i,t-1}$ 指的是出口技术复杂度的滞后一期，$\ln SF_{it}$ 是核心解释变量，指的是 OFDI 逆向技术溢出，其余变量为控制变量（$X_{it}$），控制变量包括技术研发水平（$\ln TE_{it}$）、外商直接投资水平（$\ln FDI_{it}$）、基础设施状况（$\ln INF_{it}$）、地区专业化水平（$\ln RS_{it}$）和金融发展水平（$\ln FD_{it}$），选取 2003～2020 年中国 31 个省份的样本数据。

各关键性指标的描述性统计如表 8-9 所示。

表 8-9　各变量的描述性统计

| 变量 | 最大值 | 最小值 | 均值 | 标准差 | 样本数 |
|---|---|---|---|---|---|
| $ETS_{it}$ | 23992.3 | 55.7131 | 2498.937 | 2136.351 | 558 |
| $SF_{it}$ | 1157.019 | 0.0004 | 43.4358 | 115.5329 | 558 |
| $TE_{it}$ | 1.5361 | 0.0128 | 0.2207 | 0.2501 | 558 |
| $FDI_{it}$ | 270.4424 | 0.1043 | 48.7444 | 52.2891 | 558 |
| $INF_{it}$ | 323.4263 | 3.6719 | 38.9620 | 39.6267 | 558 |
| $RS_{it}$ | 0.4786 | 0.0028 | 0.0741 | 0.0821 | 558 |
| $FD_{it}$ | 2.9975 | 0.5507 | 1.3130 | 0.4671 | 558 |

通过对比可以发现：出口技术复杂度标准差比较大，地区之间的差异明显；各省份 OFDI 逆向技术溢出差距较大；对比东部、中部和西部地区的出口技术复杂度，西部一些省份的出口技术复杂度水平不高；外商直接投资在各省份的分布存在较大差距；金融发展水平的标准差相对较小；各省份基础设施状况差别较大；各地区的地区专业化水平标准差较小。

## 8.2.2　实证检验

### 1. 分位数回归

Koenker 和 Bassett（1978）提出分位数回归（Quantile Regression），将条件分位数模型转化为预测变量的函数。传统的 OLS 回归和大多数的计量回归

只关注解释变量 $x$ 对被解释变量 $y$ 的条件分布的影响；分位数回归更加灵活，而且可以考察自变量对因变量整个条件分布的影响，分位数回归是单变量分位数估计方法的拓展，分位数回归通过一个最优的分段线性目标函数残差估计条件分位数函数。由分位数回归方法得到的估计系数表示为解释变量对被解释变量在特定分位数点的边际效应（若变量均取对数形式，则为弹性系数）（魏下海，2009）。由于各分位数能够全面刻画出口技术复杂度的分布状况，以出口技术复杂度分布的分位数为被解释变量的回归使我们能够直观地看出各要素在不同出口技术复杂度水平的边际作用，所以本书进行分位数回归。本书选择了 5 个具有代表性的分位数，分别是 10%、25%、50%、75% 和 90%。

表 8-10 中的实证结果表明，无论在哪个分位数上，OFDI 逆向技术溢出对出口技术复杂度的影响都为正。在 1% 的显著性水平下，在 10%、25%、50%、75% 和 90% 的分位数上，OFDI 逆向技术溢出的弹性系数分别为 0.1664、0.1202、0.1372、0.1614、0.1770，OFDI 逆向技术溢出与出口技术复杂度之间存在正向关系，可以看出，随着条件分布位置的变化，OFDI 逆向技术溢出的分位数回归系数呈现"U"形，OFDI 逆向技术溢出对低出口技术复杂度和高出口技术复杂度的影响大于对中出口技术复杂度的影响。对比各分位数上的影响系数发现，在 90% 的分位数上 OFDI 逆向技术溢出对出口技术复杂度的影响最大。在 10%、75% 和 90% 分位数上基础设施状况对出口技术复杂度的影响显著为正。地区专业化水平对出口技术复杂度的影响在 10%、50% 和 90% 的分位数上显著为正，在 90% 的分位数附近，地区专业化水平对出口技术复杂度的影响系数最大，地区专业化对中高分位的影响系数大于对其他分位的影响。金融发展水平对出口技术复杂度的影响在 10%、25%、50%、75% 和 90% 的分位数上较为显著。外商直接投资对出口技术复杂度的影响在 90% 的分位数上不显著，其他分位数上均较显著，外商直接投资对低出口技术复杂度的影响系数更大一些，这可能与外资流入中国的行业有关，FDI 流向

中低出口技术复杂度行业的比重较大，中低出口技术复杂度行业的技术创新水平较低，外资产生技术和知识溢出效应，行业生产效率和技术水平显著提高，进而促进了出口技术复杂度水平的提高。技术研发水平的影响总体呈现"先下降、后上升、再下降"趋势，技术研发水平对出口技术复杂度的影响在10%、25%、75%和90%分位数上显著为正，说明国内研发创新和技术进步是促进低出口技术复杂度和中高出口技术复杂度水平上升的积极因素。

表 8-10　全国分位数回归结果

| 变量 | 10% | 25% | 50% | 75% | 90% |
|---|---|---|---|---|---|
| $\ln SF_{it}$ | 0.1664 ** <br> (2.16) | 0.1202 *** <br> (4.69) | 0.1372 *** <br> (5.27) | 0.1614 *** <br> (8.25) | 0.1770 *** <br> (5.41) |
| $\ln TE_{it}$ | 0.1542 ** <br> (2.20) | 0.0896 *** <br> (2.76) | 0.0888 <br> (1.50) | 0.1492 *** <br> (3.05) | 0.1043 *** <br> (4.09) |
| $\ln FDI_{it}$ | 0.2923 *** <br> (9.49) | 0.2432 *** <br> (9.45) | 0.1391 *** <br> (5.33) | 0.0806 *** <br> (3.75) | 0.0449 <br> (1.50) |
| $\ln INF_{it}$ | 0.1680 ** <br> (2.44) | −0.0659 <br> (−1.14) | 0.0256 <br> (0.44) | 0.1622 *** <br> (3.37) | 0.2392 *** <br> (3.57) |
| $\ln RS_{it}$ | 0.0287 * <br> (1.82) | 0.0076 <br> (0.52) | 0.0451 ** <br> (2.40) | 0.0599 <br> (1.56) | 0.0745 ** <br> (2.15) |
| $\ln FD_{it}$ | 0.1644 * <br> (1.73) | 0.1559 ** <br> (1.96) | 0.2439 *** <br> (3.03) | 0.1358 ** <br> (2.05) | 0.2761 *** <br> (2.99) |
| 常数项 | 6.1538 *** <br> (19.50) | 6.1967 *** <br> (23.52) | 6.4740 *** <br> (24.22) | 6.9189 *** <br> (31.42) | 6.6648 *** <br> (21.74) |
| 样本数 | 558 | 558 | 558 | 558 | 558 |
| 地区效应 | 是 | 是 | 是 | 是 | 是 |
| 时间效应 | 是 | 是 | 是 | 是 | 是 |
| Pseudo $R^2$ | 0.7202 | 0.7110 | 0.6892 | 0.6731 | 0.6313 |

注：括号内数值为 t 值，*** 、** 和 * 分别表示的是 1%、5%、10% 的显著性水平。

### 2. 动态面板 GMM 检验

分位数回归对 OFDI 逆向技术溢出与出口技术复杂度之间的关系进行了实证检验，结论发现 OFDI 逆向技术溢出是促进出口技术复杂度上升的积极因素，但分位数回归没有考察 OFDI 逆向技术溢出对出口技术复杂度正向影响的作用机制，所以本书运用其他实证方法考察具体的影响机制。在进行动态面板 GMM 检验之前，为保证实证结果的稳健性和有效性，本书进行了多重共线性检验，检验结果显示，在未加入交互项之前，最大的方差膨胀因子 VIF 值为 3.15，所以各变量间不存在严重的多重共线性问题。

本书的实证模型中包含被解释变量的滞后一期，被解释变量受滞后一期影响会出现自相关问题，同时解释变量和被解释变量可能因存在逆向因果关系而出现"内生性"问题，则静态实证回归结果的一致性和有效性不能得到保证，所以本书选择差分 GMM 和系统 GMM 方法进行估计。由于差分 GMM 容易出现"弱工具变量"问题，无法估计不随时间变化的变量的系数，系统 GMM 能够提高估计的效率，同时能够对不随时间变化的变量系数进行有效估计。对比系统 GMM 和差分 GMM 的标准误和系数，系统 GMM 的标准误比差分 GMM 的标准误更小一些，系统 GMM 的估计结果更准确些，所以本书运用系统 GMM 对数据进行实证检验。

使用系统 GMM 的前提是扰动项不存在自相关和所选取的工具变量都有效，一阶自相关和二阶自相关的检验结果表明，在 5% 的显著性水平下差分 GMM 和系统 GMM 扰动项差分项都存在一阶自相关，不存在二阶自相关，Sargan 检验的结果说明在 1% 的显著性水平下接受"所有工具变量都有效"的原假设，本书所选取的工具变量都有效，满足系统 GMM 的使用条件。从表 8-11 的实证结果中可以看出，OFDI 逆向技术溢出在 5% 的显著性水平下的影响系数大于 0；OFDI 逆向技术溢出与技术研发水平的交互项可以检验 OFDI 逆向技术溢出的间接作用机制，两者交互项的影响系数显著为正，但影响系数较小，这说明 OFDI 逆向技术溢出通过推动技术研发促进出口技术复杂度的提高，符合理论模型中的推导结果，但受限于中国对外投资规模，逆向技术溢出效应较小，OFDI 逆向技术溢出通过技术研发间接促进出口技术复杂度提高的影响较小。OFDI 逆向技术溢出的影响系数是 0.0819，可以认为当 OFDI 逆向技术溢出增加 1%时，将对出口技术复杂度产生 0.08%的正向影响。出口技术复杂度的滞后一期与当期出口技术复杂度之间存在正相关关系，说明前期出口技术复杂度水平的上升有利于当期出口技术复杂度的提高，出口技术复杂度的提高具有累积效应。技术研发水平与出口技术复杂度水平之间存在正向相关关系，技术研发水平每提高 1%，出口技术复杂度水平将提升 0.16%。FDI 对出口技术复杂度的影响系数为 0.0663，即外商直接投资的增加有利于产品出口技术复杂度的提升，具体而言，当 FDI 增加 1%，产品出口技术复杂度将提高 0.07%。基础设施状况对出口技术复杂度在 1%的统计水平下存在积极影响，基础设施状况提高 1%，将促进出口技术复杂度提高 0.05%。地区专业化水平是促进出口技术复杂度提高的积极因素，说明地区专业化水平的提高有利于出口技术复杂度的提升，地区专业化水平提高 1%，出口技术复杂度水平将上升 0.05%。金融发展水平是出口技术复杂度的正向影响因素，影响系数为 0.1961，可以认为金融发展水平提高 1%时，出口技术复杂度将提升 0.20%（见表 8-11）。

表 8-11　实证检验结果

| 变量 | 未加入交互项 | | 加入交互项 | |
| --- | --- | --- | --- | --- |
| | 差分 GMM | 系统 GMM | 差分 GMM | 系统 GMM |
| $\ln ETS_{i,t-1}$ | 0.5436 *** <br> （10.46） | 0.5989 *** <br> （6.94） | 0.5991 *** <br> （5.68） | 0.5769 *** <br> （5.65） |
| $\ln SF_{it}$ | 0.0299 *** <br> （2.74） | 0.0360 *** <br> （2.99） | 0.0531 <br> （1.60） | 0.0819 ** <br> （2.27） |
| $\ln TE_{it}$ | 0.2056 *** <br> （3.11） | 0.2056 *** <br> （4.23） | 0.2083 * <br> （1.69） | 0.1624 * <br> （1.70） |

续表

| 变量 | 未加入交互项 | | 加入交互项 | |
|---|---|---|---|---|
| | 差分 GMM | 系统 GMM | 差分 GMM | 系统 GMM |
| $\ln SF_{it} \times \ln TE_{it}$ | | | 0.0065<br>(0.75) | 0.0164 *<br>(1.72) |
| $\ln FDI_{it}$ | 0.0240<br>(1.34) | 0.0695 ***<br>(5.44) | 0.0049<br>(0.24) | 0.0663 ***<br>(2.60) |
| $\ln INF_{it}$ | 0.0217<br>(0.90) | 0.0274<br>(0.98) | 0.0257<br>(0.96) | 0.0529 ***<br>(3.61) |
| $\ln RS_{it}$ | −0.0255<br>(−0.25) | 0.1189<br>(0.74) | 0.0764 ***<br>(4.00) | 0.0482 **<br>(2.41) |
| $\ln FD_{it}$ | −0.0899<br>(−1.42) | 0.1995 ***<br>(3.00) | −0.1060<br>(−0.53) | 0.1961 **<br>(2.44) |
| 常数项 | 3.7514 ***<br>(6.57) | 2.9866 ***<br>(3.02) | 3.0721 ***<br>(3.28) | 3.1618 ***<br>(3.40) |
| Wald 检验 | 6259.68<br>(0.0000) | 7716.60<br>(0.0000) | 14787.66<br>(0.0000) | 6621.84<br>(0.0000) |
| 一阶自相关检验<br>（Z 统计量） | −2.5741<br>(0.0100) | −2.5496<br>(0.0108) | −2.4031<br>(0.0163) | −2.3766<br>(0.0175) |
| 二阶自相关检验<br>（Z 统计量） | 1.1696<br>(0.2421) | 1.1969<br>(0.2314) | 1.1667<br>(0.2433) | 1.1842<br>(0.2363) |
| Sargan 检验（P） | 26.3302<br>(1.0000) | 25.0072<br>(1.0000) | 27.2732<br>(1.0000) | 27.9925<br>(1.0000) |
| $N$ | 496 | 527 | 496 | 527 |

注：括号内数值为 z 值，***、**、* 分别表示的是 1%、5% 和 10% 的显著性水平。

分地区实证结果如表 8-12 所示，首先对东部地区的样本数据进行异方差、组内自相关和组间同期相关检验，检验结果说明东部地区样本数据强烈拒绝"不存在异方差"的原假设，存在异方差（P = 0.0000），存在组内自相关（P = 0.0033），不存在组间同期相关。① 为了解决异方

① 本书运用 Friedman（1937）检验、Frees（1995，2004）检验、Pesaran（2004）检验三种方法进行组间同期相关检验，三种检验方法的 P 值分别为 0.2034、0.350 和 0.3217，P 值都大于 0.1，所以本书认为样本数据不存在组间同期相关。

差、组内自相关问题，本书运用 FGLS 回归对样本数据进行估计，OFDI 逆向技术溢出促进了东部地区出口技术复杂度水平的上升，技术研发水平对出口技术复杂度的影响为正，技术研发水平上升1%，出口技术复杂度水平将上升0.27%。外商直接投资的增加有利于东部地区产品出口技术复杂度的提高，东部地区 FDI 增加1%，产品出口技术复杂度将提高0.11%。基础设施因素对东部地区出口技术复杂度的影响为正，基础设施状况的影响系数为0.1873。地区专业化水平的上升促进了东部地区出口技术复杂度水平的上升，地区专业化水平对出口技术复杂度的提高具有正向影响，地区专业化水平每上升1%，可促进出口技术复杂度水平上升0.15%。金融发展水平对产品出口技术复杂度具有显著的正向促进作用，金融发展水平对出口技术复杂度的影响系数约为0.13。

表 8-12 分地区实证回归结果

| 模型变量 | 东部 | | 中部 | | 西部 | |
|---|---|---|---|---|---|---|
| | 固定效应 | FGLS 回归 | 固定效应 | FGLS 回归 | 固定效应 | FGLS 回归 |
| $\ln SF_{it}$ | 0.1467 *** (5.54) | 0.1590 *** (16.50) | 0.3823 *** (3.37) | 0.2587 *** (7.28) | 0.2230 ** (2.44) | 0.1880 *** (3.81) |
| $\ln TE_{it}$ | 0.3612 *** (4.18) | 0.2685 *** (2.76) | 0.2156 *** (4.11) | 0.1697 *** (2.71) | 0.3787 *** (3.92) | 0.2504 *** (3.72) |
| $\ln SF_{it} \times \ln TE_{it}$ | 0.0263 *** (3.13) | 0.0237 *** (5.18) | 0.0933 ** (2.45) | 0.0198 (1.02) | 0.0387 *** (3.41) | 0.0392 *** (3.10) |
| $\ln FDI_{it}$ | 0.1728 *** (3.36) | 0.1147 ** (2.08) | -0.0204 (-0.28) | 0.1164 *** (4.23) | -0.0084 (-0.15) | 0.0815 *** (5.30) |
| $\ln INF_{it}$ | 0.0123 (0.10) | 0.1873 *** (7.45) | 0.1570 (0.88) | 0.1467 ** (2.24) | 0.0998 *** (3.45) | 0.1572 *** (5.08) |
| $\ln RS_{it}$ | 0.0140 (0.20) | 0.1536 *** (2.78) | 0.4399 (1.43) | 0.0677 *** (5.06) | 0.0901 *** (4.04) | 0.0685 ** (2.46) |
| $\ln FD_{it}$ | 0.4638 *** (2.60) | 0.1323 ** (2.60) | 0.3308 * (1.64) | 0.4904 *** (5.02) | 0.0628 *** (4.31) | 0.2583 *** (4.82) |
| 常数项 | 7.4311 *** (15.05) | 7.0307 *** (72.38) | 8.4537 *** (9.59) | 6.6817 *** (17.69) | 7.1000 *** (6.16) | 6.1027 *** (29.56) |
| $R^2$ | 0.7720 | | 0.6931 | | 0.6822 | |

| 模型变量 | 东部 | | 中部 | | 西部 | |
|---|---|---|---|---|---|---|
| | 固定效应 | FGLS 回归 | 固定效应 | FGLS 回归 | 固定效应 | FGLS 回归 |
| F 值/<br>Wald 检验 | 87.09<br>(0.0000) | 2446.20<br>(0.0000) | 41.61<br>(0.0000) | 1107.79<br>(0.0000) | 67.41<br>(0.0000) | 2030.56<br>(0.0000) |
| 样本数 | 198 | 198 | 144 | 144 | 216 | 216 |

注：*** 、** 、* 分别指的是 1%、5%和 10%的显著性水平，括号内为 t 值或 z 值。

中部地区样本数据存在异方差和组内自相关问题，[①] 不存在组间同期相关问题。[②] 为了有效解决异方差和组内自相关问题，本书运用 FGLS 回归方法进行实证检验。实证结果表明中部地区 OFDI 逆向技术溢出对出口技术复杂度具有积极影响；地区专业化水平对中部地区出口技术复杂度的影响较小，地区专业化水平对中部地区出口技术复杂度水平的影响系数为 0.0677。基础设施状况对出口技术复杂度水平上升具有积极影响。技术研发水平对中部地区出口技术复杂度水平的影响系数较大，技术研发水平上升 1%，出口技术复杂度将提高 0.17%。外商直接投资与中部地区出口技术复杂度水平之间呈现正相关关系，外商直接投资水平增加 1%，出口技术复杂度水平将上升 0.12%。金融发展水平的提高对出口技术复杂度具有积极影响。

西部地区异方差、组内自相关和组间同期相关检验的结果说明西部地区样本数据强烈拒绝"不存在异方差"的原假设，存在异方差（P = 0.0000），存在组内自相关（P = 0.0052），不存在组间同期相关。[③] 为了解决样本数据存在的异方差和组内自相关问题，本书运用 FGLS 方法进行实证检验。实证结果发现 OFDI 逆向技术溢出的增加能够促进西部地区出口技术复杂度的提高，技术研发水平、外商直接投资水平、基础设

---

① 异方差检验和组内相关检验的 P 值分别为 0.0000、0.0026。
② 三种检验方法的 P 值分别为 0.1141、0.257 和 0.3824，P 值都大于 0.1，所以本书认为样本数据不存在组间同期相关。
③ 三种检验方法的 P 值分别为 0.3089、0.363 和 0.5494，P 值都大于 0.1，所以本书认为样本数据不存在组间同期相关。

施状况、金融发展水平与地区专业化水平是出口技术复杂度水平上升的积极影响因素。外商直接投资水平增加1%，出口技术复杂度水平将上升0.08%。基础设施状况提高1%，将促进出口技术复杂度水平上升0.16%。地区专业化水平提高1%，出口技术复杂度将提高0.07%。金融发展水平上升1%，出口技术复杂度水平将提高0.26%。技术研发水平对出口技术复杂度的影响系数为0.2504。

分区域实证回归结果显示，OFDI逆向技术溢出通过技术研发促进了东部、中部和西部地区出口技术复杂度的上升，OFDI逆向技术溢出对出口技术复杂度的影响存在地区异质性，OFDI逆向技术溢出的增加对东部地区的出口技术复杂度的影响系数最小，对中部地区的影响系数最大。三个地区技术研发水平与出口技术复杂度之间均展现出正相关关系，技术研发水平在东部地区的影响系数最大，西部地区次之，中部地区最小。外商直接投资水平对三个地区出口技术复杂度的影响在1%或5%的水平下显著为正，外商直接投资对中部地区出口技术复杂度的影响系数最大。地区专业化水平的上升将促进出口技术复杂度的提高，地区专业化水平的影响系数在东部地区最大，中部地区最小。在1%的水平下，东部、中部和西部地区的金融发展水平与出口技术复杂度存在正向关系。基础设施状况是促进各地区产品出口技术复杂度提高的积极因素。

### 8.2.3 稳健性检验

稳健性检验（一）中的第（1）~（4）列重新定义了OFDI逆向技术溢出，运用Potterie和Lichtenberg（2001）的方法重新计算OFDI逆向技术溢出，替换了OFDI逆向技术溢出的样本数据。稳健性检验（一）运用新的OFDI逆向技术溢出数据进行差分GMM和系统GMM检验，实证检验结果没有发生很大的改变，各变量的显著性基本没有发生改变，OFDI逆向技术溢出和交互项都很显著，与表8-11中的实证检验结果一样，在影响出口技术复杂度的各个因素中OFDI逆向技术溢出的影响系数显著为正，同时技术研发是 OFDI 逆向技术溢出影响出口技术复杂度的中间媒介，对外投资对国内技术产生积极影响后，技术进步将成为产品出口技术复杂度提升的推动力。表 8-13 中的第（5）列和第（6）列以各省份研发支出比重衡量技术进步，表 8-13 中的检验结果与表 8-11 中的检验结果基本一致，OFDI 逆向技术溢出和技术研发水平交互项的显著性没有发生改变，其他解释变量的显著性与表 8-11 中检验结果的显著性基本一致，稳健性检验（一）的结果说明本书之前的实证回归结果是稳健的。

表 8-13  稳健性检验（一）

| 变量 | （1） | （2） | （3） | （4） | （5） | （6） |
|---|---|---|---|---|---|---|
| $\ln ETS_{i,t-1}$ | 0.4891*** (5.20) | 0.5312*** (6.06) | 0.4670*** (4.48) | 0.4493*** (5.49) | 0.5597*** (5.29) | 0.4975*** (8.29) |
| $\ln SF_{it}$ | 0.0642* (1.94) | 0.0964*** (3.55) | 0.1147** (2.30) | 0.1383** (2.30) | 0.0267* (1.90) | 0.0893*** (5.17) |
| $\ln TE_{it}$ | 0.2675*** (3.13) | 0.0425 (0.37) | 0.2557*** (3.04) | 0.2355*** (4.84) | 0.4208** (2.22) | 0.1135*** (2.95) |
| $\ln SF_{it}\times$ $\ln TE_{it}$ | | | 0.0207 (1.41) | 0.0399* (1.92) | 0.0293*** (2.57) | 0.0321** (2.55) |
| $\ln FDI_{it}$ | 0.0378*** (2.79) | 0.1270** (2.24) | 0.0443*** (2.80) | 0.0668*** (3.65) | 0.0570*** (3.17) | 0.0699*** (2.98) |
| $\ln INF_{it}$ | −0.0011 (−0.04) | 0.0721* (1.69) | 0.01539* (1.83) | 0.0615** (2.15) | 0.0924*** (2.94) | 0.0301*** (3.32) |
| $\ln RS_{it}$ | 0.0650*** (3.84) | 0.1137*** (3.98) | 0.1473*** (4.90) | 0.1391* (1.67) | 0.1517*** (4.31) | 0.0704*** (3.67) |
| $\ln FD_{it}$ | 0.0826 (1.11) | 0.0758 (0.95) | 0.1322* (1.67) | 0.1287*** (3.41) | 0.0832*** (4.64) | 0.1587** (2.27) |
| 常数项 | 4.0024*** (4.24) | 3.0323*** (3.44) | 3.7811*** (3.26) | 3.6777*** (6.35) | 2.5034*** (2.78) | 3.3063*** (8.20) |
| Wald 检验 | 12679.39 (0.0000) | 30889.23 (0.0000) | 25771.42 (0.0000) | 10540.85 (0.0000) | 9213.46 (0.0000) | 10990.08 (0.0000) |
| 一阶自相关检验（Z 统计量） | −3.9365 (0.0001) | −3.8191 (0.0001) | −3.9203 (0.0001) | −3.7385 (0.0002) | −3.1839 (0.0015) | −3.2349 (0.0012) |

续表

| 变量 | （1） | （2） | （3） | （4） | （5） | （6） |
|---|---|---|---|---|---|---|
| 二阶自相关检验<br>（Z统计量） | -0.9633<br>（0.3354） | -1.001<br>（0.3168） | -0.9441<br>（0.3451） | -0.9975<br>（0.3185） | -0.7019<br>（0.4827） | -0.7235<br>（0.4694） |
| Sargan检验（P） | 27.8119<br>（1.0000） | 27.5223<br>（1.0000） | 25.2938<br>（1.0000） | 26.3611<br>（1.0000） | 28.3465<br>（1.0000） | 27.7351<br>（1.0000） |
| N | 496 | 527 | 496 | 527 | 496 | 527 |

注：括号内数值为z值，***、**和*分别表示的是1%、5%、10%的显著性水平。

表8-14中第（1）列和第（2）列只选取了外商直接投资水平、地区专业化水平和金融发展水平作为控制变量；第（3）列和第（4）列选取了技术研发水平、基础设施状况、地区专业化水平和金融发展水平作为控制变量，同时加入了OFDI逆向技术溢出与技术研发水平的交互项；第（5）列和第（6）列选取了技术研发水平、基础设施状况和地区专业化水平作为控制变量，同时增加了人力资本作为新的控制变量，人力资本以各省份平均受教育年限来衡量。在表8-14第（1）～（6）列中，OFDI逆向技术溢出的影响系数显著为正，OFDI逆向技术溢出与技术研发水平的交互项也很显著。

表8-14 稳健性检验（二）

| 变量 | （1） | （2） | （3） | （4） | （5） | （6） |
|---|---|---|---|---|---|---|
| $\ln ETS_{i,t-1}$ | 0.5235 ***<br>（9.52） | 0.5208 ***<br>（11.11） | 0.5135 ***<br>（8.03） | 0.5584 ***<br>（8.04） | 0.5620 ***<br>（7.13） | 0.0686 ***<br>（12.63） |
| $\ln SF_{it}$ | 0.0946 ***<br>（10.95） | 0.8528 ***<br>（7.66） | 0.0557 *<br>（1.91） | 0.1000 ***<br>（3.40） | 0.0671 **<br>（2.13） | 0.0692 ***<br>（2.96） |
| $\ln TE_{it}$ | | | 0.2760 ***<br>（2.80） | 0.1954 ***<br>（2.65） | 0.2444 ***<br>（3.03） | 0.2373 ***<br>（3.21） |
| $\ln SF_{it} \times \ln TE_{it}$ | | | 0.0065 ***<br>（3.96） | 0.0108 ***<br>（3.03） | 0.0074 ***<br>（4.76） | 0.0017 *<br>（1.80） |
| $\ln FDI_{it}$ | 0.0448 ***<br>（2.56） | 0.1176 ***<br>（6.04） | | | | |

续表

| 变量 | （1） | （2） | （3） | （4） | （5） | （6） |
|---|---|---|---|---|---|---|
| $\ln INF_{it}$ | | | 0.0308 *** | 0.0495 ** | 0.0483 * | 0.0699 *** |
| | | | （3.55） | （2.17） | （1.86） | （2.78） |
| $\ln RS_{it}$ | 0.0695 ** | 0.0343 ** | 0.0907 *** | 0.0625 ** | 0.0922 *** | 0.1558 *** |
| | （2.52） | （2.32） | （4.83） | （2.46） | （4.17） | （5.83） |
| $\ln FD_{it}$ | 0.0699 *** | 0.1265 *** | 0.0749 ** | 0.2817 *** | | |
| | （4.19） | （3.28） | （2.47） | （4.38） | | |
| $\ln HR_{it}$ | | | | | 0.6141 *** | 0.7563 *** |
| | | | | | （3.34） | （3.82） |
| 常数项 | 3.5484 *** | 3.2652 *** | 3.7836 *** | 3.6097 *** | 4.5799 *** | 4.7315 *** |
| | （5.33） | （10.33） | （5.83） | （5.25） | （4.56） | （3.95） |
| Wald 检验 | 14402.17 | 7057.72 | 7213.36 | 21848.20 | 12053.39 | 8714.27 |
| | （0.0000） | （0.0000） | （0.0000） | （0.0000） | （0.0000） | （0.0000） |
| 一阶自相关检验（Z 统计量） | −2.7905 | −2.7667 | −3.9203 | −3.7385 | −3.9052 | −3.8619 |
| | （0.0053） | （0.0057） | （0.0001） | （0.0002） | （0.0001） | （0.0001） |
| 二阶自相关检验（Z 统计量） | 1.1723 | 1.1260 | −0.9440 | −0.9975 | −0.8929 | −0.9713 |
| | （0.2411） | （0.2602） | （0.3451） | （0.3185） | （0.3719） | （0.3314） |
| Sargan 检验（P） | 25.9735 | 27.3285 | 29.0155 | 28.5261 | 29.0452 | 29.77805 |
| | （1.0000） | （1.0000） | （1.0000） | （1.0000） | （1.0000） | （1.0000） |
| $N$ | 496 | 527 | 496 | 527 | 496 | 527 |

注：括号内数值为 z 值，\*\*\* 、\*\* 和 \* 分别表示的是 1%、5%、10%的显著性水平。

在稳健性检验（三）中（见表 8-15），第（1）~（4）列本书运用 FGLS 方法对样本数据进行了回归，第（5）列和第（6）列本书分别运用固定效应模型和随机效应模型进行实证检验。实证结论表明，OFDI 逆向技术溢出对出口技术复杂度的影响显著为正，OFDI 逆向技术溢出与技术研发水平的交互项显著为正，说明 OFDI 逆向技术溢出通过促进国内技术进步推动了出口技术复杂度的上升。表 8-14 和表 8-15 通过删减控制变量、增加新的控制变量和变换实证方法进行稳健性检验，检验结果与表 8-11 中的结果基本一致，各变量系数没有发生很大的变化，进一步说明本书的回归结论是稳健的。

表 8-15　稳健性检验（三）

| 变量 | （1） | （2） | （3） | （4） | 固定效应（5） | 随机效应（6） |
|---|---|---|---|---|---|---|
| $\ln SF_{it}$ | 0.1723*** (18.09) | 0.1272*** (15.40) | 0.0150*** (9.87) | 0.0622*** (5.14) | 0.1321*** (4.31) | 0.0776*** (3.88) |
| $\ln TE_{it}$ | 0.0427*** (2.84) | 0.3840*** (12.62) | 0.0674*** (3.48) | 0.3892*** (12.26) | 0.3788*** (4.37) | 0.3677*** (3.92) |
| $\ln SF_{it} \times \ln TE_{it}$ | 0.0018*** (3.74) | 0.0034*** (4.18) | 0.0068** (2.40) | 0.0092*** (3.76) | 0.0014*** (4.15) | 0.0072*** (3.35) |
| $\ln FDI_{it}$ | 0.1584*** (22.99) | 0.0374*** (3.58) | 0.1597*** (18.91) | 0.0396*** (3.65) | 0.0383** (2.03) | 0.0413*** (3.18) |
| $\ln INF_{it}$ | 0.0166*** (5.46) | 0.0294*** (3.84) | 0.0875*** (4.96) | 0.1156** (2.34) | 0.0510*** (2.75) | 0.0695** (2.12) |
| $\ln RS_{it}$ | 0.0252*** (2.81) | 0.0730*** (6.02) | 0.0346*** (3.28) | 0.0659*** (4.91) | 0.0674*** (2.62) | 0.0621*** (4.37) |
| $\ln FD_{it}$ | 0.0301*** (3.00) | 0.0258*** (3.81) | 0.0742*** (3.65) | 0.0943*** (3.04) | 0.0617*** (4.02) | 0.0842** (2.05) |
| 常数项 | 6.8463*** (115.98) | 7.1663*** (45.30) | 7.1264*** (90.48) | 7.5551*** (41.91) | 7.9134*** (16.90) | 7.4186*** (19.22) |
| 地区效应 | 否 | 是 | 否 | 是 | 是 | 是 |
| 时间效应 | 否 | 否 | 是 | 是 | 是 | 是 |
| F 值/Wald 检验 | 11302.04 (0.0000) | 15312.28 (0.0000) | 48746.67 (0.0000) | 36236.81 (0.0000) | 103.94 (0.0000) | 3699.08 (0.0000) |
| N | 558 | 558 | 558 | 558 | 558 | 558 |

注：括号内数值为 t 值或 z 值，***、**和*分别表示的是 1%、5%、10%的显著性水平。

## 8.3　本章小结

中国制造业出口技术复杂度的提升不完全是由本土企业技术创新推动的，而是借助了国际技术溢出渠道。在开放式创新环境下，通过对外直接投资获得国际技术溢出效应，国内企业对先进技术和管理经验进行再学习、再投入、再吸收、再转化、再创新。

　　首先，本章运用 CEPII－BACI 数据库的 6 位海关出口数据与 ISIC Rev.4 编码进行匹配，得到中国出口产品的 ISIC 编码类别，统一样本数据的统计口径，基于 ISIC Rev.4 的 2 位编码数据对 OFDI 逆向技术溢出与出口技术复杂度之间的关系进行了实证检验，结论认为，OFDI 逆向技术溢出对出口技术复杂度的正向影响在行业层面显著，影响系数约为 0.22。将匹配后的 18 个行业数据按照轻重工业进行划分，分别进行实证检验，结果显示，OFDI 逆向技术溢出对轻重工业出口技术复杂度具有正向影响，OFDI 逆向技术溢出对重工业出口技术复杂度水平的影响大于对轻工业出口技术复杂度的影响，资本密集度、FDI、行业研发投入、市场自由度水平与新产品开发水平是促进出口技术复杂度上升的积极因素。

　　其次，本章运用 2003~2020 年中国 31 个省份的样本数据，计算了中国 OFDI 逆向技术溢出与出口技术复杂度，本章运用分位数回归方法分析各要素对不同出口技术复杂度水平的边际作用，分位数检验结果说明 OFDI 逆向技术溢出与出口技术复杂度之间存在"U"形关系，OFDI 逆向技术溢出的影响系数大于 0。技术研发水平对出口技术复杂度的影响在 10%、25%、75% 和 90% 分位数上显著为正，说明国内技术创新与进步是推动出口技术复杂度提升的重要动力，技术研发水平与出口技术复杂度之间呈现正相关关系。

　　再次，本章运用系统 GMM 方法考察了 OFDI 逆向技术溢出与出口技术复杂度之间的关系，结论发现 OFDI 逆向技术溢出与出口技术复杂度之间存在正相关关系，同时本章运用交互项分析 OFDI 逆向技术溢出对出口技术复杂度的影响机制。OFDI 逆向技术溢出与技术研发水平交互项的影响系数显著为正，但影响系数较小，这说明 OFDI 逆向技术溢出对出口技术复杂度的作用受技术研发的影响，技术研发是 OFDI 逆向技术溢出促进出口技术复杂度提高的渠道之一。

　　随后，本章将样本数据分为东部、中部和西部三个地区进行回归估计，实证结果表明，三个地区的 OFDI 逆向技术溢出对出口技术复杂度都具有积极影响，其中中部地区的影响系数最大。技术研发水平、外商直接投资水平、地区专业化水平、金融发展水平和基础设施状况是促进东部、中部和西部地区出口技术复杂度上升的积极因素。

最后，本章运用替换实证指标、变换实证方法进行稳健性检验，稳健性检验结果表明各变量系数没有发生很大的变化，进一步说明本书的实证回归结论是稳健的。

# 第9章　结论与政策建议

## 9.1　主要结论

本书对逆向技术溢出与技术进步、技术进步与出口技术复杂度之间的关系进行了详细的理论分析，分析结果认为技术落后国家增加对技术先进国家的直接投资能促进 OFDI 逆向技术溢出效应的产生。逆向技术溢出的增加有利于母国企业技术水平的提高，示范与竞争效应促使行业内其他企业加快技术学习与研发，行业整体技术水平提高，行业资本、技术、知识、人才等生产要素重新配置，提高了企业生产率，直接使生产产品的品质提高，进而促进了企业出口商品技术复杂度水平的提升。

本书运用 Malmquist 指数计算了中国历年的全要素生产率，在构建了中国 OFDI 逆向技术溢出指标的基础上，以 2003～2020 年中国 31 个省份的数据为样本，就 OFDI 逆向技术溢出的存在性进行了实证检验。实证结果显示，OFDI 逆向技术溢出促进了中国全要素生产率的提高，说明中国对外直接投资存在逆向技术溢出效应，OFDI 逆向技术溢出对国内技术进步具有积极影响，同时，进口贸易技术溢出、FDI 技术溢出、国内研发资本与国内全要素生产率水平之间存在正相关关系。

本书运用中国对外直接投资的 2010～2020 年 33 个国家数据为样本，对中国 OFDI 逆向技术溢出效应的影响因素进行了实证检验。结果表明，东道国投资便利化与中国 OFDI 逆向技术溢出效应之间存在正相关关系，东道国经济政策不确定性是中国对该国直接投资逆向技术溢出的显著负向影响因素。同时，一国的投资限制较高，将对中国通过 OFDI 渠道在该国获得逆向技术溢出效应产生不利影响。政府治理水平、金融发展水平、技术创新水平、经济自由度、劳动力素质是中国 OFDI 逆向技术溢出效应的显著正相关影响因素。

本书运用 2003~2020 年中国 31 个省份出口技术复杂度数据，对出口技术复杂度影响因素进行了实证检验，检验结果说明，技术研发、人力资本、基础设施、对外开放度和外商直接投资都是影响出口技术复杂度的积极因素。同时运用分位数回归对各种出口技术复杂度影响因素进行估计，分位数回归结果表明，研发支出在各个分位数上对出口技术复杂度的影响都为正，基础设施对出口技术复杂度的影响随着分位数的上升呈现逐步上升的趋势。人力资本因素对低出口技术复杂度、中出口技术复杂度和中高出口技术复杂度的影响较大，外商直接投资显著促进了各分位数上出口技术复杂度的提高，对外开放度的提高对中高出口技术复杂度的影响较大。

本书将 CEPII-BACI 数据库中的海关 6 位编码的出口数据与 ISIC Rev.4 行业代码进行匹配，得到各个行业编码下的 2 位出口数据，从行业角度对 OFDI 逆向技术溢出与出口技术复杂度之间的关系进行了研究，实证检验结果表明，对外直接投资逆向技术溢出有利于行业出口技术复杂度水平的上升。分轻重工业的实证检验结果表明，OFDI 逆向技术溢出对重工业出口技术复杂度的影响大于对轻工业出口技术复杂度的影响。

本书运用分位数回归检验逆向技术溢出与出口技术复杂度之间的非线性关系，检验结果表明 OFDI 逆向技术溢出与出口技术复杂度之间存在"U"形关系，逆向技术溢出的影响系数大于 0，国内技术的进步对产品出口技术复杂度的提高具有较大的正向效应，技术研发与创新水平的提高有助于出口技术复杂度水平的提升。在逆向技术溢出促进国内技术进步后，这种技术进步将推动产品出口技术复杂度的提高，OFDI 逆向技术溢出对出口技术复杂度的积极影响在东部、中部与西部地区都很显著，外商直接投资、地区专业化水平提高、金融发展水平提高和基础设施状况改善对出口技术复杂度水平的上升具有积极影响。

## 9.2　相关政策建议

### 9.2.1　政府层面

1. 鼓励并支持企业技术获取型对外投资，制定优惠政策

根据《2013 年中国企业对外投资情况及意向问卷调查报告》，"走出去"政策及相关优惠是促进中国企业海外投资的重要动力，政府的优惠政策在对外投资时具有积极作用。政府应制定税收优惠政策，鼓励并支持企业技术获取型对外直接投资，加大政府对企业对外投资的支持力度，借鉴国外政府对投资企业优惠政策的做法，采取税收抵免、税收豁免和延期纳税等方式支持中国企业对外投资。放松对外投资项目审批与管制，提高审批效率，简化项目审批程序，为企业对外直接投资提供有效服务。

2. 搭建对外直接投资平台，完善对外直接投资信息渠道

当前我国政府每年都更新并发布《对外投资合作国别（地区）指南》，为中国对外投资企业提供相应的信息服务。此外，需要进一步完善对外直接投资信息渠道，加强政府对投资企业的支持与引导，关注中国企业对外投资后的经营状况，建立对外直接投资信息平台，及时发布境外风险预警，帮助企业应对境外安全风险，增强政府与投资企业之间的交流。政府可以通过成立专门的对外直接投资行业协会，完善当前中国对外直接投资信息网站，建立国内专业的投资服务体系。

3. 进一步提升引进外资质量，有效引导外商直接投资方向

毋庸置疑，在中国改革开放过程中外商直接投资发挥了重要的促进

作用。《2020 年世界投资报告》显示，2020 年中国吸收外商直接投资金额达 1630 亿美元，从引资规模上看，中国已经超过美国，成为全球最大外资流入国。根据商务部的统计数据，2021 年 1~5 月中国实际使用外资金额 4810 亿元，同比增长 35.4%，较 2019 年同期增长 30.3%。在各类行业中，高技术产业实际使用外资金额增长 34.6%，其中高技术服务业增长 37.6%，高技术制造业增长 25%。分位数回归的结果显示，外商直接投资对出口技术复杂度的影响呈现"U 形"，从理论上也说明它能够促进出口技术复杂度的提高。在吸收外资规模持续扩大的同时，必须在结构和效率层面上重视引进外资的质量，有效引导外商直接投资方向，通过政策引导逐渐降低在劳动密集型行业外商直接投资的比例，提高在技术密集型行业外商直接投资的比例，提高行业吸收能力，促进外商直接投资技术和知识溢出内部化的实现，促进行业技术水平的提高，进而提高出口技术复杂度。引导并鼓励发达国家跨国公司在中国设立研究院、研究中心等研究机构，提升外商直接投资企业在中国生产产品中的科技水平和技术含量，从而促进企业产品出口技术复杂度水平的提升。

4. 促进国内金融市场发展，鼓励使用人民币进行跨境交易

客观而言，与发达国家相比，我国的金融体系还不完善，金融市场发展还不充分，融资难、融资贵成为影响民营企业快速发展的障碍之一。因此，当前迫切需要加快国内金融改革进程，按照市场机制要求提高金融发展效率，促进国内金融市场发展，拓宽企业融资渠道。完善的金融体系和较高的金融发展水平对于企业进行海外直接投资有较好的促进作用，也能促进 OFDI 逆向技术溢出效应的形成并提升出口技术复杂度。2016 年 10 月 1 日，人民币加入特别提款权（SDR）货币篮子，有利于提升人民币的国际影响力和扩大人民币使用范围，推动人民币国际化水平的提高，降低企业对外投资的汇率风险，倒逼国内金融市场改革。鼓励企业使用人民币进行跨境交易，一方面可以促进人民币跨境直接投资，帮助企业规避国际结算的汇率风险，提高对外投资的便利化程度；另一

方面企业跨境投资反过来又促进了人民币的使用，提高人民币的国际认知度，有利于人民币国际化进程的推进。

**5. 加强人才培养和教育培训，注重人力资本作用的发挥**

人才是第一生产力，是国家技术研发与自主创新的智力保障和核心要素。随着国家对教育的重视程度不断提高，教育投入不断增多，国内已经建立起比较完善的初等教育、中等教育和高等教育体系，除了学历教育以外，各种职业培训教育也迅速发展。通过学历教育和职业培训，国家人力资本量不断增加，2000 年中国高等教育入学率仅为 12.5%，2013 年中国高等教育入学率达到 34.5%。中国教育事业迅速发展，为国家建设和经济增长培养了许多优秀人才，人力资本在促进技术创新和产业转型中都起到了核心作用，积极提高人力资本水平，有利于提高国家技术水平，有利于促进国内产业结构调整和优化，有利于增强企业自主研发能力。从某种程度上分析，人力资本在创新中具有重要作用，推动创新发展，就是要坚持以人为本推进创新，要提高国民的教育水平。科技人才在创新与研发中要发挥主要作用，除了加强国内人力资源建设外，还可以加快企业内部高技术人才资源的流动，为国内研发人员提供海外学习与研发的机会，增强跨国企业内部人才的交流，促进母公司与子公司技术水平的共同提高。

**6. 积极推动区域投资协定的签订，创造中国企业对外投资的有利外部环境**

2020 年 11 月 15 日，《区域全面经济伙伴关系协定》（RCEP）正式签署，该协定由 15 个国家签署，将采用统一的经贸投资的规则。这有助于加强区域贸易投资合作，有助于协定内各个国家的企业加快区域内供应链、产业链的全方位、全产业、全链条布局。2020 年 12 月 30 日，《中欧投资协定》如期完成谈判。2021 年后，该协定的签署暂时搁置。但企业界对该协定的最终签订较为期待。新冠疫情发生后，投资保护主义、单边主义在一些主要大国中再次兴起，东道国政府对外资限制程度提高，这些都对拟开展投资的企业较为不利。建议积极开展国际谈判和合作，推动部分投资协定的签署和落实，为中国企业对外投资创造良好的国际环境。

### 9.2.2　企业层面

**1. 增加技术获取型直接投资，积极获取逆向技术溢出**

对外直接投资动机分为战略资产型、资源获取型、市场获取型和效率获取型，其中，技术获取型直接投资是战略资产型直接投资中的一种，当前许多中国企业到美国和欧洲等发达国家（地区）进行技术获取型直接投资，获得当地的知识、技术溢出和管理经验，缩短自身与发达国家（地区）的差距，从而提高企业的战略资产和技术水平。近年来中国对发达国家直接投资量不断上升，2016 年中国的对外直接投资流量规模创新高。中国对科学研究和技术服务业的直接投资比重也逐渐提高，根据商务部的统计数据，2016 年中国科学研究和技术服务业的直接投资量为 49.5 亿美元，占中国 OFDI 总量的比重为 2.9%，比 2015 年增加了 47.8%。截至 2019 年，中国对信息传输、软件和信息技术服务业，科学研究和技术服务业的直接投资存量分别占中国对外直接投资存量总和的 9.2%、2.09%。获得知识、品牌、技术等战略资产是中国在发达国家直接投资的重要动机，因此，鼓励有一定实力的企业通过加大对发达国家技术获取型直接投资，从而获得企业发展急需的技术和管理经验，促进企业技术创新和研发进步，积极开发技术含量高的新产品，促进产品出口技术复杂度的提高。

**2. 鼓励企业自主创新和研发，提高企业技术水平**

迈入新时代，中国经济增长动力已经由要素驱动逐渐向创新驱动转变，劳动力红利优势正在逐渐消减，因此创新将是我国经济保持增长和活力的根本。许多国内企业自主创新能力不足，没有核心技术竞争力，产品的技术附加值较低，在国际竞争中只能以价格取胜，使得中国企业往往处于恶性竞争中，无法形成国际竞争力。本书的理论与实证结果都表明技术因素是促进出口技术复杂度提升的积极因素，与 OFDI 逆向技术溢出对出口技术复杂度的影响相比，国内技术研发水平对出口技术复杂度的影响更大。一方面，企业要提高自主创新能力，以创新促进产品技术进步，要充分重视产品创新和技术进步在出口技术复杂度提高中发挥的作用，重视技术人才的市场研发行为，提高企业的研发经费投入，通过人才和资金的完美结合，促进企业技术水平的提高，从而提升出口技术复杂度水平；另一方面，企业技术水平的上升也能提高企业吸收技术溢出能力，推动企业对溢出技术的再创新。

3. 完善技术溢出传递渠道，加快逆向技术溢出转移

当企业通过跨国并购、建立研发中心和技术合作的方式进行直接投资时，企业能够嵌入当地的生产网络，充分运用当地各种研发资源进行技术开发，通过产业集聚效应和人员流动效应获得技术溢出。子公司获得技术溢出后，能否顺利将这种技术溢出传递回母国企业显得非常重要。因此，企业要完善企业内部的技术传递渠道，建立企业内部技术与知识的交流、分享机制，促进逆向技术溢出的学习与再利用，结合母国市场需要，对逆向溢出技术进行再创新，形成母国企业的竞争优势，加强企业各部门之间的交流，提高企业的整体技术吸收能力，加强母国企业与子公司和研发中心的交流与合作，增强人员、产品在企业内的流动，共享研发成果，加快逆向技术溢出转移。

4. 抓住全球化机遇，建立全球研发体系

全球化为跨国公司在世界范围内配置资源提供了有利机遇，发展中国家的对外直接投资迅速增长，全球化研发活动成为一个引人注目的新趋势。美国和欧洲国家在科技创新领域处于领先地位，美国的"硅谷"地区集中了大量的科技公司、研发中心，技术创新活动集聚，许多跨国公司在"硅谷"设立研发中心，受益于当地的技术与知识溢出，获得先进技术。鼓励有实力的中国企业抓住 R&D 资源全球化配置的机遇，选择

技术获取型海外投资目的地，建立全球研发体系，加强与发达国家企业的技术合作，增强企业间的知识信息交流，建立国外子公司或研发中心，吸收全球优秀人才。人才是技术溢出传递的重要媒介，在信息与技术转移过程中发挥重要作用。海外子公司可以通过增加科研人员和高级工程师的雇佣，加快隐性知识的传递与转移，吸收和学习发达国家企业的技术知识，提高企业的研发能力。

5. 结合企业自身优势，选择投资行业与区位

在进行对外直接投资前，企业应做好充分的准备，结合企业自身经营实力与发展方向，对东道国的投资环境进行充分考察，重点考察的环境因素包括经济、文化、制度等，包括实地调研、项目评估、市场调查等。企业应根据自身发展战略，制订投资方案，学习借鉴其他企业对外投资的成功经验，进行正确的产业及区位选择，实现对外直接投资的最大利益，不可盲目跟风投资，要科学制定投资策略，根据企业发展现状寻找多样化跨国经营方式，提高企业的资源整合能力，在全球范围内进行资源配置。

6. 提前进行投资风险研判，制订合规投资方案

中国供给侧结构性改革的持续深化与"一带一路"倡议的稳步推进，正加速推动中国企业对外投资的步伐。实施高水平对外投资，是我国构建新发展格局和更高水平开放型经济新体制的重要内容。2024 年 9 月 24 日，商务部、国家统计局和国家外汇管理局联合发布的《2023 年度中国对外直接投资统计公报》显示，截至 2023 年末，中国对外直接投资存量 2.96 万亿美元，连续七年排名全球前三，中国对外投资规模继续保持世界前列。[①]

然而，中国企业在"走出去"时，必须高度警惕非理性投资行为的潜在危害，如投资方向偏离国家战略的宏观指引、未经充分系统规划与

---

① 《我国对外直接投资平稳发展 对世界经济贡献日益凸显》，新浪新闻（sina.com.cn）。

科学评估即仓促上马导致巨额亏损、在海外经营活动中忽视或违反当地法律法规等。这不仅使企业自身承受了巨大的经营风险与财务损失，更显著加剧了其在国内外面临的监管合规挑战与压力。因此，中国企业在对外直接投资进程中，需深刻洞察全球经济格局与产业变革趋势，秉持理性审慎的态度，确保投资决策紧密契合国家战略导向，并基于严谨的市场调研、科学的项目评估与周密的战略规划来规避盲目投资带来的风险。企业应构建全面的风险管理体系，涵盖风险预判、评估、控制及监控等环节，以增强企业对风险的识别与防范能力。企业应在对外投资决策前，进行详尽的尽职调查和深入的风险评估，了解并分析投资目标国的政治、经济、法律及文化环境，制订相应的风险应对预案，提前进行风险转移、规避与减轻等风险管理操作，确保投资决策的科学性和合理性。此外，企业还需深入研究国际投资规则、贸易政策及知识产权保护框架，强化对海外投资目的国法律法规的掌握与遵循，建立健全合规管理体系，以保障对外投资活动合法合规，确保企业在海外市场的稳健运营与可持续发展。

## 9.3 结束语

本书围绕 OFDI 逆向技术溢出与出口技术复杂度之间的关系进行研究，在理论部分详细分析了对外直接投资逆向技术溢出的产生机制、传递渠道和影响效应，并运用数理模型分析了 OFDI 逆向技术溢出对出口技术复杂度的影响机制，实证部分运用了静态面板模型对 OFDI 逆向技术溢出的存在性进行了检验；运用动态面板 GMM 方法、分位数回归等对 OFDI 逆向技术溢出对出口技术复杂度的影响效应进行验证。

研究结果表明，中国对外直接投资存在逆向技术溢出效应，不同区域逆向技术溢出效应的大小存在差异，技术研发水平是影响出口技术复杂度水平的积极因素，OFDI 逆向技术溢出对出口技术复杂度水平的影响也受国内技术研发水平的影响，OFDI 逆向技术溢出对出口技术复杂度水平具有积极影响，逆向技术溢出对低分位数出口技术复杂度和高分位数出口技术复杂度的影响大于对中分位数出口技术复杂度的影响。

未来将进一步收集国内外技术获取型 OFDI 企业数据，运用企业数据构建 OFDI 逆向技术溢出指标，从企业层面考察 OFDI 逆向技术溢出的存在性，运用微观数据检验 OFDI 逆向技术溢出对出口技术复杂度的影响。

数字时代背景下中国企业 OFDI 行为发生了较大变化。在之后的研究中，将聚焦数字化时代中国企业 OFDI 逆向技术溢出效应研究，从投资模式、投资行业倾向、区位决定因素、行业布局等角度探讨数字化时代背景下中国企业对外直接投资的趋势，对中国企业对外直接投资逆向技术溢出效应进行战略研判和行动导向研究。

# 参考文献

[1] Albeaik, S. , Kaltenberg, M. , Alsaleh, M. , et al. , "Improving the E-conomic Complexity Index" *ArXiv Working Paper*, 2017.

[2] Amighini, A. A. , Rabellotti, R. , "Outward FDI from Developing Country MNEs as a Channel for Technological Catch-up" *Ssrn Electronic Journal*, 2010, 23 (2): 1-22.

[3] Amiti, M. , Freund, C. , "The Anatomy of China's Export Growth" Robert C. F. , Shang-Jin Wei (edit), *China's Growing Role in World Trade*, (Chicago: University of Chicago Press, 2010).

[4] Baker, Scott R. , Bloom, N. , Davis, Steven J. , "Measuring Economic Policy Uncertainty" *The Quarterly Journal of Economics*, 2016, 131 (4): 1593 - 1636.

[5] Bitzer, J. , Kerekes, M. , "Does Foreign Direct Investment Transfer Technology Across Borders? New Evidence" *Economics Letters*, 2008, 100 (3): 355-358.

[6] Borini, F. M. , de Miranda, Oliveira, M. , Silveira, F. F. , et al. , "The Reverse Transfer of Innovation of Foreign Subsidiaries of Brazilian Multinationals" *European Management Journal*, 2012, 30 (3): 219-231.

[7] Braconier, H. , Ekholm, K. , Knarvik, K. H. M. , "In Search of FDI-Transmitted R&D Spillovers: A Study based on Swedish Data" *Review of*

*World Economics*, 2001, 137（4）: 644-665.

[8] Buckley, P. J., Casson, M. C., *The Future of the Multinational Enterprise*, (London: Macmillan Press, second edition, 1991).

[9] Cabrer-Borrás, B., Serrano-Domingo, G., "Innovation and R&D Spillover Effects in Spanish Regions: A Spatial Approach" *Research Policy*, 2007, 36（9）: 1357-1371.

[10] Cantwell, J., Tolentino, P. E. E., *Technological Accumulation and Third World Multinationals*, (Reading: University of Reading, Department of Economics, 1990).

[11] Castellani, D., "Firms Technological Trajectories and the Creation of Foreign Subsidiaries" *International Review of Applied Economics*, 2002, 16（3）: 359-371.

[12] Chen, V. Z., Li, J., Shapiro, D. M., "International Reverse Spillover Effects on Parent Firms: Evidences from Emerging-Market MNEs in Developed Markets" *European Management Journal*, 2012, 30（3）: 204-218.

[13] Chuang, Y. C., Hsu, P. F., "FDI, Trade, and Spillover Efficiency: Evidence from China's Manufacturing Sector" *Applied Economics*, 2004, 36（10）: 1103-1115.

[14] Coase, R. H., "The Nature of the Firm" *Economica*, 1937, 4（16）: 386-405.

[15] Coe, D. T., Helpman, E., "International R&D Spillovers" *European Economic Review*, 1995, 39（5）: 859-887.

[16] Crespo, N., Fontoura, M. P., "Determinant Factors of FDI Spillovers-What Do We Really Know?" *World Development*, 2013, 35（3）: 410-425.

[17] Demir, F., Hu, C., Russ, K., et al., "Institutional Similarity, Firm

Heterogeneity and Export Sophistication" *The World Economy*, 2022, 45 (4): 1213-1241.

[18] Desai, P. N., "Export Innovation System: Changing Structure of India's Technology-Intensive Exports" *Institutions & Economies*, 2013, 5 (3): 21-52.

[19] Driffield, N., Love, J. H., "Foreign Direct Investment, Technology Sourcing and Reverse Spillovers" *Manchester School*, 2003, 71 (6): 659-672.

[20] Dunning, J. H., "Explaining the International Direct Investment Position of Countries: Towards a Dynamic or Developmental Approach" *Review of World Economics*, 1981, 117 (1): 30-64.

[21] Dunning, J. H., "Trade, Location of Economic Activity and The Multinational Enterprise: in Search for an Electric Approach" *International Allocation of Economic Activity*, 1977 (1023): 203-205.

[22] Dunning, J. H., *Multinational Enterprises and the Global Economy*, (MA: Addison-Wesley, 1993).

[23] Eck, K., Huber, S., "Product Sophistication and Spillovers from Foreign Direct Investment" *Working Papers*, 2014.

[24] Erdogan, M., Unver, M., "Determinants of Foreign Direct Investments: Dynamic Panel Data Evidence" *International Journal of Economics and Finance*, 2015, 7 (5): 82-95.

[25] Fan, Z., Anwar, S., Huang, S., "Cultural Diversity and Export Sophistication" *International Review of Economics & Finance*, 2018, 58: 508-522.

[26] Fosfuri, A., Motta, M., "Multinationals without Advantages" *The Scandinavian Journal of Economics*, 1999, 101 (4): 617-630.

[27] Frees, E. W., "Assessing Cross-sectional Correlations in Panel Data"

*Journal of Econometrics*, 1995（64）：393-414.

［28］Frees, E. W. , *Longitudinal and Panel Data*：*Analysis and Application*（Cambridge：Cambridge University Press, 2004）.

［29］Friedman, M. , "The Use of Ranks to Avoid the Assumption of Normality Implicit in the Analysis of Variance" *Journal of the American Statistical Association*, 1937, 32（200）：675-701.

［30］Gan, S. , Cheng, D. , Sgro, P. , "Exchange Rate Appreciation, R&D, and Export Sophistication：Evidence from China" *The Journal of International Trade & Economic Development*, 2020, 29.

［31］Griliches, Z. , "R&D and the Productivity Slowdown" *The American Economic Review*, 1980, 70（2）：343-348.

［32］Grossman, G. M. , Helpman, E. , "Trade, Knowledge Spillovers, and Growth" *European Economic Review*, 1991, 35（2）：517-526.

［33］Haddad, M. , Harrison, A. , "Are There Positive Spillovers from Direct Foreign Investment? Evidence from Panel Data for Morocco" *Journal of Development Economics*, 1993, 42（1）：51-74.

［34］Hausmann, R. , Rodrik, D. , "What You Export Matters" *Journal of Economic Growth*, 2007, 12（1）：1-25.

［35］Helpman, E. , Melitz, M. J. , Yeaple, S. R. , "Export Versus FDI" *NBER Working Paper*, No. 9439, 2003.

［36］Herzer, D. , "The Long-Run Relationship between Outward FDI and Total Factor Productivity：Evidence for Developing Countries" *Ibero-America Institute for Economic Research*, 2010.

［37］Hymer, S. , *The International Operation of National Firms*：*a Study of Foreign Direct Investment*（Cambridge：MIT Press, 1976）.

［38］Kang, W. , Lee, K. , Ratti, R. A. , "Economic Policy Uncertainty and Firm-Level Investment" *Journal of Macroeconomics*, 2013, 39（3）：

42-53.

[39] Kasahara, H., Rodrigue, J., "Does the Use of Imported Intermediates Increase Productivity? Plant-level Evidence" *Journal of Development Economics*, 2005, 87 (1): 106-118.

[40] Keller, W., "International Technology Diffusion" *Journal of Economic Literature*, 2004, 42 (3): 752-782.

[41] Kindleberger, C. P., *American Business Abroad* (New Haven: Yale University Press, 1969).

[42] Kinoshita, Y., "R&D and Technology Spillovers via FDI: Innovation and Absorptive Capacity" *Ssrn Electronic Journal*, 2000 (349): 1-24.

[43] Koenker, R., Bassett, G., "Regression Quantiles" *Econometrica*, 1978, 46 (1): 33-50.

[44] Kogut, B., Chang, S. J., "Technological Capabilities and Japanese Foreign Direct Investment in the United States" *Review of Economics & Statistics*, 1991, 73 (3): 401-413.

[45] Kojima, K., *Direct Foreign Investment: A Japanese Model of Multi-National Business Operations* (London: Croom Helm, 1978).

[46] Lall, S., Chen, E., "The New Multinationals: The Spread of Third World Enterprises" *Wiley*, 1983.

[47] Lall, S., Weiss, J., Zhang, J., "The 'Sophistication' of Exports: A New Trade Measure" *World Development*, 2006, 34 (2): 222-237.

[48] Lecraw, D. J., "Outward Direct Investment by Indonesian Firms: Motivation and Effects" *Journal of International Business Studies*, 1993, 24 (3): 589-600.

[49] Long, N., Riezman, R., Soubeyran, A., "Fragmentation, Outsourcing and the Service Sector" *CIRANO Working Papers*, 2001.

[50] Ma, Y., Rauf, A., "Indigenous Innovation, Foreign Technology

Transfer and the Export Performance of China's Manufacturing Industries" *The Singapore Economic Review*, 2020, 65 (5): 1349–1366.

[51] Meidayati, A. W., "Impact of Telecommunication Infrastructure, Market Size, Trade Openness and Labor Force on Foreign Direct Investment in ASEAN" *Journal of Developing Economies*, 2017, 2 (2): 73–80.

[52] Melitz M. J., "The Impact of Trade on Intra-Industry Reallocations and Aggregate Industry Productivity" *Econometrica*, 2003, 71 (6): 1695–1725.

[53] Montobbio, F., Rampa, F., "The Impact of Technology and Structural Change on Export Performance in Nine Developing Countries" *World Development*, 2002, 33 (4): 527–547.

[54] Motohashi, K., Yuan, Y., "Productivity Impact of Technology Spillover from Multinationals to Local Firms: Comparing China's Automobile and Electronics Industries" *Research Policy*, 2010, 39 (6): 790–798.

[55] Mulligan, G. F., Schmidt, C., "A Note on Localization and Specialization" *Growth and Change*, 2005, 36 (4): 565–576.

[56] Ng, L. F. Y., Tuan, C., "Evolving Outward Investment, Industrial Concentration, and Technology Change: Implications for Post – 1997 Hong Kong" *Journal of Asian Economics*, 1997, 8 (2): 315–332.

[57] Oladi, R., Beladi, H., Chau, N., "Multinational Corporations and Export Quality" *Journal of Economic Behavior & Organization*, 2008, 65 (1): 147–155.

[58] Pack, H., Saggi, K., "Vertical Technology Transfer via International Outsourcing" *Journal of Development Economics*, 2001, 65 (2): 389–415.

[59] Pesaran, M. H., "General Diagnostic Tests for Cross Section Dependence in Panels" *Cambridge Working Papers in Economics*, 2004 (7):

1-42.

[60] Potterie, Bruno van Pottelsberghe de la, Frank R. Lichtenberg, "Does Foreign Direct Investment Transfer Technology Across Borders?" *Review of Economics & Statistics*, 2001, 83 (3): 490-497.

[61] Pradhan, J. P. , Singh, N. , "Outward FDI and Knowledge Flows: A Study of the Indian Automotive Sector" *Social Science Electronic Publishing*, 2008 (1): 156-187.

[62] Rehman, F. U. , Ding, Y. , "The Nexus Between Outward Foreign Direct Investment and Export Sophistication: New Evidence from China" *Applied Economics Letters*, 2020, 27 (5): 357-365.

[63] Schott, P. K. , "The Relative Sophistication of Chinese Export" *Economic Policy*, 2008, 23 (1): 5-49.

[64] Shuyan L. , Fabus M. , "The Impact of OFDI Reverse Technology Spillover on China's Technological Progress: Analysis of Provincial Panel Data" *Journal of International Studies*, 2019, 12 (4): 325-336.

[65] Sinani, E. , Meyer, K. E. , "Spillovers of Technology Transfer from FDI: the Case of Estonia" *Journal of Comparative Economics*, 2004, 32 (3): 445-466.

[66] Siotis, G. , "Foreign Direct Investment Strategies and Firms' Capabilities" *Journal of Economics & Management Strategy*, 1999, 8 (2): 251-270.

[67] Su, X. , Anwar, S. , Zhou, Y. , et al. , "Services Trade Restrictiveness and Manufacturing Export Sophistication" *The North American Journal of Economics and Finance*, 2019 (51): 1-14.

[68] Vernon, R. , "International Investment and International Trade in Product Cycle" *The Quarterly Journal of Economics*, 1966, 8 (2): 307-324.

［69］ Weldemicael, E., "Determinants of Export Sophistication" *University of Melbourne*, 2011（1）: 1-47.

［70］ Wells, L. T., *Third World Multinationals*: *The Rise of Foreign Investments from Developing Countries*（Cambridge: MIT Press, 1983）.

［71］ Wood, A., Mayer, J., "Africa's Export Structure in a Comparative Perspective" *Cambridge Journal of Economics*, 2001, 25（3）: 369-394.

［72］ Xu, B., "Measuring China's Export Sophistication" *China Europe International Business School*, 2007（10）: 1-38.

［73］ Xu, B., Lu, J. Y., "Foreign Direct Investment, Processing Trade, and the Sophistication of China's Exports" *China Economic Review*, 2009, 20（3）: 425-439.

［74］ 白洁：《对外直接投资的逆向技术溢出效应——对中国全要素生产率影响的经验检验》，《世界经济研究》2009 年第 8 期。

［75］ 边婧、张曙霄：《我国对外直接投资贸易效应的异质性研究——基于"一带一路"沿线国家的分析》，《经济纵横》2020 年第 2 期。

［76］ 蔡冬青、刘厚俊：《中国 OFDI 反向技术溢出影响因素研究——基于东道国制度环境的视角》，《财经研究》2012 年第 5 期。

［77］ 柴利、董晨：《贸易便利化的空间溢出对中国新疆与丝绸之路经济带沿线国家双边贸易的影响研究》，《经济论坛》2019 年第 8 期。

［78］ 柴庆春、胡添雨：《中国对外直接投资的贸易效应研究——基于对东盟和欧盟投资的差异性的考察》，《世界经济研究》2012 年第 6 期。

［79］ 陈超凡：《中国工业绿色全要素生产率及其影响因素——基于 ML 生产率指数及动态面板模型的实证研究》，《统计研究》2016 年第 3 期。

［80］ 陈菲琼、虞旭丹：《企业对外直接投资对自主创新的反馈机制研

究：以万向集团 OFDI 为例》，《财贸经济》2009 年第 3 期。

[81] 陈丰龙、徐康宁：《经济转型是否促进 FDI 技术溢出：来自 23 个国家的证据》，《世界经济》2014 年第 3 期。

[82] 陈国荣、邓晶：《外资竞争会影响东道国经济自由度吗?》，《云南财经大学学报》2021 年第 4 期。

[83] 陈俊聪、黄繁华：《对外直接投资与出口技术复杂度》，《世界经济研究》2013 年第 11 期。

[84] 陈俊聪、黄繁华：《对外直接投资与贸易结构优化》，《国际贸易问题》2014 年第 3 期。

[85] 陈俊聪：《对外直接投资对服务出口技术复杂度的影响——基于跨国动态面板数据模型的实证研究》，《国际贸易问题》2015 年第 12 期。

[86] 陈培如、冼国明：《中国对外直接投资的逆向技术溢出效应——基于二元边际的视角》，《科研管理》2020 年第 4 期。

[87] 陈浦秋杭、邓晶、陈清华：《对外直接投资是否存在逆向技术溢出效应?》，《世界经济与政治论坛》2020 年第 6 期。

[88] 陈伟光、钟快、郭晴：《东道国政府治理、避免双重征税协定对中国 OFDI 的影响》，《经济与管理评论》2020 年第 5 期。

[89] 陈晓华、黄先海、刘慧：《中国出口技术结构演进的机理与实证研究》，《管理世界》2011 年第 3 期。

[90] 陈晓华、刘慧：《生产性服务业融入制造业环节偏好与制造业出口技术复杂度升级——来自 34 国 1997~2011 年投入产出数据的经验证据》，《国际贸易问题》2016 年第 6 期。

[91] 陈昭、欧阳秋珍：《反向技术溢出、技术进步和我国经济增长——基于面板协整模型的分析》，《世界经济研究》2010 年第 9 期。

[92] 崔日明、黄英婉：《"一带一路"沿线国家贸易投资便利化评价指标体系研究》，《国际贸易问题》2016 年第 9 期。

[93] 代中强、梁俊伟、孙琪：《知识产权保护、经济发展与服务贸易出口技术复杂度》，《财贸经济》2015 年第 7 期。

[94] 代中强：《知识产权保护提高了出口技术复杂度吗？——来自中国省际层面的经验研究》，《科学学研究》2014 年第 12 期。

[95] 戴魁早：《要素市场扭曲如何影响出口技术复杂度？——中国高技术产业的经验证据》，《经济学（季刊）》2019 年第 1 期。

[96] 戴翔、金碚：《产品内分工、制度质量与出口技术复杂度》，《经济研究》2014 年第 7 期。

[97] 戴翔、张二震：《中国出口技术复杂度真的赶上发达国家了吗》，《国际贸易问题》2011 年第 7 期。

[98] 戴翔：《服务贸易自由化是否影响中国制成品出口复杂度》，《财贸研究》2016 年第 3 期。

[99] 丁小义、胡双丹：《基于国内增值的中国出口复杂度测度分析——兼论"Rodrik 悖论"》，《国际贸易问题》2013 年第 4 期。

[100] 董有德、孟醒：《OFDI、逆向技术溢出与国内企业创新能力——基于我国分价值链数据的检验》，《国际贸易问题》2014 年第 9 期。

[101] 杜传忠、张丽：《中国工业制成品出口的国内技术复杂度测算及其动态变迁——基于国际垂直专业化分工的视角》，《中国工业经济》2013 年第 12 期。

[102] 杜群阳：《R&D 全球化，反向外溢与技术获取型 FDI》，《国际贸易问题》2006 年第 12 期。

[103] 杜修立、王维国：《中国出口贸易的技术结构及其变迁：1980－2003》，《经济研究》2007 年第 7 期。

[104] 樊纲、关志雄、姚枝仲，等：《国际贸易结构分析：贸易品的技术分布》，《经济研究》2006 年第 8 期。

[105] 付海燕：《对外直接投资逆向技术溢出效应研究——基于发展中

国家和地区的实证检验》,《世界经济研究》2014 年第 9 期。

[106] 付韶军:《东道国政府治理水平对中国 OFDI 区位选择的影响——基于"一带一路"沿线 59 国数据的实证分析》,《经济问题探索》2018 年第 1 期。

[107] 顾国达、方园:《金融发展对出口品国内技术含量提升效应的研究——基于产业层面的分析》,《经济学家》2012 年第 9 期。

[108] 顾夏铭、陈勇民、潘士远:《经济政策不确定性与创新——基于我国上市公司的实证分析》,《经济研究》2018 年第 2 期。

[109] 郭晶、杨艳:《经济增长、技术创新与我国高技术制造业出口复杂度研究》,《国际贸易问题》2010 年第 12 期。

[110] 郭蕾、肖有智:《碳排放权交易试点是否促进了对外直接投资?》,《中国人口·资源与环境》2022 年第 1 期。

[111] 韩玉军、王丽:《中国 OFDI 逆向技术溢出效应的影响因素研究——基于国别面板数据的非线性门槛技术回归》,《经济理论与经济管理》2015 年第 6 期。

[112] 韩玉军、王丽,等:《服务业 FDI 对出口技术复杂度的影响研究——基于 OECD 国家和中国的经验数据考察》,《国际商务(对外经济贸易大学学报)》2016 年第 3 期。

[113] 侯建春、王立勇、陶蕾、赵亚斌:《贸易开放与社会信任——来自全球世界价值观调查数据的经验证据》,《城市问题》2021 年第 9 期。

[114] 胡琰欣、屈小娥、赵昱钧:《对外直接投资的逆向创新溢出效应——基于中国省际面板数据的门槛回归分析》,《现代财经(天津财经大学学报)》2018 年第 5 期。

[115] 黄先海、陈晓华、刘慧:《产业出口复杂度的测度及其动态演进机理分析——基于 52 个经济体 1993～2006 年金属制品出口的实证研究》,《管理世界》2010 年第 3 期。

［116］ 黄益平、何帆、张永生：《中国对外直接投资研究》，北京大学出版社，2013。

［117］ 黄永明、张文洁：《出口复杂度的国外研究进展》，《国际贸易问题》2012 年第 3 期。

［118］ 黄永明、张文洁：《中国出口技术复杂度的演进机理——四部门模型及对出口产品的实证检验》，《数量经济技术经济研究》2012 年第 3 期。

［119］ 贾玉成、张诚：《经济周期、经济政策不确定性与跨国并购：基于中国企业跨国并购的研究》，《世界经济研究》2018 年第 5 期。

［120］ 蒋殿春、唐浩丹、方森辉：《新冠疫情与中国数字经济对外投资：影响和展望》，《国际贸易》2020 年第 7 期。

［121］ 蒋冠宏：《我国企业跨国并购与行业内逆向技术溢出》，《世界经济研究》2017 年第 1 期。

［122］ 蒋媛媛：《中国地区专业化促进经济增长的实证研究：1990～2007年》，《数量经济技术经济研究》2011 年第 10 期。

［123］ 靳涛、陶新宇：《政府支出和对外开放如何影响中国居民消费？——基于中国转型式增长模式对消费影响的探究》，《经济学（季刊）》2017 年第 1 期。

［124］ 阚大学：《对外直接投资的反向技术溢出效应——基于吸收能力的实证研究》，《商业经济与管理》2010 年第 6 期。

［125］ 孔群喜、王紫绮、蔡梦：《对外直接投资提高了中国经济增长质量吗》，《财贸经济》2019 年第 5 期。

［126］ 李福柱、曹友斌、李昆泽：《中国制造业出口技术复杂度的区域差异及收敛性研究》，《数量经济技术经济研究》2022 年第 4 期。

［127］ 李宏兵、文磊：《服务业双向投资提升了我国企业创新竞争力吗》，《国际经贸探索》2016 年第 3 期。

［128］ 李磊、刘斌、郑昭阳，等：《地区专业化能否提高我国的出口贸

易技术复杂度?》,《世界经济研究》2012 年第 6 期。

[129] 李梅、柳士昌:《对外直接投资逆向技术溢出的地区差异和门槛效应——基于中国省际面板数据的门槛回归分析》,《管理世界》2012 年第 1 期。

[130] 李梅、袁小艺、张易:《制度环境与对外直接投资逆向技术溢出》,《世界经济研究》2014 年第 2 期。

[131] 李平、史亚茹:《知识产权保护对 OFDI 逆向技术溢出的影响》,《世界经济研究》2019 年第 2 期。

[132] 李思慧、于津平:《对外直接投资与企业创新效率》,《国际贸易问题》2016 年第 12 期。

[133] 李小平、周记顺、王树柏:《中国制造业出口复杂度的提升和制造业增长》,《世界经济》2015 年第 2 期。

[134] 李小胜、安庆贤:《环境管制成本与环境全要素生产率研究》,《世界经济》2012 年第 12 期。

[135] 李心稳、翟爱梅:《跨越"中等收入陷阱"内外影响机制研究——基于中美贸易战视角和 65 个国家的经验分析》,《中国经济问题》2021 年第 2 期。

[136] 梁超:《出口技术复杂度提升了我国的技术创新能力吗?》,《中央财经大学学报》2013 年第 3 期。

[137] 林青、陈湛匀:《中国技术寻求型跨国投资战略:理论与实证研究——基于主要 10 个国家 FDI 反向溢出效应模型的测度》,《财经研究》2008 年第 6 期。

[138] 刘秉镰、李清彬:《中国城市全要素生产率的动态实证分析:1990~2006——基于 DEA 模型的 Malmquist 指数方法》,《南开经济研究》2009 年第 3 期。

[139] 刘东丽、刘宏:《中国对外直接投资对创新能力的影响研究——基于供给侧结构改革视角》,《国际商务(对外经济贸易大学学

报）2017 年第 6 期。

[140] 刘宏、张蕾：《中国 ODI 逆向技术溢出对全要素生产率的影响程度研究》，《财贸经济》2012 年第 1 期。

[141] 刘洪铎、吴庆源、李文宇：《市场化转型与出口技术复杂度：基于区域市场一体化的研究视角》，《国际贸易问题》2013 年第 5 期。

[142] 刘凯、朱亚卓、占少梅：《东道国劳动力异质性与 FDI 区位选择》，《国际商务（对外经济贸易大学学报）》2016 年第 5 期。

[143] 刘明霞、王学军：《中国对外直接投资的逆向技术溢出效应研究》，《世界经济研究》2009 年第 9 期。

[144] 刘明霞：《中国对外直接投资的逆向技术溢出效应——基于技术差距的影响分析》，《中南财经政法大学学报》2010 年第 3 期。

[145] 刘胜、陈秀英：《市场化进程推动了制造业出口技术复杂度的提升吗？——来自中国省际面板数据的经验证据》，《当代经济管理》2016 年第 6 期。

[146] 刘维林、李兰冰、刘玉海：《全球价值链嵌入对中国出口技术复杂度的影响》，《中国工业经济》2014 年第 6 期。

[147] 刘伟全：《中国 OFDI 逆向技术溢出与国内技术进步研究：基于全球价值链的视角》，经济科学出版社，2011。

[148] 刘英基：《知识资本对制造业出口技术复杂度影响的实证分析》，《世界经济研究》2016 年第 3 期。

[149] 刘永辉、赵晓晖：《中东欧投资便利化及其对中国对外直接投资的影响》，《数量经济技术经济研究》2021 年第 1 期。

[150] 鲁晓东：《技术升级与中国出口竞争力变迁：从微观向宏观的弥合》，《世界经济》2014 年第 8 期。

[151] 马晓科：《外商直接投资（FDI）与资本、劳动异质性的关联》，《社会科学家》2013 年第 10 期。

[152] 毛其淋、方森辉：《创新驱动与中国制造业企业出口技术复杂

度》,《世界经济与政治论坛》2018 年第 2 期。

[153] 莫莎、周晓明:《生产性服务贸易进口复杂度对制造业国际竞争力的影响研究——基于跨国面板数据的实证分析》,《国际商务(对外经济贸易大学学报)》2015 年第 6 期。

[154] 欧阳艳艳:《中国对外直接投资逆向技术溢出的影响因素分析》,《世界经济研究》2010 年第 4 期。

[155] 齐俊妍、王晓燕:《金融发展对出口净技术复杂度的影响——基于行业外部金融依赖的实证分析》,《世界经济研究》2016 年第 2 期。

[156] 齐俊妍、王永进、施炳展,等:《金融发展与出口技术复杂度》,《世界经济》2011 年第 7 期。

[157] 齐亚伟:《研发创新背景下中国企业对外直接投资的学习效应研究》,《国际贸易问题》2016 年第 2 期。

[158] 祁春凌:《中国对外直接投资:基于投资动因、制度因素以及政治经济学视角的分析》,对外经济贸易大学出版社,2015。

[159] 任同莲:《数字化服务贸易与制造业出口技术复杂度——基于贸易增加值视角》,《国际经贸探索》2021 年第 4 期。

[160] 荣枢、杨明晖、曾晶、桂欣蕾:《政府扶持政策促进了中国 OFDI 逆向技术溢出吗——基于门槛效应分析》,《宏观经济研究》2020 年第 11 期。

[161] 沙文兵、李莹:《OFDI 逆向技术溢出、知识管理与区域创新能力》,《世界经济研究》2018 年第 7 期。

[162] 沙文兵:《东道国特征与中国对外直接投资逆向技术溢出——基于跨国面板数据的经验研究》,《世界经济研究》2014 年第 5 期。

[163] 申俊喜、鞠颖:《中国电子信息产业 OFDI 逆向技术溢出效应研究——基于分位数回归方法》,《国际商务(对外经济贸易大学学报)》2016 年第 1 期。

［164］沈能、赵增耀：《空间异质性假定下 OFDI 逆向技术溢出的门槛效应》，《科研管理》2013 年第 12 期。

［165］盛斌、毛其淋：《进口贸易自由化是否影响了中国制造业出口技术复杂度》，《世界经济》2017 年第 12 期。

［166］汤碧：《中日韩高技术产品出口贸易技术特征和演进趋势研究——基于出口复杂度的实证研究》，《财贸经济》2012 年第 10 期。

［167］陶爱萍、盛蔚：《技术势差、OFDI 逆向技术溢出与中国制造业高端化》，《国际商务（对外经济贸易大学学报）》2018 年第 3 期。

［168］汪建新：《"中国出口商品结构之谜"——一个垂直专业化解释视角》，《国际贸易问题》2013 年第 7 期。

［169］汪丽娟、吴福象、蒋欣娟：《国际技术势差、对外直接投资逆向技术溢出与本土企业技术进步》，《科技进步与对策》2022 年第 6 期。

［170］王建、张宏：《东道国政府治理与中国对外直接投资关系研究——基于东道国面板数据的实证分析》，《亚太经济》2011 年第 1 期。

［171］王雷、池巧珍、黄少卿：《OFDI 反向技术溢出的实证研究：金融环境的调节效应》，《当代经济管理》2015 年第 3 期。

［172］王胜、田涛、谢润德：《中国对外直接投资的贸易效应研究》，《世界经济研究》2014 年第 10 期。

［173］王恕立、刘军、胡宗彪：《FDI 流入、动机差异与服务产品垂直型产业内贸易》，《世界经济》2014 年第 2 期。

［174］王恕立、向姣姣：《对外直接投资逆向技术溢出与全要素生产率：基于不同投资动机的经验分析》，《国际贸易问题》2014 年第 9 期。

［175］王永进、盛丹、施炳展，等：《基础设施如何提升了出口技术复

杂度?》，《经济研究》2010年第7期。

[176] 魏如青、张铭心、郑乐凯、施平居：《生产分割、知识产权保护与出口技术复杂度——基于生产阶段分割的研究视角》，《统计研究》2021年第4期。

[177] 魏下海：《贸易开放、人力资本与中国全要素生产率——基于分位数回归方法的经验研究》，《数量经济技术经济研究》2009年第7期。

[178] 文淑惠、张诣博：《金融发展、FDI溢出与经济增长效率：基于"一带一路"沿线国家的实证研究》，《世界经济研究》2020年第11期。

[179] 冼国明、冷艳丽：《地方政府债务、金融发展与FDI——基于空间计量经济模型的实证分析》，《南开经济研究》2016年第3期。

[180] 冼国明、明秀南：《海外并购与企业创新》，《金融研究》2018年第8期。

[181] 谢孟军：《政府治理与资本跨国流动：理论及实证》，《广东财经大学学报》2016年第2期。

[182] 信超辉、毛艳华、荣健欣：《异质性吸收能力约束下FDI对出口复杂度的影响研究》，《世界经济与政治论坛》2022年第2期。

[183] 信烨、李富强、李子峰：《我国数字经济研究的知识图谱与演化研究——基于文献计量方法的分析》，《价格理论与实践》2022年第3期。

[184] 熊俊、于津平：《资本积累、贸易规模与出口商品技术含量》，《世界经济与政治论坛》2012年第4期。

[185] 杨智峰、陈霜华、汪伟：《中国产业结构变化的动因分析——基于投入产出模型的实证研究》，《财经研究》2014年第9期。

[186] 姚晓兵、陈瑛：《中国企业海外投资本地化雇佣中的职业流动与技能回报——基于东南亚国家的调查数据研究》，《贵州财经大学

学报》2019 年第 3 期。

［187］姚战琪:《最大限度发挥中国 OFDI 逆向溢出效应——推动对"一带一路"沿线国家 OFDI 逆向溢出的政策取向》,《国际贸易》2017 年第 5 期。

［188］叶建平、申俊喜、胡潇:《中国 OFDI 逆向技术溢出的区域异质性与动态门限效应》,《世界经济研究》2014 年第 10 期。

［189］叶娇、赵云鹏:《对外直接投资与逆向技术溢出——基于企业微观特征的分析》,《国际贸易问题》2016 年第 1 期。

［190］衣长军、李赛、陈初昇:《海外华人网络是否有助于 OFDI 逆向技术溢出?》,《世界经济研究》2017 年第 7 期。

［191］衣长军、李赛、张吉鹏:《制度环境,吸收能力与新兴经济体 OF-DI 逆向技术溢出效应——基于中国省际面板数据的门槛检验》,《财经研究》2015 年第 11 期。

［192］尹东东、张建清:《我国对外直接投资逆向技术溢出效应研究——基于吸收能力视角的实证分析》,《国际贸易问题》2016 年第 1 期。

［193］尹建华、周鑫悦:《中国对外直接投资逆向技术溢出效应研究——基于技术差距门槛视角》,《科研管理》2014 年第 3 期。

［194］余官胜:《国际投资保护与我国对外直接投资波动——基于东道国政府治理水平调节作用的实证研究》,《经济社会体制比较》2020 年第 5 期。

［195］余姗、樊秀峰、蒋皓文:《数字经济对我国制造业高质量走出去的影响——基于出口技术复杂度提升视角》,《广东财经大学学报》2021 年第 2 期。

［196］袁其刚、郿晨、闫世玲:《非洲政府治理水平与中国企业 OFDI 的区位选择》,《世界经济研究》2018 年第 10 期。

［197］曾铮、周茜:《贸易便利化测评体系及对我国出口的影响》,《国

际经贸探索》2008 年第 10 期。

[198] 詹晓宁、欧阳永福：《数字经济下全球投资的新趋势与中国利用外资的新战略》，《管理世界》2018 年第 3 期。

[199] 张艾莉、尹梦兰：《技术创新、人口结构与中国制造业出口复杂度》，《软科学》2019 年第 5 期。

[200] 张海波、李东：《中国制造业出口贸易品技术含量测度与影响因素研究》，《国际经贸探索》2015 年第 1 期。

[201] 张海波：《对外直接投资对母国出口贸易品技术含量的影响——基于跨国动态面板数据模型的实证研究》，《国际贸易问题》2014 年第 2 期。

[202] 张军、施少华：《中国经济全要素生产率变动：1952-1998》，《世界经济文汇》2003 年第 2 期。

[203] 张军、吴桂英、张吉鹏：《中国省际物质资本存量估算：1952—2000》，《经济研究》2004 年第 10 期。

[204] 张先锋、张敬松、张燕：《劳工成本、双重创新效应与出口技术复杂度》，《国际贸易问题》2014 年第 3 期。

[205] 张欣炜、林娟：《中国技术市场发展的空间格局及影响因素分析》，《科学学研究》2015 年第 10 期。

[206] 张亚斌：《"一带一路"投资便利化与中国对外直接投资选择——基于跨国面板数据及投资引力模型的实证研究》，《国际贸易问题》2016 年第 9 期。

[207] 张雨、戴翔：《FDI、制度质量与服务出口复杂度》，《财贸研究》2017 年第 7 期。

[208] 张雨：《我国服务贸易出口技术含量升级的影响因素研究》，《国际贸易问题》2012 年第 11 期。

[209] 赵德森：《中国对外直接投资的国家风险研究》，中国社会科学出版社，2021。

[210] 赵红、彭馨：《中国出口技术复杂度测算及影响因素研究》，《中国软科学》2014年第11期。

[211] 赵伟、古广东、何元庆：《外向FDI与中国技术进步：机理分析与尝试性实证》，《管理世界》2006年第7期。

[212] 周经、黄凯：《市场分割是否影响了OFDI逆向技术溢出的创新效应？》，《现代经济探讨》2020年第6期。

[213] 周禄松、郑亚莉：《出口技术复杂度升级对工资差距的影响：基于我国省级动态面板数据的系统GMM分析》，《国际贸易问题》2014年第11期。

[214] 周茂、李雨浓、姚星、陆毅：《人力资本扩张与中国城市制造业出口升级：来自高校扩招的证据》，《管理世界》2019年第5期。

[215] 周昕、牛蕊：《中国企业对外直接投资及其贸易效应——基于面板引力模型的实证研究》，《国际经贸探索》2012年第5期。

[216] 朱福林：《经济自由是否促进国际R&D溢出效应？——基于跨国（地区）面板数据的实证分析》，《湖南科技大学学报（社会科学版）》2019年第4期。

[217] 朱彤、崔昊：《对外直接投资，逆向研发溢出与母国技术进步——数理模型与实证研究》，《世界经济研究》2011年第12期。

[218] 祝树金、戢璇、傅晓岚：《出口品技术水平的决定性因素：来自跨国面板数据的证据》，《世界经济》2010年第4期。

[219] 庄毓敏、储青青、马勇：《金融发展、企业创新与经济增长》，《金融研究》2020年第4期。

[220] 庄子银、段思淼：《区域技术市场发展对创新的驱动作用——来自2002~2015年省级面板数据的实证分析》，《科技进步与对策》2018年第15期。

# 后　记

本书的写作主题聚焦对外直接投资（OFDI）逆向技术溢出效应，这一选题是笔者长期研究兴趣所在。早在硕士期间，笔者就对"对外直接投资"领域产生了研究兴趣，并萌生了"OFDI 逆向技术溢出效应"的写作想法。

在随后的求学期间，笔者一直聚焦 OFDI 逆向技术溢出效应研究，发表的文章主题包括 OFDI 逆向技术溢出效应影响因素、OFDI 逆向技术溢出效应与母国产业结构升级之间的关系、OFDI 逆向技术溢出效应与母国产业结构优化之间的关系、OFDI 逆向技术溢出效应与能源利用效率之间的关系。

基于之前的学术积累，博士论文聚焦"中国 OFDI 逆向技术溢出对出口技术复杂度的影响研究"。感谢笔者博士导师中国人民大学经济学院韩玉军教授对论文的悉心指导，感谢经济学院关权教授、陈建教授、宋利芳教授、罗来军教授、王孝松教授对博士论文的指点。

笔者于 2020 年 12 月正式入职北京第二外国语学院中国服务贸易研究院，开展国际服务贸易与文化贸易的教学、科研和人才培养工作。中国服务贸易研究院常务副院长、中宣部对外文化交流（文化贸易）研究基地专家兼秘书长、文化和旅游部文化和旅游研究基地首席专家、首都国际服务贸易与文化贸易研究基地首席专家李嘉珊教授鼓励青年老师"以问题为导向，脚踏实地，不断产出高质量成果"。本书在成稿过程中得到了李嘉珊教授的悉心指点，衷心感谢李嘉珊教授对著作题目、框架结构、行文规范等方面提出建设性建议。

感谢社会科学文献出版社前副总编辑蔡继辉、社会科学文献出版社经济与管理分社社长恽薇的指点，感谢胡楠编辑和其他编辑老师认真细致的工作。

数字时代中企业的对外直接投资行为发生了很多变化，伴随中国对外直接投资现实情况的发展，未来还有很多可拓展的研究空间。笔者将从投资模式、投资行业倾向、区位决定因素、行业布局等角度探讨数字化时代背景下中国企业对外直接投资的变化、特征与趋势，对中国企业对外直接投资逆向技术溢出进行战略研判和行动导向研究。

王　丽

图书在版编目（CIP）数据

逆向技术溢出与出口升级：对外直接投资效应研究／
王丽著 . --北京：社会科学文献出版社，2025.1.
（国际服务贸易与文化贸易研究学术文库）. -- ISBN 978-
7-5228-4222-6

Ⅰ. F832.6

中国国家版本馆 CIP 数据核字第 2024B21Z80 号

国际服务贸易与文化贸易研究学术文库
逆向技术溢出与出口升级：对外直接投资效应研究

著　　者／王　丽

出 版 人／冀祥德
组稿编辑／恽　薇
责任编辑／胡　楠
责任印制／王京美

出　　版／社会科学文献出版社·经济与管理分社（010）59367226
　　　　　地址：北京市北三环中路甲 29 号院华龙大厦　邮编：100029
　　　　　网址：www.ssap.com.cn
发　　行／社会科学文献出版社（010）59367028
印　　装／三河市东方印刷有限公司

规　　格／开　本：787mm×1092mm　1/16
　　　　　印　张：14.5　字　数：200 千字
版　　次／2025 年 1 月第 1 版　2025 年 1 月第 1 次印刷
书　　号／ISBN 978-7-5228-4222-6
定　　价／128.00 元

读者服务电话：4008918866